시원스쿨
처음토익.
PART 7

시원스쿨 처음토익 PART 7

초판 3쇄 발행 2019년 1월 30일
개정 4쇄 발행 2024년 5월 9일

지은이 Kelly Choi, 시원스쿨어학연구소
펴낸곳 (주)에스제이더블유인터내셔널
펴낸이 양홍걸 이시원

홈페이지 www.siwonschool.com
주소 서울시 영등포구 영신로166 시원스쿨
교재 구입 문의 02)2014-8151
고객센터 02)6409-0878

ISBN 979-11-6150-416-2 13740
Number 1-110401-18180407-02

"한 권으로 끝내는"

시원스쿨
처음토익.
PART 7

Kelly · 시원스쿨어학연구소 지음

시원스쿨 **LAB**

머리말

Part 7을 어디서부터 손을 대야 할지 모르겠어요! 도와주세요, 선생님!

2016년 5월 신유형의 토익이 시행되고 처음으로 응시했던 시험에서 사실 저도 당황할 수 밖에 없었습니다. 기존 토익에서는 Part 5, 6와 7까지 다 풀고 나면 20분 정도 남았었는데 신토익에서는 그렇지 않았거든요. 200번까지 다 풀고 나니, 시간이 3분 정도 남은거 있죠. 강사인 저도 신토익 유형의 문제에 적응하느라 시간이 그렇게 많이 걸렸는데 여러분들의 당황스러움은 오죽했을까요! 그래서 학생들이 Part 7을 어디서부터 시작해야 할지 모르겠다고 도움을 요청했을 때 정말 진심으로 학생들에게 도움이 되고 싶었습니다.

기출문제와 가장 비슷하면서 왕초보들을 위한 Part 7 교재!

이렇게 저에게 도움을 요청하는 학생들이 많았음에도 불구하고 시중에는 그러한 요청에 부응하는 입문용 Part 7 교재가 없었습니다. 그래서 답답한 마음에 제가 직접 Part 7 교재를 집필해보기로 했습니다. 기출문제 구성에 가장 가까우면서도 가장 간단하게 말이죠. 그러나 왕초보들을 위한 Part 7 교재를 만드는 것은 생각만큼 간단하지 않았습니다.

일단 토익에 출제된 지문의 종류를 모두 파악하는데 많은 시간이 걸렸습니다. 그리고 그 지문을 출제 빈도별로 분석했고, 가장 많이 출제된 지문유형을 뽑아서 비슷한 유형의 문제를 개발해야 했죠. 신유형의 Part 7은 그야말로 일상생활과 밀접한 지문들을 대거 포함하고 있었습니다. 웹사이트, 문자 메시지, 온라인 채팅 등 통신을 이용한 정보의 교환이나 메시지 전달이 커뮤니케이션에서 중요한 역할을 하고 있다는 것을 실감했습니다. 이러한 신유형의 지문에서도 출제되는 질문의 유형은 변하지 않습니다. 세부정보와 주제, 그리고 추론 유형의 질문들이 대부분입니다. 결국 정확한 해석을 통한 정보의 파악이 Part 7 풀이의 핵심임에는 변함이 없었습니다.

이러한 핵심을 효과적으로 전달하기 위해 방대한 데이터를 분석하고, 분석한 것에서 다시 일목요연하게 분류한 다음 그 중에서 왕초보들에게 유용한 내용을 우선적으로 구성하다 보니 책의 구성도 바뀌게 되어서 예상했던 것보다 집필 기간이 훨씬 오래 걸렸습니다. 원고를 쓰면서 다시는 Part 7 책을 쓰지 않겠다는 다짐을 몇 번이나 할 정도였으니, 얼마나 방대한 데이터를 분석해야 했는지 여러분도 상상할 수 있을 것입니다.

왕초보들을 위한 최고의 Part 7 교재가 되기를 바라며...

힘든 개발을 거쳐 탄생한 교재인 만큼 왕초보 학생들에게 실질적이고 유용한 도움이 되고 싶다는 열망이 반드시 이루어지기를 바라는 마음입니다. 이 책이 많은 왕초보 학생들에게 Part 7의 길잡이가 되길 바랍니다. 여러분들은 의지와 노력만 필요할 뿐 나머지는 이 책에 모두 준비해 놓았으니 책에서 이끄는 대로 공부하시면 됩니다.

마지막으로 이 책이 나올 때까지 많은 도움을 주신 시원스쿨어학연구소 모든 분께 감사드리며, 이 책과 함께 하는 여러분들이 꼭 Part 7에서 고득점을 이루시길 간절히 기원하겠습니다.

저자 Kelly

이 책의 구성과 특징

▶ Introduction

Part 7에 나오는 54개의 문항 중에서 세부사항에 대한 질
항을 문제로 낸다는 것은 여러분이 지문을 얼마나 잘 이해
부사항에 대한 질문 유형은 보통 지문의 내용에서 6하원칙
무엇을(What), 어떻게(How)와 관련된 정보에 대한 것을
What, 그리고 How로 질문하는 세부사항 질문에 대해 알

| Introduction

해당 Lesson에서 배울 핵심을 소개하는 부분입니다. 토익 기출문제에서 다루는 포인트를 한눈에 이해할 수 있도록 깔끔하게 정리하였습니다.

▶ 세부사항 질문 예시

- **According to the information, how can a re**
  통지문에 따르면, 독자는 어떻게 청소 일정에 대해 일
- **What was sent with the e-mail?**
  이메일과 함께 보내진 것은 무엇인가?
- **What is stated about the reservation?**
  예약에 대해 언급되는 것은 무엇인가?
- **What is a stated benefit of the ABS progr**

| 질문 예시

문제에서 제시되는 질문을 공통된 유형으로 제시하고, 문제만 보고 질문의 유형을 파악할 수 있도록 정리하였습니다.

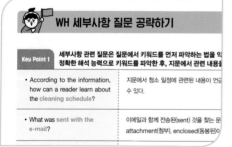

WH 세부사항 질문 공략하기

| **Key Point 1** | 세부사항 관련 질문은 질문에서 키워드를 먼저 파악하는 법을 익 |
| | 정확한 해석 능력으로 키워드를 파악한 후, 지문에서 관련 내용을 |

| • According to the information, how can a reader learn about the cleaning schedule? | 지문에서 청소 일정에 관련된 내용이 언급 수 있다. |
| • What was sent with the e-mail? | 이메일과 함께 전송된(sent) 것을 찾는 문 attachment(첨부), enclosed(동봉된)이 |

| 질문/지문 공략하기

질문 예시를 토대로 정답의 근거를 찾아내는 독해 기술을 설명합니다. 키워드 파악하기, 정답으로 자주 등장하는 표현, 단어와 정답근거가 나오는 위치, 그리고 문제 풀이 팁을 제공합니다.

세부사항 유형 연습하기

Questions 1 refers to the following information.

③ We take cash, credit cards, and checks ④ with a form of p
are sold in as is condition with no refunds. ⑥ You must bring
items.

▌ 유형 연습하기

Part 7 빅데이터 빈출 질문 유형(Lesson 1~11)에서 질문의 유형별로 질문을 파악하고 지문에서 정답의 근거를 찾는 등 풀이 과정을 단계별로 설명하였습니다.

토익 맛보기

Questions 1-3 refer to the following information.

Kooky Kites
② **Return Policy**

- ② Items may be returned for store credit or cash

▌ 토익 맛보기

Lesson마다 1~2개의 지문이 주어지고, 문제 풀이 해설도 함께 제공됩니다. 토익 문제를 푸는 방법을 예시로 제시하여 실제 문제 풀이를 간접적으로 학습할 수 있게 하였습니다.

Questions 1-3 refer to the following letter.

March 5

Mr. Bernard Scholes
Retonax Founder and Former President
1125 Villa Road,
Dartford, Kent DA1 3EY

Dear Mr. Scholes,

Following much discussion between board members here

▌ 토익 기출 맛보기

실제 토익 문제에 가장 유사한 실전 문제를 직접 풀이할 수 있도록 제공됩니다. 해당 Lesson에서 배운 질문 유형 또는 지문이 포함되어 있으므로, Lesson에서 배운 내용을 활용하여 문제 풀이할 수 있도록 합니다.

학습 플랜

1차 학습: 4주 완성

	MON	TUE	WED	THU	FRI	WEEKEND
Week 1	OT Lesson 01 세부사항 - What 유형 완료 □	Lesson 02 세부사항 - WH의문사 질문의 정답 찾기 완료 □	Lesson 03 추론유형 I 완료 □	Lesson 04 추론유형 II 완료 □	Lesson 05 연계 유형 완료 □	Lesson 01~05 복습 완료 □
Week 2	Lesson 06 주제 및 목적 완료 □	Lesson 07 문맥상 동의어 찾기 완료 □	Lesson 08 불일치 유형 완료 □	Lesson 09 요청사항 완료 □	Lesson 10 문맥상 의미 완료 □	Lesson 06~10 복습 완료 □
Week 3	Lesson 11 문장삽입 유형 완료 □	Lesson 12 E-mail 완료 □	Lesson 13 Chatting / Text Message 완료 □	Lesson 14 Article 완료 □	Lesson 15 Web Page 완료 □	Lesson 11~15 복습 완료 □
Week 4	Lesson 16 Advertisement 완료 □	Lesson 17 Notice / Announcement 완료 □	Lesson 18 Invoice / Receipt / Form 완료 □	Lesson 19 이중지문 완료 □	Lesson 20 삼중지문 완료 □	Lesson 16~20 복습 완료 □

- **복습**을 할 때는 다음과 같이 합니다.
  - ☑ 모르는 어휘와 표현 정리하고 암기하기
  - ☑ 암기 후, 영어만 보고 1초만에 뜻 말해보기
  - ☑ 틀린 문제 정리하기
  - ☑ 틀린 문제의 정답의 근거를 찾는 과정을 되짚어보기

- 교재를 끝까지 한 번 보고 나면 2회독에 도전합니다. 두 번 째 볼 때는 훨씬 빠르게 끝낼 수 있습니다. 처음에 잘 풀리지 않았던, 이해가 잘 되지 않았던 지문이나 질문 유형이 있다면, 2회독할 때 천천히 다시 한번 읽어보세요.

2차 학습: 2주 완성

	MON	TUE	WED	THU	FRI	WEEKEND
Week 1	Lesson 01 Lesson 02 완료 □	Lesson 03 Lesson 04 완료 □	Lesson 05 Lesson 06 완료 □	Lesson 07 Lesson 08 완료 □	Lesson 09 Lesson 10 완료 □	Lesson 01~10 복습 완료 □
Week 4	Lesson 11 Lesson 12 완료 □	Lesson 13 Lesson 14 완료 □	Lesson 15 Lesson 16 완료 □	Lesson 17 Lesson 18 완료 □	Lesson 19 Lesson 20 완료 □	Lesson 11~20 복습 완료 □

목차

<부록> Part 7 모의고사 1회 / 지문별 빈출 표현 정리

01

풀이시간의 황금비율을 찾자!

토익 PART 7의 특징

문항수의 증가

2016년 이전의 Part 7에는 46문제가 출제되었습니다. 매회마다 내용이나 형식이 비슷한 지문이 반복적으로 출제되었기 때문에 Part 7도 소위 스킬(skill)이라는 풀이 요령만 익히면 충분히 고득점을 달성할 수 있는 영역이었습니다.

하지만, 신유형 토익의 Part 5, 6에서 줄어든 만큼 Part 7에서는 9문제가 더 추가되어 54문제로 늘어났습니다. 만점 강사인 저도 예전에 200번까지 풀면 시험시간이 20분 정도 남았었지만, 신유형으로 바뀐 후 처음 친 토익에서 3분 정도를 남겨두고 다 풀고나서 Part 7의 문항수가 늘어난 만큼 난이도가 어려워진 것을 체감하였습니다. 저 뿐만 아니라 많은 학생들이 Part 7에서 늘어난 문제만큼 읽어야 하는 지문도 늘어나서 문제 풀이할 시험시간이 부족해 문제를 다 풀지 못했다고 한탄을 하였습니다.

신유형 문제의 등장

Part 7에는 사실확인, 추론/유추, 주제 찾기 등 8개의 유형에 덧붙여서 새로운 유형이 2개 더 추가되었습니다.

1) 문장 삽입 유형

문제에 한 문장이 제시되고, 그 문장이 지문 속의 4개의 위치 중 들어가기에 가장 알맞은 곳을 찾는 문제입니다. 대부분의 학생들이 수능의 영어 영역의 문제 유형과 거의 흡사하다고 말하는 이 문장 삽입 유형은 전체 지문을 읽고 내용의 흐름을 파악하고, 삽입될 문장이 들어갈 위치의 앞, 뒤의 문장과 매끄럽게 연결되는지 판단할 수 있는 능력을 요구하는 유형입니다.

2) 문맥상 동의어 찾기 문제

예전의 Part 7에도 동의어 문제는 출제되었으나, 문맥에 상관없이 해당되는 단어의 동의어를 묻는 어휘 문제였습니다. 그러나 변화된 동의어 문제는 단순한 어휘 문제가 아닌 문맥상에서 어떤 의미를 갖는지를 묻는 유형입니다. 단어의 사전적인 의미가 아니라 그 문맥에 쓰인 의미를 찾는 것이기 때문에 반드시 동의어가 아니더라도 그 단어 대신 쓰였을 때 문장의 의미가 변하지 않는 단어를 찾아야 합니다. 게다가 보기 (A)~(D)에는 해당 단어의 사전적인 의미도 포함되어 있기 때문에 모든 보기의 단어도 알고 있어야 합니다.

이처럼 새로운 유형의 문제뿐만 아니라 기존 유형의 문제가 더 많이 출제되는 경우도 있습니다. 바로 연계 문제가 그 경우에 해당하는데요, 연계문제는 예전 Part 7의 이중지문에서 출제되던 유형이있습니다. 언계문제란, 예를 들어 문제가 〈A가 무엇인가?〉라면, 첫번째 지문에서 〈A=B〉라는 정보가 나오고, 두 번째 지문에서 〈B=C〉라는 정보가 언급되어, 결국 보기 중에서 C에 관한 내용을 정답으로 고르는 문제를 말합니다. 즉, 첫 번째 지문에 있는 단서와 두 번째 지문의 단서를 연계하여 정답을 찾아내는 유형입니다. 이러한 연계 유형은 5문제, 또는 6문제로 그 출제 문제수가 2배 정도 늘어났습니다. 앞서 말씀드린 대로 연계문제는 정답의 단서가 각각 지문에 있기 때문에 다른 유형의 문제보다 정답을 찾는 시간이 오래 걸릴 수 밖에 없습니다. 이것이 토익커들로 하여금 시간을 부족하게 만드는 요인 중에 하나라고 볼 수 있습니다.

새로운 지문 유형의 추가

Part 7에서 출제되는 지문의 유형은 전형적으로 이메일, 편지, 기사, 공지, 광고문이었습니다. 하지만 출제되는 지문의 유형이 엄청나게 늘어나서 그래프, 달력, 영수증, 설문조사지, 웹사이트, 문자 메시지, 온라인 메신저 대화 등이 추가되어 변화한 생활 스타일에 맞춰 다양한 지문이 출제됩니다.

또한, 지문의 유형에서 가장 큰 특징은 바로 삼중지문입니다. 삼중지문은 186번부터 200번까지 차지하고 있어 무려 3개의 세트가 출제됩니다. 반면에 이중지문은 176번부터 185번까지 10개의 문제, 즉 두 세트가 출제됩니다. 다섯 문제로 구성되는 한 세트의 삼중지문에는 연계문제가 2문제가 출제되는 경우가 있어 문제 풀이 시간을 더욱 많이 소요하게 만듭니다.

이러한 변화들로 Part 7은 높은 점수를 받는 것이 더욱 어려운 파트가 되었습니다. 이제 막 토익 공부를 시작하는 학생들에게는 좋지 않은 소식이지만 하늘이 무너져도 솟아날 구멍은 있는 법! 시간 분배 스킬과 빅데이터 자료를 잘 활용한다면 이러한 유형의 Part 7에서도 충분히 고득점의 발판을 마련할 수 있습니다.

RC
시간 분배 꿀팁

RC 시간 분배 꿀팁 대방출!

LC가 끝나면 방송 마지막에 "end of recording"이라는 멘트가 나옵니다. 그 멘트는 RC 문제 풀이 시간 75분의 시작을 알리는 신호와 같습니다. 이 75분을 효율적으로 활용하는 이상적인 시간 분배 꿀팁을 알려드리도록 하겠습니다.

Part 5, 6는 18분 안에 끝낸다

단순계산으로 Part 5에서는 한 문제당 20초 내에 정답을 선택해야 합니다. Part 5의 문제 수는 총 30문제이므로 10분 내에 Part 5를 모두 풀어야 합니다. Part 6에서는 한 문제당 제한시간을 30초 정도로 두어 총 16문제를 푸는 시간이 8분이 소요되도록 합니다.

Part 5, 6의 제한 시간 18분에 추가 시간을 확보할 수 있는 방법이 있습니다. 그것은 바로 토익 시험이 시작되는 동시에 나오는 LC의 음원 중 Part 1의 Directions가 나오는 1분 30여 초 동안 Part 5의 문제를 푸는 것입니다. 1분 30초 정도면 Part 5의 약 4문제는 충분히 풀 수 있습니다.

Part 7은 54분 내에 끝낸다.

Part 7는 54문제로 구성되어 있으므로 1문제당 1분 정도 소요하는 것을 목표로 합니다. 3문제로 구성된 하나의 지문을 풀이할 때 3분 이상 걸린다면 지문을 느리게 읽는다는 것을 의미합니다. 따라서 읽고 해석하는 연습을 반복적으로 하여 읽기 속도를 높이는 것이 선행되어야 합니다.

반대로, 54문제를 54분 내에 다 풀 수 있을 정도로 문제 풀이 속도가 매우 빠른 학생들도 있는데, 이 학생들의 문제는 맞은 개수가 30개가 채 되지 않아 RC 점수가 300점 이하라는 것입니다. 그 이유는 바로 지문을 빨리 읽는 것에만 신경쓰느라 지문을 꼼꼼하게 읽지 않기 때문입니다. 정리하자면, Part 7은 적당히 빠르고 정확하게 읽으면서 내용을 이해하는 연습이 필요합니다.

마킹에 주어지는 시간은 3분이다.

72분(18분 + 54분) 내에 Part 5, 6, 7을 모두 풀었다면, 75분 중에 3분이 남습니다. 이 남은 3분 동안 OMR 카드를 작성하면 됩니다. 시험이 종료되면 시험지와 OMR 카드 둘 다 수거되며, OMR 카드에 마킹된 것으로 채점이 이루어집니다.(BONUS 04에서 OMR 카드 작성에 관련된 팁을 알려드리겠습니다.)

Part 7
접근 전략

Part 7을 한번이라도 풀어본 경험이 있다면 Part 7도 전략이 필요하다는 말에 동의할 것입니다. 전략 없이 무턱대고 문제만 풀다 보면 어느새 "시험 종료 15분 전입니다"라는 방송을 듣고 남은 문제를 급하게 "찍어야" 하는 불상사가 생기죠.

Part 7은 시간 싸움이다!

알다시피 Part 7은 총 54개의 문제로 구성이 되어 있어요. 그리고 1문제를 푸는데 평균적으로 1분이 소요되어야 시간에 맞게 모든 문제를 풀 수 있습니다. 즉, Part 7은 모든 문제를 다 푸는데 걸리는 시간이 총 54분이죠. 54분의 시간을 정해 놓고 실전처럼 한번 풀어보세요. 이렇게 함으로써 맞는 개수가 아닌, 문제를 푸는 속도를 기준으로 RC 점수를 대략적으로 가늠해 볼 수 있습니다.

1) 39문제 미만 풀이: RC 300점 미만

54문제 중 38~39개 정도 풀었다면 토익 초보들 중에서도 보통입니다. 하지만 문제 풀이에 대한 요령과 읽기 속도 등 총체적으로 많은 문제가 있는 상태입니다. 우선, 영어 문장에 대한 해석 능력이 시급한 단계라 볼 수 있습니다. 해석은 정확하게 하는데 속도가 느린 것이라면 반복적인 연습을 통해서 해석하는 시간을 좀 더 줄이는 것이 좋습니다. 문제 풀이에 대한 요령은 질문의 유형과 지문의 유형에 따라 각각 대처할 수 있는 방법을 본 교재에서 학습하시고 연습하시기 바랍니다.

2) 45문제 미만 풀이: RC 350점 미만

54문제 중 45문제를 풀었다면, RC 350점 미만으로, 보통 이 수준의 학생들은 총점 700점 전후로 받는 편입니다. 이 학생들은 지문이 무슨 내용인지 대충 알고는 있지만 정답의 단서를 오역하였거나, 오답이 되는 근거를 지문에서 놓치는 경우가 많습니다. Part 7은 반드시 정확한 해석을 통해 정답의 단서를 찾는 것이 핵심입니다.

3) 54문제 풀이 완료: RC 400점 이상

일단 주어진 시간 안에 푼다는 것 자체가 기본적인 독해 스킬을 어느 정도 갖추고 있다고 볼 수 있습니다. 이 점수대에 속하는 사람들은 이제 실수를 줄이는 것을 목표로 해야 합니다. 왜 틀렸는지, 자신이 놓친 것이 무엇인지 끊임없이 분석하면서 실수를 줄이세요!

자, 그렇다면 이제 기본적인 독해 접근 전략을 살펴봅시다.

지문보다 질문 먼저 읽고 시작한다

Part 7을 처음 공부하는 학생들은 빨리 풀어야 한다는 강박감에 지문을 먼저 읽고 시작하려는 경향이 있습니다. 왠지 지문을 먼저 읽어야 질문에서 요구하는 정답을 "콕!" 집어 낼 수 있을 것이라는 믿음 때문인 것 같아요. 그러나 그런 방법은 NO! NO! NO! 절대 그러지 마세요. Part 7은 꼭 질문부터 읽고 그 다음 지문을 읽어야 합니다.

제한된 시간 동안 지문의 내용을 처음부터 끝까지 다 읽을 수는 없습니다. 물론 직독직해의 고수라면 거의 속독의 수준으로 지문의 내용을 다 읽고 내용을 이해하겠지만, 우리는 그런 전문가가 아니니 질문에서 필요로 하는 정보를 "찾아 골라" 읽어야 합니다. 지문에서 어떤 내용을 찾아야 하는지 목표가 생기면 정답의 단서를 시간을 줄일 수 있습니다. 문제 풀이에 필요 없는 내용을 읽는 것은 시간낭비입니다.

단일지문 구간의 정답률을 높인다

왕초보들이 달성해야 할 첫 번째 목표는 바로 단일 지문 구간에서 정답률을 높이는 것입니다. 단일지문 구간은 147번~ 175번에 해당하며, 지문 1개 당 2~4문제가 주어집니다.

단일지문 구간의 정답률을 높여야 하는 이유는 첫째, 이중/삼중 지문 구간은 누구에게나 풀기 어려운 문제이지만, 단일지문의 문제는 왕초보도 충분히 풀 수 있기 때문입니다. 즉, Part 7에서의 점수 상승을 위해서 올라야 하는 첫 번째 디딤돌이 되는 것이 단일지문입니다.

둘째, 추론이나 연계 유형 등 전체 맥락을 파악하고 응용해야 풀 수 있는 문제 유형의 비중이 큰 이중/삼중지문과는 달리 단일 지문은 정답의 단서가 "지문"에 그대로 적혀 있는 경우가 많습니다. 즉, 해석만 제대로 한다면 정답을 찾을 수 있는 문제가 많으므로 점수를 확보하기에 비교적 쉬운 구간입니다.

단일지문 구간의 정답률을 높이기 위한 가장 좋은 방법은 질문에서 필요로 하는 내용을 찾아 지문의 내용을 꼼꼼히 확인하는 것입니다. 질문에서 언급된 것(키워드)을 탐색하면서, 관련된 내용이 나오면 제대로 해석하고, 다른 보기들이 오답인 근거도 지문에서 찾아야 합니다. 처음에는 보기의 내용을 일일이 지문에서 확인해야 하기 때문에 당연히 시간이 많이 걸릴 것입니다. 단어도 다 찾아봐야 하고 문장 구조를 파악하는 것도 눈이 팽팽 돌아가는데, 이것이 반복되면 점차 해석하고 답을 확인하는 시간이 줄어들 것이며, 충분히 숙달되면 직독직해도 가능해집니다.

이중지문/삼중지문 중 자신 있는 것을 먼저 푼다.

이중지문(176~185번)과 삼중지문(186~200번)을 풀 때, 시간이 모자랄 것을 감안하여 가장 시간이 오래 걸릴 것으로 예상되는 것을 뒤에 풀고, 조금이나마 자신 있게 빠른 속도로 풀 수 있는 것을 먼저 풀어야 합니다. 최악의 경우, 문제를 다 풀지 못하고 시험이 종료되었을 때 쉽게 풀 수 있는 것은 다 푼 상태로 OMR 카드를 제출할 수 있도록 말이죠.

평소 연습문제를 풀면서 이중지문과 삼중지문을 비교하여 자신에게 더 쉽게 느껴지거나, 정답률이 높은 것을 파악합니다. 어떤 사람들은 이중지문이 쉽다고 하고, 어떤 사람들은 삼중지문이 쉽다고 합니다. 개인별로 차이가 있기 때문에 자신의 문제 풀이 기록을 토대로 실제 시험장에서는 조금이라도 나의 정답률이 높은 지문을 먼저 공략합니다. Part 7은 시간이 모자라게 되어있으니 그 모자란 시간을 정답을 맞출 확률이 높은 문제에 쓰자는 전략입니다. 만약 어느 쪽이든 정답률이 비슷하다면 그냥 순서대로 푸는 것을 추천합니다.

정답의 근거 찾기는 항상 연습해야 한다.

Part 7을 공부한다고 하면 대부분의 학생들은 1) 문제를 풀고, 2) 채점을 한 후, 3) 해설지를 보는 과정을 거칩니다. 좀 더 꼼꼼하게 공부한다면 모르는 단어를 정리하는 것도 포함할 수도 있겠죠.

이 방식으로 공부하면서 놓쳐서는 안되는 것이 바로 정답의 근거 찾기 입니다. 문제를 풀 때도, 해설지를 볼 때도 해당 지문에서 어떤 내용이 정답으로 이어졌는지 그 근거를 반드시 밝히면서 공부해야 합니다. "대충 이런 뜻인 것 같아서"라는 생각으로 내용을 "대충" 파악하다 보면 혼동되는 세부 정보를 묻는 문제에서 항상 매력적인 오답을 고르기 마련입니다.

질문과 보기를 먼저 해석한 후에 지문에서 정답의 근거를 찾아야 하는데, 시간이 걸리더라도 해설지를 보지 말고, 직접 사전으로 단어를 찾아가면서 "정답의 근거를 찾아서 밑줄 긋기"를 해 보고 "밑줄 그은 부분을 해석"해보기를 바랍니다. 스스로 정답의 근거를 판단하고 정답을 고르는 연습을 하고, 틀린 문제를 통해 자신이 놓친 부분을 파악하는 방법이 Part 7 전략의 핵심입니다.

OMR카드
마킹 고수들의 비법

"첫 토익 점수는 어차피 버리는 거라더라"

토익을 준비하는 학생들이라면 이런 말을 한번쯤은 들어보셨을 것입니다. 토익 공부를 처음 시작하는 입장에서 이런 얘기를 듣는다면 "아, 나도 첫 토익은 어차피 버리는 거라니까 대충 봐야겠다"라는 생각이 들거나, "아, 그럼 나는 더 열심히 준비해서 한 큐에 성공하겠다"라는 생각을 할 것입니다.

10년차 토익 강사인 저는 이와 같은 "첫 토익 필패론"을 우연히 듣고는 호기심이 생겼습니다. '정말 열심히 공부하고 준비하고도 처음 치는 토익은 필패일까?', '토익 공부 시작하기도 전에 한번 토익을 쳐보는 것이 훨씬 나으려나?', '왜 이런 말이 생겼을까?'하는 생각이 들었습니다.

그 이후 몇 개월에 걸쳐서 제 수업을 듣는 학생들을 관찰해 보았죠! 그 중 A군과 B양의 예를 들어보겠습니다. A군과 B양은 비슷한 수준의 학생들이었습니다. 시험직전 모의고사점수도 비슷했어요. A군은 첫 토익에 모의고사 점수에 비해 조금 아쉬운 점수를 받았습니다. 얼마나 아쉬운가하면, 조금 "많이" 아쉬웠다고만 말씀드릴 수 있겠네요. 반면, B양은 첫 토익에서 모의고사 점수보다 더 높은 점수를 받았어요.

A군, 그리고 B양과 이야기를 나누다가 저는 정말 사소하지만 중요한 팁을 알게 되었습니다. A군은 준비하지 않았지만, B양은 철저하게 준비했던 것이 있었습니다. 그것이 두 사람의 차이를 불러 일으킨 것이죠.

그것이 뭔지 궁금하시죠? 너무 기본적이어서 많은 학생들이 지나치지만 정말 중요한 그것은 바로 **"OMR카드 작성요령"**이었습니다. 토익은 LC 100문제와 RC 100문제로 이루어진 200문제짜리 시험입니다. 이 200문제를 풀고, OMR 카드 답안지에 마킹을 해야 한다는 기본적인 사실을 근거로 OMR 카드 작성 요령을 설명해드릴게요.

"마킹에 전혀 대비가 안되어 있어서 언제 LC 마킹을 하고, 언제 RC 마킹을 할지 몰라서 일단 모든 문제를 시험지 위에 풀었어요. 종료시간 5분전부터 한꺼번에 200문제 마킹을 시작했는데 생각보다 오래 걸리더라고요. 결국 조급한 마음으로 마킹하다보니 몇 개 밀려 쓰기도 한 것 같아요. 이번 시험은 폭망이었어요."

– B양 인터뷰 中

"LC 마킹은 LC 시간 안에 완료했고, RC 마킹을 하는 시간도 철저하게 계산해서 분배했어요. 시험 전 날에 연필 뾰족하게 깎아두는 친구들이 있었는데 저는 반대로 최대한 연필을 뭉툭하게 해서 갔어요."

– A군 인터뷰 中

OMR 마킹 고수의 팁 첫 번째!

"장인은 연장 탓을 하지 않는다지만, 토익 시험에 유리한 연장은 준비해 두는 것이 좋다!"

OMR 카드에 답안을 1개 색칠하는데 걸리는 시간은 짧으면 0.3초, 길면 1.3초입니다. (직접 해봤습니다.)

0.3초 x 200 문항 = 60초(1분)
1.3초 x 200문항 = 260초(4분33초)

단순 계산만으로도 4분 33초가 소요된다는 결과가 나오는데, 아시다시피 토익에서 4분30초면 Part 5의 10문제는 너끈히 풀 수 있는 시간이죠. OMR 작성은 볼펜이나 사인펜이 아닌 연필이나 샤프로 작성해야 한다는 건 다 아시죠? 최대 1.3초가 걸린 것은 심이 얇은 샤프를 사용하였을 때입니다. 최소 시간인 0.3초가 걸린다는 것은 심이 뭉툭한 연필로 마킹했을 때죠.

자, 그렇다면 **마킹 시간을 더 줄일 수 있는 황금 팁** 이 필요하신 분이라면?

<마킹 시간을 줄여줄 비밀병기>

단 한번 긋는 것만으로도 칸이 꽉 채워지는 이것!
마킹 1개 하는데 0.1초가 걸리게 시간이 아주 단축되는 이것!

바로 **스케치 샤프** 입니다.

가로면은 넓고, 세로면은 얇아서, 넓은 면으로 마킹을 하면 시간을 엄청나게 줄일 수 있는 아주 편한 아이템! 굳이 스케치펜을 구매하지 않더라도, 뭉툭한 심을 가진 연필로 마킹을 하는 것도 훨씬 유리하니, 여러분들의 연필을 너무 뾰족하게 깎아서 가는 실수는 하지 마세요!

OMR 마킹 고수의 팁 두 번째!

"고수는 마킹에도 시간 분배를 따진다."

A군이 "많이" 아쉬운 점수를 받은 가장 큰 원인은 200개를 한꺼번에 마킹하려 했다는 점입니다. 고수들은 절대 그렇게 하지 않아요. 적어도 RC 풀이 시간에 LC 문제를 마킹하지 않습니다. LC 100문제에 대한 마킹은 LC가 끝나기 전에—"end of recording"이라는 멘트가 나오기 전에—완료해야 하고, RC 100문제는 RC 시간에 마킹하는 것이 바람직합니다.

● LC 마킹 전략, 더 세세하게 알려 달라구요?

Part 1, 2 – 사진묘사 6문제 + 짧은 질문 답변 25문제

시험지에 O, X정도만 표기하며 듣고, 정답은 OMR 카드에 바로 마킹합니다. 어차피 못 듣고 지나가버린 문제는 나중에 다시 생각해봐도 기억나지 않습니다. 문제를 제대로 듣지 못했다면 곧바로 추측으로나마 답을 고른 후 마킹하는 담대함이 필요합니다.

하나의 지문에 3문제가 달려있습니다. 질문과 선택지는 미리 읽어두고, 음원이 나올 때 들으면서 문제를 풀어야 합니다. 3문제의 정답을 모두 고른 후 곧바로 마킹합니다. 그 다음 3문제의 질문과 선택지를 읽습니다.

● RC 마킹은 언제 하는가?

"RC를 다 풀고 나서 마킹을 하겠다"는 것은 너무도 위험한 발상! 점수대별로 분석해보면, 800점대 이하의 응시자가 주어진 시간 안에 200번까지 다 푸는 일은 거의 없습니다. 그러므로 RC를 풀다가 마지막 "종료 15분 전입니다"라는 안내방송이 나오면 그때부터 RC 마킹을 시작하는 것이 안전합니다. 마킹 후 남은 시간에 Part 7에서 풀지 못한 문제를 푸는 것도 하나의 방법!

OMR 마킹 고수의 팁 세 번째!

"찍기에도 정석이 있다."

아쉽게도 800점 이하의 토익커는 주어진 시간 안에 독해 문제를 다 풀지 못할 것입니다. 종료시간이 다 되어 가는데 OMR 카드에 15개의 문제가 마킹을 기다리고 있다면, 문제를 풀지 않고 답을 고르는 '찍기'라도 시도해야 합니다. 이 '찍기'에도 전략이 있다는 사실, 알고 계신가요?

토익은 오답에 감점이 있는 시험이 아닙니다. 그렇기 때문에 남아 있는 문제를 찍었다고 해서 감점을 받지 않습니다. 무작위로 고른 오답에 감점이 있는 영어 시험도 있습니다. 그런 시험은 차라리 빈칸으로 남겨두는 것이 유리하죠. 그러나 토익 시험에서 시간 안에 풀지 못한 문제를 OMR 카드에 공란으로 두는 것은 오히려 손해입니다.

최상의 찍기 전략은 바로 "기둥 세우기"

(A), (B), (C), (D) 중 하나를 골라서 그것만 남은 문제에 대한 답으로 마킹하는 것입니다. 이를 일명 '기둥 세우기'라고 합니다. 만약 186~200번까지 15개의 문제에 '기둥 세우기'를 한다면, 최소 3개에서 최대 5개까지 정답을 고를 수 있습니다. 그런데 만약 186번에 (A), 187번에 (B), 188번 (C), 189번 (D).. 이런 식으로 무작위로 '찍는'다면 확률상 15문제 중에서 정답을 '찍을' 확률은 매우 낮습니다. 오히려 하나도 맞추지 못할 수도 있습니다. 토익 문제의 정답은 4개의 보기가 골고루 분포되어 있기 때문에 정답만 피해서 '찍을' 확률이 더 높습니다. 따라서 하나의 보기로 찍는 '기둥 세우기'는 확률적으로 더 많은 점수를 얻을 수 있는 요령입니다.

단, 이렇게 해서 15문제 중 맞은 것이 있다면 그것은 '거품'일 뿐, 자신의 진정한 독해 실력이라고 볼 수 없습니다. '기둥 세우기'는 마지막 지푸라기라도 잡는 심정으로 급할 때 쓰는 요령입니다. 꾸준히 실력을 갈고 닦아서 시간 내에 200문제를 모두 풀 수 있을 때 비로소 독해 점수가 향상되기 시작하는 것입니다.

02

Part 7 빅데이터

빈출 질문
유형별 전략

세부사항 - What 유형

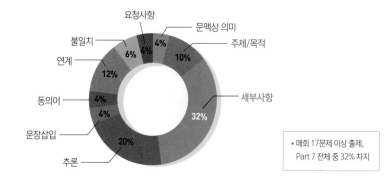

요청사항
문맥상 의미
불일치 6% 4% 4%
연계 12% 10% 주제/목적
동의어 4%
문장삽입 4%
추론 20%
세부사항
32%

* 매회 17문제 이상 출제,
Part 7 전체 중 32% 차지

▶ **Introduction**

Part 7에 나오는 54개의 문항 중에서 세부사항에 대한 질문유형은 가장 많이 출제됩니다. 독해에서 세부사항을 문제로 낸다는 것은 여러분이 지문을 얼마나 잘 이해하고 있는지를 평가하는 것이라 할 수 있습니다. 세부사항에 대한 질문 유형은 보통 지문의 내용에서 6하원칙, 즉 누가(Who), 언제(When), 어디에서(Where), 무엇을(What), 어떻게(How)와 관련된 정보에 대한 것을 묻는 것을 말합니다. 이번 Lesson에서는 그 중에 What, 그리고 How로 질문하는 세부사항 질문에 대해 알아보도록 합시다.

▶ **세부사항 질문 예시**

- **According to** the information, **how** can a reader learn about the cleaning schedule?
  통지문에 따르면, 독자는 어떻게 청소 일정에 대해 알 수 있는가?
- **What** was sent with the e-mail?
  이메일과 함께 보내진 것은 무엇인가?
- **What is stated about** the reservation?
  예약에 대해 언급되는 것은 무엇인가?
- **What is a stated benefit of** the ABS program?
  ABS 프로그램의 장점으로 언급된 것은 무엇인가?
- **What is the cause of the** problem that Ms. Diaz is having?
  Diaz 씨가 겪고 있는 문제점의 원인은 무엇인가?

'According to + 명사' 표현을 이용하거나 stated, mentioned 처럼 "언급된" 정보를 정확하게 찾아내라는 것이 질문의 출제 포인트입니다.

WH 세부사항 질문 공략하기

| Key Point 1 | 세부사항 관련 질문은 질문에서 키워드를 먼저 파악하는 법을 익혀야 한다. 정확한 해석 능력으로 키워드를 파악한 후, 지문에서 관련 내용을 찾아야 한다. |

• According to the information, how can a reader learn about the cleaning schedule?	지문에서 청소 일정에 관련된 내용이 언급된 곳에서 정답의 근거를 찾을 수 있다.
• What was sent with the e-mail?	이메일과 함께 전송된(sent) 것을 찾는 문제이므로, 지문에서 attachment(첨부), enclosed(동봉된)이라는 부분을 찾아서 확인한다.
• What is stated about the reservation?	예약(reservation)에 관해 언급된 부분을 지문 속에서 찾아 세부적인 내용을 파악한다.
• What is a stated benefit of the ABS program?	ABS가 언급된 부분에서 장점(benefit)과 관련된 표현, good for, help, helpful, advantage 등이 언급되어 있는 곳을 찾아본다.
• What is the cause of the problem that Ms. Diaz is having?	Diaz 씨가 언급된 부분에서 문제(the problem)와 관련된 표현, trouble, hard time, difficult, not able to 등이 언급되어 있는 곳을 찾아본다.

| Key Point 2 | 질문의 핵심 키워드가 언급된 부분을 찾는다. |

키워드를 선택하였다면, 본문에서 키워드가 언급된 부분을 찾아본다. 키워드가 언급된 부분이 꼭 한군데가 아니라 여러 군데 흩어져 있을 수도 있다는 점을 유념하자.

| Key Point 3 | 오답을 소거한 후 paraphrasing되어 있는 부분이 있는지 확인할 것! |

benefit (장점) = advantage
publication(출판물) = magazine, newspaper, book
overtime (시간외 근무) = additional work hours
offer(제안하다) = suggest
gain(얻다) = acquire, win
branch(지사) = new office, local chapter
investment plan(투자 설계) = financial plan (금융 설계)
director (책임자, 이사) = head, chief, manager, executive
be encouraged to do (~하도록 장려되다) = be advised to do

fixed(고정된) = not changed
free(무료의) = complimentary, at no cost[charge]
overseas(해외) = international, abroad
limited(제한된) = insufficient(불충분한)
be acknowledged(인정받다) = be recognized
enhance(향상시키다) = improve
renowned (저명한) = famous, popular, celebrity
digital gadget(디지털 기기) = digital device, electronic equipment
was/were employed(고용되었다) = worked

세부사항 유형 연습하기

Question 1 refers to the following information.

③ We take cash, credit cards, and checks ④ with a form of proper identification. ⑤ All items are sold in as is condition with no refunds. ⑥ You must bring help to transport your own large items.

1. ① According to the information, what is mentioned?

② (A) Only credit card payment is acceptable.
(B) Items can't be returned.
(C) Delivery service is available.
(D) Two types of photo identification are required.

STEP ① 질문에서 According to ~, what is mentioned?를 보고 세부사항 유형 질문인 것을 확인한다.

STEP ② 보기 (A)~(D)를 먼저 읽어본다.

STEP ③ 지문을 읽기 시작하는데, 첫 문장에서 We take cash, credit cards, and checks를 읽고 (A)가 오답인 것을 확인한다.

STEP ④ with a form of proper identification은 적절한 형태의 신분증을 의미하며, a form of라고 하였기 때문에 1가지 형태의 신분증이 필요하다는 것을 알 수 있다. 따라서 (D)를 오답으로 소거한다.

STEP ⑤ All items are sold in as is condition with no refunds라는 문장에서 환불이 되지 않는다(with no refunds)는 것을 알 수 있다. 따라서 (B)가 언급된 내용과 일치하므로 정답은 (B)이다.

STEP ⑥ You must bring help to transport your own large items라는 문장에서 크기가 큰 물품을 직접 옮기기 위해서 스스로 도움이 될 사람을 데려올 것을 언급하였으므로 배달 서비스를 제공하지 않는다는 것을 알 수 있다. 따라서 (C)를 오답으로 소거한다.

Word & Phrase

cash [명] 현금 **credit card** [명] 신용카드 **check** [명] 수표 **form** [명] 형태 **proper** [형] 적절한, 제대로 된 **identification** [명] 신분증 **item** [명] 물품 **as is** 있는 그대로 **condition** [명] 상태 **refund** [명] 환불 **bring** [동] 데리고 오다, 가져 오다 **help** [명] 도움(이 되는 사람) **transport** [동] 수송하다, 이동시키다 **payment** [명] 지불, 결제 **acceptable** [형] 수용가능한, 허용되는 **return** [동] 환불하다, 반납하다 **delivery** [명] 배달 **available** [형] 이용 가능한 **type** [명] 유형, 종류 **photo identification** [명] 사진이 있는 신분증 **be required** 요구되다, 필요하다

해석 p.178

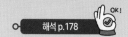

Question 2 refers to the following information.

If you plan on using public transportation to travel to the meetings, the green bus 896 stops at City Hall, which is only 1 block away. If you are willing to walk a little further, ③ bus 674 stops at the local ice cream shop at Monterrey and Williamsburg, which is only 3 blocks away. If you plan on driving, ④ parking is free after 5 P.M. in the library's parking lot and on the streets nearby.

2. ① What is mentioned in the information?

② (A) Street parking is available for visitors.
(B) Taking a bus is easier than driving.
(C) A free shuttle bus is provided.
(D) Some ice cream shops are located across from the meeting place.

STEP ① 질문에서 What is mentioned ~?를 보고 세부사항 유형 질문인 것을 확인한다.

STEP ② 보기 (A)~(D)를 먼저 읽어본다.

STEP ③ 지문을 읽기 시작하여 bus 674 stops at the local ice cream shop at Monterrey and Williamsburg, which is only 3 blocks away 에서 아이스크림 가게가 3블럭 거리에 있다고 하였으므로 (D)를 오답으로 소거한다.

STEP ④ 마지막 문장에서 parking is free after 5 P.M. in the library's parking lot and on the streets nearby라고 언급되어 있는 것을 확인할 수 있다. 여기서 노상주차(street parking)가 가능하다는 것을 알 수 있으므로 (A)를 정답으로 고른다. (B), (C)에 대해서는 지문 내에서 언급된 바가 없으므로 오답인 것을 확인할 수 있다.

Word & Phrase

plan on ~ing ~하는 것을 계획하다/의도하다 **public transportation** [명] 대중 교통 **travel** [동] 이동하다, 여행하다 **meeting** [명] 회의 **be willing to do** 기꺼이 ~하려 하다 **further** [부] 더 멀리 **local** [형] 지역의 **free** [형] 무료의 **library** [명] 도서관 **parking lot** [명] 주차장, 주차 공간 **nearby** [형] 가까운, 인근의

Questions 1-3 refer to the following information.

Kooky Kites
② Return Policy

- ② Items may be returned for store credit or cash within 2 weeks of purchase. ① For cash, the returns must be accompanied by your original receipt. For store credit, a receipt is unnecessary.

- Returned items must be in unused condition.

- All sales of discounted items are final—no returns or refunds (③ if the discounted item was bought defective, then store credit may be issued).

세부사항

1. According to the information, what should be presented when a customer wants cash for a return?

➡ 통지문에 따르면, 고객이 반환품에 대해 현금을 원할 때 제시되어야 하는 것은 무엇인가? [키워드: cash for a return]

(A) A membership card ➡ 멤버십 카드
(B) A delivery form ➡ 배달 신청서
(C) The original receipt ➡ 영수증 원본
(D) Store credit ➡ 매장 크레딧

> **해설** 질문에서 cash for a return을 키워드로 삼고 지문에서 관련 내용을 찾아보면 "For cash, the returns must be accompanied by your original receipt."라는 문장을 찾을 수 있다. 이 문장의 의미대로라면 반환품을 현금으로 받고 싶다면 반드시 영수증 원본을 동반해야 한다는 것을 알 수 있다. 따라서 정답은 (C)이다. Be accompanied by는 '~을 동반하다', '~와 동행하다'라는 의미로 쓰이는 표현이다. 참고로, 실제 시험에서는 original receipt가 proof of purchase라는 말로 패러프레이징되어 나오기도 한다.

해석 p.178

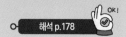

주제 및 목적

2. Where most likely is the information posted? ➡ **이 통지문은 어디에 게시될 것 같은가?**

(A) At a hotel ➡ **호텔에**

(B) At a shop ➡ **매장에**

(C) At an airport ➡ **공항에**

(D) At a school ➡ **학교에**

[해설] 질문에서 위의 지문이 게시되어야 하는 장소를 묻고 있으므로, 이 지문의 주제에 맞는 장소를 찾는 문제이다. Return Policy(반환 정책)이라는 글의 제목과, "Items may be returned for store credit or cash within 2 weeks of purchase."라는 첫 문장을 보면, '물품이 구매되는 곳이고 반환도 가능한 장소'에 이 글이 게시될 수 있다는 것을 알 수 있다. 따라서 정답은 물건을 구매할 수 있는 가게, 매장(shop)이 되어야 한다. 그러므로 정답은 (B)이다.

세부사항

3. What happens if items purchased during a special offer are defective?
➡ **특가 판매기간 중에 구매한 물품에 결함이 있다면 무슨 일이 일어나는가? [키워드: purchased during a special offer, defective]**

(A) Store credit will be provided. ➡ **매장 크레딧이 제공될 것이다.**

(B) Free shipping will be added. ➡ **무료 배송이 추가될 것이다.**

(C) A membership card will be sent. ➡ **멤버십 카드가 배송될 것이다.**

(D) The full amount will be refunded. ➡ **전액 환불될 것이다.**

[해설] 질문에서 '특별 판매기간 중에 구매한 물품이 결함이 있다면'이라고 언급하였으므로 지문에서 defective(결함이 있는)와 관련된 부분을 찾아본다. 지문의 마지막 부분에 "if the discounted item was bought defective, then store credit may be issued."라는 문장에서 discounted item이 items purchased during a special offer로 패러프레이징 되었음을 알 수 있다. 그리고 결함이 있으면 매장 크레딧이 발행된다고 나와 있으므로, 매장 크레딧이 제공된다고 한 (A)가 정답이다.

Word & Phrase

information [명] 통지문, 소식 **return** [명] 반환, 반품, [동] 반환하다 **policy** [명] 정책, 방침 **item** [명] 물품 **store credit** [명] 매장 크레딧(반품되는 물품의 가격만큼 해당 매장에서 쓸 수 있는 표) **cash** [명] 현금 **purchase** [명] 구매, [동] 구매하다 **be accompanied by** ~을 동반하다 **original** [형] 원래의, 원본의 **receipt** [명] 영수증 **unnecessary** [형] 불필요한, 필요하지 않은 **unused** [형] 사용되지 않은 **condition** [명] 상태 **sale** [명] 판매 **discounted** [형] 할인된 **final** [형] 최종적인, 마지막의 **refund** [명] 환불, [동] 환불하다 **defective** [형] 결함이 있는 **issue** [동] 발행하다 **present** [동] 제시하다, 보여주다 **delivery** [명] 배달, 배송 **form** [명] 서류, 양식 **post** [동] 게시하다 **special offer** [명] 특가 판매, 특별 할인 **provide** [동] 제공하다 **shipping** [명] 배송 **add** [동] 추가하다, 더하다 **amount** [명] 양, 액수

Questions 1-3 refer to the following letter.

March 5

Mr. Bernard Scholes
Retonax Founder and Former President
1125 Villa Road,
Dartford, Kent DA1 3EY

Dear Mr. Scholes,

Following much discussion between board members here at Retonax Manufacturing, it has been decided that Matthias Voller, our current Senior Operations Manager, will take over as Director of Regional Sales for Europe when Maria Senna retires in April. Mr. Voller's promotion coincides with rising demand for our products throughout the region, and he will oversee Retonax's efforts to attain a larger presence in the German, French and Austrian retail markets.

It was unanimously agreed that Mr. Voller is the most suitable candidate for the position. After finishing top of his class at Westfalen University in Dortmund, he worked for the Nukem Group in Munich for several years, eventually leaving to join Retonax approximately 15 years ago. In addition to being a skilled salesman, he is highly adept at devising marketing strategies, negotiating contracts, and forecasting budgets. At Retonax, he worked in our Brussels branch before moving to the Amsterdam branch, and was then transferred to our head office here in London. His strong management skills and knowledge of various markets will carry us forward and help us to increase our market share.

Lastly, it cannot be overstated how crucial a role Ms. Senna has played during her time at Retonax, and we have organized a banquet to acknowledge her achievements. It will take place on Friday, March 26, at the Opal Hotel, which is not far from our firm's head office, from 7 p.m. to 10 p.m. If you require more details about the dinner or have queries regarding the management reshuffle, please contact the Personnel Manager, Gina Cross, at extension 732.

Rachel McNicoll,
CEO, Retonax Manufacturing

1. From what position will Ms. Senna retire?

   (A) Senior Operations Manager
   (B) Company Chairwoman
   (C) European Sales Director
   (D) Personnel Manager

2. What is indicated about Mr. Voller?

   (A) He worked in Munich for around fifteen years.
   (B) He has a wide range of business skills.
   (C) He was presented with an award in Dortmund.
   (D) He left a company in Brussels to join Retonax.

3. What is the purpose of the event on March 26?

   (A) To demonstrate Retonax's products to potential clients
   (B) To interview candidates for Ms. Senna's old position
   (C) To report on the progress of Retonax's European expansion
   (D) To recognize Ms. Senna's efforts at Retonax

Lesson 02 세부사항 – WH의문사 질문의 정답 찾기

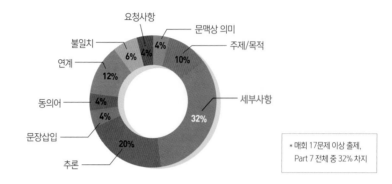

▶ Part 7 질문 유형

- 요청사항 4%
- 문맥상 의미 4%
- 주제/목적 10%
- 세부사항 32%
- 추론 20%
- 문장삽입 4%
- 동의어 4%
- 연계 12%
- 불일치 6%

* 매회 17문제 이상 출제,
Part 7 전체 중 32% 차지

▶ Introduction

Lesson 1에 이어 세부사항에 대한 질문 유형에 대해 좀 더 알아보겠습니다. 지문에서 6하원칙, 즉 누가 (Who), 언제(When), 어디에서(Where), 무엇을(What), 어떻게(How)와 관련된 정보에 대한 것을 묻는 것을 말합니다. 이번 Lesson에서는 의문사 When, Where, How(+형용사/부사)가 쓰인 세부사항 질문에 대해 알아보도록 합시다.

▶ 세부사항 질문 예시

- **When** will there be a break during the seminar?
  세미나 중에 휴식 시간은 언제인가?

- **According to** the information, **where** can a reader learn about J's Artwork?
  통지문에 따르면, J's Artwork에 대해 독자가 알 수 있는 장소는 어디인가?

- **How often** are the floors on the 3rd floor cleaned?
  통지문에 따르면, 독자들은 어떻게 청소 일정에 대해 알 수 있는가?

Tip 토익 Part 7을 풀 때에는 지문 보다는 "질문"을 먼저 읽어야 한다! "질문"에서 원하는 정보를 지문에서 얻어내야 하기 때문에 어떤 정보를 찾아야 하는지를 먼저 알아두면, 정답 찾는데 시간이 훨씬 적게든다.

WH 세부사항 질문 공략하기

Key Point 1 의문사 when, where, how가 쓰인 질문의 키워드에는 해당 의문사가 항상 포함된다.

• **When** will there be **a break** during the seminar?	세미나 일정이 언급된 부분에서 휴식 시간(a break)에 대한 내용이 있는지 확인한다.
• According to the information, **where** can a reader **learn about J's Artwork**?	J's Artwork에 대해 언급된 부분 중에서 장소에 관련된 내용이 있는지 확인한다.
• **How often** are the floors on **the 3rd floor** cleaned?	3층(the 3rd floor)에 관해 언급된 부분에서 청소 횟수나 빈도에 관한 내용이 있는지 확인한다.

Key Point 2 키워드가 언급된 문장 전체를 읽어본다.

WH 의문사가 쓰인 질문의 키워드는 특정 정보(장소, 시간 등)와 반드시 관련되어 있기 때문에, 지문을 읽을 때 키워드가 있는 문장 전체를 꼼꼼하게 읽고, 정확한 해석을 통해 문장의 의미를 파악한 후 보기에서 관련된 내용을 찾아야 한다. 특히 시간에 대한 세부정보를 묻는 문제는 지문에 드러난 시간 정보를 종합하여 약간의(?) 산술계산 후에 정답이 도출되는 경우도 있으니 지문에 있는 시간 정보를 그대로 정답으로 고르지 않도록 하자.

Key Point 3 2개의 보기가 정답으로 보일 때는 각각의 보기가 오답이 아니라는 근거를 찾아본다.

특정 세부정보를 묻는 문제에서는 지문에 언급된 여러 정보가 보기에 오답으로 제시되기도 한다. 특히 2개의 보기 중에서 무엇이 정답인지 판단할 수 없을 때 각각의 보기가 언급된 부분을 다시 한번 읽어보아야 한다. 지문에서 한두 단어 정도의 간단한 언급이 그 둘 중 하나의 보기가 확실하게 오답으로 배제될 수 있는 단서로 작용한다.

Tip 토익 Part 7을 풀 때에는 반드시 "근거"를 찾아 정답을 골라야 한다. 특히 세부정보 문제에 대한 정답은 지문에 있는 내용이 적절하게 변경되어 보기로 나와 있기 때문에 정확한 해석을 바탕으로 하여 지문 속에서 정답의 근거를 찾는 것이 가장 중요하다. 보기 중에는 지문의 내용과 아주 유사하지만 결정적으로 다른 단어를 사용하여 지문의 내용과 다르게 제시된 보기가 나오는데, 이를 매력적인 오답, 영어로는 distractor라고 한다. 이러한 매력적인 오답에 현혹되지 않기 위해서는 정확한 해석이 바탕이 되어야 한다.

Question 1 refers to the following advertisement.

Strength in Numbers Company
Bolton Abbey, Skipton, North Yorkshire, BD23 6AS
555-0552
www.strengthinnumbers.co.uk

The next time you are planning a team-building event, let Strength in Numbers organize and lead your activities to ensure that your day is a success. We can design an enjoyable program for your staff, and you can choose from over 50 different activities. All equipment is provided, and activities are led by our enthusiastic instructors.

For a full list of group activities and rates, please visit our Web site. Our services can be booked online or over the phone. ③ For anyone who incorporates five or more activities into their personalized program, a 10 percent discount will be applied. All services must be booked at least 72 hours prior to the day of the event.

1. ① How can customers **receive a discount** from Strength in Numbers?

② (A) By booking a service in advance
(B) By making a booking on the Web site
(C) ④ By choosing at least five activities
(D) By purchasing activities for large groups

STEP ① 질문에서 How ~?를 보고 의문사 How가 쓰인 세부사항 유형 질문인 것과 키워드가 무엇인지 파악한다.

STEP ② 보기 (A)~(D)를 먼저 읽어본다.

STEP ③ 키워드가 receive a discount이기 때문에 지문에서 관련된 내용을 찾아본다. 2번째 문단의 For anyone who incorporates five or more activities into their personalized program, a 10 percent discount will be applied라는 문장에서 할인(discount)에 관한 내용이 언급된다. 여기서 5개 이상의 활동에 참여하는 사람에게 10퍼센트 할인이 적용될 것이라고 언급되어 있으므로, 할인을 받을 수 있는 방법은 5개 이상의 활동에 참여하는 것이다.

STEP ④ 보기 중 '최소 5개 활동을 선택한다'는 내용인 (C)가 이에 관련된 내용이므로 (C)를 정답으로 고른다.

Word & Phrase

strength [명] 힘, 강점 **team-building event** 팀 단합 행사 **let** [동] ~하게 하다 let + 목적어 + 동사원형: (목적어)로 하여금 ~하게 하다 **organize** [동] 준비하다, 조직하다 **lead** [동] 이끌다 **activity** [명] 활동 **ensure** [동] 반드시 ~하게 하다, 보장하다 **success** [명] 성공 **design** [동] 만들다, 고안하다 **equipment** [명] 장비, 기구 **provide** [동] 제공하다 **enthusiastic** [형] 열정적인, 열의가 넘치는 **instructor** [명] 강사 **rate** [명] 요금 **book** [동] 예약하다 **incorporate** [동] 포함하다, 집어넣다 **personalized** [형] 개인이 원하는 대로 할 수 있는, 개인에 맞춰진 **discount** [명] 할인 **apply** [동] 적용시키다 **at least** 최소한 **prior to** ~이전에

해석 p.179

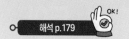

Question 2 refers to the following information.

Special Management Seminar with John Chang!
May 15 at the Downtown Expo Center

Business guru John Chang, founder of Whynot.com, will be offering a special all-day management seminar on May 15. Chang's revolutionary approach to business and management has made his company a leader in the world of finance. Tickets are $100 per person and special group rates are available, so you can bring your coworkers to the event. This promises to be an eye-opening day filled with useful information and inspiration. Don't miss it! Doors open at 8 A.M. ③ The seminar begins at 9 A.M. for the morning session, and, after a 90-minute break, the afternoon session will commence at 1 P.M.

2. ① When will there be a break during the seminar?

② (A) ④ At 11:30 A.M.
(B) At 12:00 P.M.
(C) At 1:00 P.M.
(D) At 9:00 A.M.

STEP ① 질문에서 When ~?을 보고 시간/일자에 관한 세부사항 유형 질문인 것과 키워드가 무엇인지 파악한다.

STEP ② 보기 (A)~(D)를 먼저 읽어보면, 모두 정확한 시간이 보기로 나와 있다는 것을 알 수 있다.

STEP ③ 키워드가 a break이기 때문에 휴식 시간(a break)에 관한 부분을 찾아본다. 지문의 마지막 문장 The seminar begins at 9 A.M. for the morning session, and, after a 90-minute break, the afternoon session will commence at 1 P.M.에서 휴식 시간이 언급된 것을 확인할 수 있다.

STEP ④ 마지막 문장에 따르면, 세미나는 9시에 시작하고, 오후 세션은 1시에 시작하는데, 그 오후 세션이 90분간의 휴식 시간이 끝난 후에 시작한다는 것을 알 수 있다. 따라서 휴식 시간이 시작되는 시간은 1시에서 90분 이전인 11시 30분이다. 보기 중에 (A)를 정답으로 고른다.

Word & Phrase

management [명] 관리, 경영 **guru** [명] 전문가, 권위자 **founder** [명] 설립자 **offer** [동] 제공하다 **all-day** [형] 온종일 하는 **revolutionary** [형] 혁명적인, 획기적인 **approach** [명] 접근법 **leader** [명] 지도자, 대표 **finance** [명] 재무, 재정 **per** [전] ~에 대하여, ~마다 **rate** [명] 요금 **available** [형] 이용할 수 있는, 구입할 수 있는 **coworker** [명] 동료 **promise** [동] 약속하다 **eye-opening** [형] 괄목할 만한, 놀랄 만한 **filled with** ~로 가득 찬 **useful** [형] 유용한, 쓸모 있는 **inspiration** [명] 영감, 자극 **miss** [동] 놓치다 **session** [명] (특별 활동) 시간, 기간 **break** [명] 휴식 시간 **commence** [동] 시작되다

Questions 1-3 refer to the following e-mail.

To : Jack Weaver <jweaver@hotelcleancrew.co.uk>

From : Paula Newman <pnewman@joycleaning.ca>

Subject : Presentation

Date : 3-2 July 13

Dear Mr. Weaver,

I've arrived in England and am contacting you from the airport. Well, my checked luggage has been misplaced and this may affect my presentation tomorrow. Although the bulk of my presentation was in my carry-on, which I still have, 2 **the new organic and biodegradable cleaning detergent samples that I wanted to show you and your company** are in the missing suitcase. 3-1 **I was told that they should be able to locate and deliver my luggage within at least three days.** 1 **Is it possible to move the presentation back a few days?**

Regards,

Paula Newman

주제 및 목적

1. What is the **purpose** of the e-mail? ➡ 이메일을 쓴 목적은 무엇인가?

   (A) To ask an employee to prepare a new sample ➡ 직원에게 샘플을 준비할 것을 부탁하는 것
   (B) To reschedule a meeting ➡ 회의의 일정을 다시 잡는 것
   (C) To explain a change in the company's policy ➡ 회사 방침의 변경을 설명하는 것
   (D) To revise presentation slides ➡ 발표 슬라이드를 수정하는 것

   (해설) 예정된 일자에 발표를 할 수 없는 문제가 생겼음을 설명한 후 Is it possible to move the presentation back a few days?라고 하였으므로 이 이메일은 일정을 다시 잡기 위해 쓰인 것이라는 것을 알 수 있다. 따라서 정답은 (B)이다.

세부사항

2. According to the e-mail, where does Mr. Weaver work?

➡ 이메일에 따르면, Weaver 씨는 어디서 일하는가? [키워드: where, Mr. Weaver work]

(A) At a hotel ➡ 호텔에서
(B) At an airport ➡ 공항에서
(C) At a cleaning company ➡ 청소 회사에서
(D) At a shuttle bus company ➡ 셔틀버스 회사에서

> 해설 Mr. Weaver는 이메일의 수신자이며, 그의 이메일 주소를 보면 hotelcleancrew 라는 회사에서 일한다는 것을 알 수 있다. 또한 이메일을 쓴 사람인 Paul Newman이 Weaver 씨에게 the new organic and biodegradable cleaning detergent samples (유기농 생분해성 청소세제 신제품 샘플)을 보여주고 싶었다고 언급하는 부분에서 Weaver 씨가 청소세제가 필요한 곳에서 일하는 것임을 유추할 수 있다. 따라서 보기 중에서 청소세제가 필요할 것으로 보이는 (C)가 정답이다.

세부사항

3. When does Mr. Newman expect to receive her luggage?

➡ Newman 씨는 그녀의 수화물을 언제 받을 것으로 예상하는가? [키워드: when, receive her luggage]

(A) On July 7 ➡ 7월 7일에
(B) On July 10 ➡ 7월 10일에
(C) On July 13 ➡ 7월 13일에
(D) On July 16 ➡ 7월 16일에

> 해설 수화물을 최소 3일 이내에 찾아서 보내준다고 들었다고 언급한 부분 (3-1)에서 수화물을 분실한 날로부터 3일 이후에 돌려받을 수 있을 것이라고 예상하는 것이 타당하다. 수화물을 분실한 날짜가 이메일을 보낸 날짜인 7월 13일과 같으므로(3-2), Newman 씨는 3일 후인 7월 16일에 그녀의 수화물을 받을 것이라고 볼 수 있다. 따라서 정답은 (D)이다.

Word & Phrase

presentation 명 발표 contact 동 연락하다 checked 형 체크무늬의 misplace 동 제자리에 두지 않고 잃어버리다 affect 동 영향을 끼치다 although 접 비록 ~이지만 bulk of 대부분의 carry-on 명 기내 휴대가방 organic 형 유기농의 biodegradable 형 생분해성의 detergent 명 세제 be told 듣다 locate 동 (~의 위치를) 찾다 deliver 동 배송하다 back 부 뒤로 employee 명 직원 prepare 동 준비하다 reschedule 동 일정을 다시 정하다 cleaning company 청소 (용역) 회사

Questions 1-4 refer to the following letter.

Dear Mr. and Mrs. Swift,

I received your deposit of $1,000 for your cruise to the South Atlantic from June 24th to June 30th. Having received it, I went ahead and made your reservations for the trip.

You will be departing from Milton on June 24th at noon, aboard the Caribbean Princess. You have an upper-level room for two with a king-sized bed, a balcony overlooking the water, and a full shower and bath. I have made your dinner reservations in the main dining room for the first night of the cruise, which is traditional for all passengers. You will be able to make whatever arrangements you choose for the following nights.

The balance for the booking is due any time before June 1st. If you choose to cancel prior to June 10th, you will receive a full refund, including your deposit. If you cancel within two weeks prior to the sailing date, you will be refunded 75 percent of your fee.

I have enclosed a trip itinerary and brochures for various destinations. If you have any questions, please call me directly at 800-999-7575 at any time. Thank you for choosing Worldwide Travel. I hope you have a wonderful vacation.

Sincerely,
Mary Jones
Travel Agent
Worldwide Travel

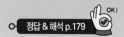

1. By when must Mr. and Mrs. Swift cancel in order to receive a full refund?

   (A) Any time prior to departure
   (B) At least 2 weeks before the trip starts
   (C) Before paying the remaining balance
   (D) One month before departure is scheduled

2. When did the travel agent make dinner reservations for the Swifts?

   (A) Every night of the cruise
   (B) On June 24th
   (C) On June 24th and 30th
   (D) On June 25th

3. What should Mr. and Mrs. Swift do next?

   (A) Pay the remaining cruise cost
   (B) Make reservations for dinner
   (C) Register on Worldwide Travel's Web site
   (D) Send $1,000 to Worldwide Travel's office

4. What is sent with the letter?

   (A) A receipt
   (B) An application form
   (C) Travel publications
   (D) Membership cards

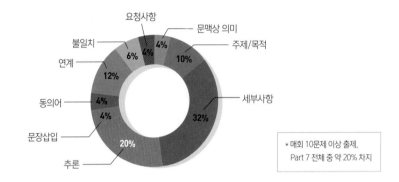

▶ Part 7 질문 유형

요청사항 4%
문맥상 의미 4%
불일치 6%
주제/목적 10%
연계 12%
동의어 4%
세부사항 32%
문장삽입 4%
추론 20%

＊매회 10문제 이상 출제,
Part 7 전체 중 약 20% 차지

▶ Introduction

추론 유형은 질문에서 요구하는 정답이 지문에 직접적으로 언급되어 있지 않고, 지문 내의 정보를 토대로 알 수 있는 사실이 정답으로 제시되어 있습니다. 추론의 과정에서 자칫 혼동을 일으킬 수 있는 부분이 오답으로 제시되어 있기도 해서 많은 토익 입문자들이 어려워하는 유형이기도 합니다. 응시자가 지문에 있는 내용을 임의로 확대 해석할 경우, 오답으로 이어진다는 점을 유념하시기 바랍니다. 특히, 보기에 제시된 문장/구문이 내용은 같지만 다르게 표현되어 있는 경우가 많기 때문에 패러프레이징에 대한 대비도 철저히 해야 합니다.

▶ 추론 유형 질문 예시

- **What is suggested about** Ms. Manda?
  Manda 씨에 대해 알 수 있는 것은 무엇인가?
- **Who most likely is** Ms. Weller?
  Weller 씨는 누구인가?
- **What is suggested about** the southern part of Pine City?
  Pine City의 남부에 대해 알 수 있는 것은 무엇인가?
- **What is indicated about** the delivery?
  배송에 대해 알 수 있는 것은 무엇인가?

질문에 suggested/indicated/inferred, most likely와 같은 표현이 포함되어 있다면 추론 유형의 질문입니다.

추론 유형 질문 공략하기

Key Point 1 질문에서 키워드를 정확하게 고른다.

질문의 키워드는 대부분 사람 이름, 장소명과 같은 고유 명사로 이루어진다.

• What is suggested about **Ms. Manda**?	지문에서 Ms. Manda 에 관한 서술부분을 찾는다.
• Who most likely is **Ms. Weller**?	지문에는 Ms. Weller의 직업이 직접적으로 언급되어 있지 않다. 대신 Ms. Weller에 대한 내용을 토대로 Ms. Weller의 직업이 무엇인지 추론해야 한다.
• What is suggested about **the southern part of Pine City**?	Pine City 의 남부지역(the southern part)에 관한 서술 부분을 읽고 추론하여 알 수 있는 사실을 보기 중에서 찾는다.
• What is indicated about **the delivery**?	배송과 관련된 문제점, 업데이트 내용 등 에 관한 부분을 찾아본다.

Key Point 2 지문에서 질문의 핵심 키워드가 언급된 부분을 찾는다.

키워드를 파악하였다면, 지문에서 키워드가 언급된 본문을 본문에서 찾아본다. 키워드가 언급된 부분이 꼭 한군데가 아니라 여러 군데 흩어져 있을 수도 있다는 점(단서 분산 유형)을 조심하자. 대부분 고유 명사인 질문의 키워드는 이메일, 편지 등의 메시지 성격의 지문에서 수신자 또는 발신자이며, 간혹 수신자 또는 발신자의 동료 직원인 경우도 있다. 키워드가 수신자 또는 발신자라면, 지문의 내용에서 키워드의 인물에 관련된 정보는 모두 정답의 단서가 될 수 있다. 하지만 이러한 단서가 보기에서 곧바로 정답으로 이어지지 않고, 단서를 바탕으로 알아낼 수 있는 정보를 정답으로 골라야 한다.

Key Point 3 지문의 내용에서 추론할 수 있는 내용을 보기 중에서 고른다.

보기를 먼저 읽어 두고 정답이 아닌 것, 근거가 없는 것은 소거하면서 정답을 찾는다. 오답을 소거할 때는 반드시 정확한 근거가 있어야 한다는 것을 유념해야 한다. 지문에서 직접적으로 언급이 되어 있지 않은 내용을 추론하는 것은 언급된 정답의 단서가 드러내는 사실에서 벗어나지 않기 때문에 지문에 언급된 특정한 부분에 대한 확대 해석은 자제해야 한다.

Question 1 refers to the following article.

③ Bullet Coffee franchise owner Jose Hilario has just signed a lease for his third organic coffee shop at 671 Balsawood Lane. The building is next to the State Theater and across from the Gagne Bank. Mr. Hilario's new place will be called Bullet Coffee Tres and will have a soft opening in March and a full opening in April. At first the coffee shop will only serve his signature coffee concoctions ④ as his attached bakery won't be finished until mid March.

1.   According to the article, ① what is indicated about **Mr. Hilario**?
     ② (A) He owns several bike shops downtown.
         (B) He will open a bakery section soon.
         (C) He is responsible for promoting Bullet Coffee.
         (D) He plans to open his fourth coffee shop next year.

STEP ①   질문에서 what is indicated about ~?을 보고 추론 유형 문제인 것을 확인한 다음, 키워드가 무엇인지 파악한다.

STEP ②   보기 (A)~(D)를 읽어본다.

STEP ③   키워드인 Mr. Hilario를 지문에서 찾아본다. 첫 문장 Bullet Coffee franchise owner Jose Hilario has just signed a lease for his third organic coffee shop에서 Hilario 씨가 커피 체인점의 소유주이고, 세 번째 커피숍 임대 계약을 했다는 내용을 확인할 수 있다. 이 내용에 따라 bike shop을 언급한 (A)를 오답으로 소거한다.

STEP ④   마지막 문장에서 as his attached bakery won't be finished until mid March이라는 내용이 언급되어 커피숍에 붙어 있는 제과점이 3월에 마무리 될 것이라는 것을 알 수 있다. 이를 통해 Hilario 씨가 3월 중순에 제과점(bakery)를 열 것이라는 사실을 유추할 수 있으므로 (B)를 정답으로 고른다. 보기 (C)에서 언급된 홍보(promoting), (D)에 언급된 4번째 커피숍(his fourth coffee shop)에 대해 전혀 언급된 것이 없으므로 오답으로 소거한다.

Word & Phrase

franchise 뎽 가맹점, 체인점   sign 뎽 서명하다   lease 뎽 임대차 계약   third 혱 세 번째의   organic 혱 유기농의   next to ~의 옆에   across from ~의 맞은 편에   soft opening 정식 개업 전 사전 개업   full opening 정식 개업식(=grand opening)   serve 뎽 (서비스, 음식 등을) 제공하다   concoction 뎽 혼합 음료   attached 혱 붙어 있는   bakery 뎽 제과점, 빵집   finish 뎽 끝마치다, 마무리 짓다   mid 혱 중간의, 가운데의   own 뎽 소유하다   several 혱 몇 개의   downtown 믜 시내에   section 뎽 부분, 부문   be responsible for ~에 대한 책임이 있다, ~을 맡다   promote 뎽 홍보하다   fourth 혱 네 번째의

해석 p.180

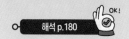

Question 2 refers to the following letter.

Dear Ms. Lendaro,

I have a question about accessing ③ the materials on the Web site. ④ Unfortunately, I can't seem to find them. Would it be possible for you to send me a direct link to them? I also have several freelance contractors to whom we contract work, but they're technically not Happy Penguin employees. Is it required for them to also take this refresher course in communication standards?

2. ① What is indicated about **the materials on the Web site**?

② (A) They are downloadable for three days.
(B) They are accessible with a direct link.
(C) They are for freelance contractors training.
(D) Happy Penguin employees are required to take a communication class regularly.

STEP ① 질문에서 what is indicated about ~?을 보고 추론 유형 문제인 것을 확인한 다음, 키워드가 무엇인지 파악한다.

STEP ② 보기 (A)~(D)를 읽어본다.

STEP ③ 키워드인 the materials on the Web site를 지문에서 찾아본다. 첫 문장 I have a question about accessing the materials on the Web site에서 키워드가 언급된 것을 확인한다. 이를 통해 글쓴이가 Web site의 자료(materials)에 접근하는데 문제가 생겼음을 알 수 있다.

STEP ④ Unfortunately, I can't seem to find them. Would it be possible for you to send me a direct link to them?에서 언급된 대명사 them이 질문에서 묻고 있는 the materials임을 알 수 있다. 여기서 글쓴이가 웹사이트의 자료를 찾을 수 없으며, 상대방에게 자료에 접근할 수 있는 직접적인 링크(direct link)를 보내달라는 내용을 확인한다. 이를 통해 웹사이트의 자료는 direct link를 통해 접근 가능하다는 사실을 유추할 수 있으므로 (B)를 정답으로 고른다. 다운로드 기간에 대해 언급된 것이 없으므로 (A)는 오답이며, 그 다음 문장에서 웹사이트의 자료가 계약직 프리랜서가 아닌 Happy Penguin 직원들에게만 제공된다는 사실을 알 수 있기 때문에 (C)도 오답이다. 또한 마지막 문장에서 communication class가 언급되었지만 정기적으로(regularly) 수강해야 하는지에 대해서는 언급되지 않았으므로 (D)도 오답이다.

Word & Phrase

access [동] ~에 접근하다 **material** [명] 자료 **unfortunately** [부] 불행히도, 안타깝게도 **direct** [형] 직접적인 **freelance contractor** 프리랜서 계약자 **contract** [동] 계약하다 **work** [명] 작업, 일 **technically** [부] 엄밀히 따지면 **employee** [명] 직원 **be required to 동사원형**: ~하는 것이 요구되다 **refresher course** 단기 재교육 **communication** [명] 의사소통 **standard** [명] 기준, 표준 **downloadable** [형] 다운로드할 수 있는 **accessible** [형] 접근 가능한 **training** [명] 교육 **regularly** [부] 정기적으로

Questions 1-3 refer to the following announcement.

TOWN RESIDENTS & VISITORS
1 **To the Big Sur Boardwalk, Pier & Beach**

Construction will begin in the next few days on the following:

- A stone wall in front of the pier
- Addition of the lower deck in front of the pier
- Replacement of the pilings and decking on the pier

2 During this time, the entire pier and beach area east of the information center will be closed to the public. 2C We anticipate the construction will last well through the end of July.

In addition, the jellyfish nets will not be put up because of the construction.

We apologize for any inconvenience, but these repairs are structural in nature and 3 are being made to make the pier safer for those who use it.

2C March 22

추론 문제

1. Where most likely is the announcement posted?
➡ 이 안내문은 어디에 게시되는 것인가? [키워드: where, posted]

(A) At a hotel pool ➡ 호텔 수영장
(B) At a lake ➡ 호수
(C) At a shopping mall ➡ 쇼핑몰
(D) At a wharf ➡ 부두

해설 글의 제목에서 TOWN RESIDENTS & VISITORS To the Big Sur Boardwalk, Pier & Beach 라고 명시되어 있으므로, 이 공지문은 시내의 주민들과 Big Sur Boardwalk, Pier & Beach에 온 방문객들에게 전달하는 메시지를 담고 있다. 여기서 Pier는 '부두'이며, Beach는 '해변'을 가리키므로 이 공지문은 바닷가에 있는 부두이자 해변가 지역에 게시되어 있다는 것을 알 수 있다. 따라서 정답은 (D)이다.

추론 문제

2. What is suggested about the pier and beach area east of the information center?
➡ 정보 센터의 동쪽에 있는 부두와 해변 지역에 대해 알 수 있는 것은 무엇인가? [키워드: the pier and beach area east of the information center]

(A) Only permitted personnel can access the area. ➡ 허가된 인원만 그 지역에 접근할 수 있다.
(B) It will be accessible from 5 A.M. to 10 A.M. ➡ 오전 5시에서 10시까지 접근할 수 있을 것이다.
(C) The construction of the area will take approximately 3 weeks. ➡ 그 지역의 공사는 약 3주 걸릴 것이다.
(D) Visitors are prohibited from taking pictures. ➡ 방문객들이 사진을 찍는 것은 금지된다.

해설 키워드 the pier and beach area east of the information center가 언급된 두 번째 문단을 보면, During this time, the entire pier and beach area east of the information center will be closed to the public라는 내용으로 공사기간 동안 정보 센터 동쪽에 있는 부두와 해변 지역은 대중에게 폐쇄될 것이라는 것을 알 수 있다. 대중에게 폐쇄되었다는 것은 허가된 인원만 출입이 가능하다는 것으로 유추할 수 있다. 따라서 정답은 (A)이다. 출입이 가능한 시간은 언급되지 않았으므로 (B)는 오답이며, 공지문이 게시된 일자가 3월 22일이고 공사가 7월 말까지 지속될 것으로 예상된다고 되어 있으므로 공사 기간은 약 4개월이다. 그래서 (C)는 오답이다. 사진촬영에 대해 언급된 것이 없으므로 (D)도 오답이다.

주제 및 목적

3. What is the purpose of the construction?
➡ 공사의 목적은 무엇인가? [키워드: the purpose of the construction]

(A) To attract more tourists ➡ 더 많은 관광객을 유치하는 것
(B) To upgrade facilities ➡ 시설을 개선하는 것
(C) To construct a public monument ➡ 공공 기념물을 건설하는 것
(D) To repair a road ➡ 도로를 보수하는 것

해설 공사가 진행되는 이유에 대해서 언급된 부분을 찾아야 한다. 지문의 마지막 부분 [these repairs] are being made to make the pier safer for those who use it에서 이 보수 공사가 진행되고 있는 이유가 부두를 이용하는 사람들을 위해 더 안전하게 만들기 위해서라고 언급되어 있다. 이를 통해 공사의 목적이 시설의 개선을 위한 것이라고 패러프레이징(paraphrasing)할 수 있으므로 정답은 (B)이다.

Word & Phrase

resident 몡 거주자 visitor 몡 방문객 boardwalk 몡 해변가의 판자로 만든 길 pier 몡 부두 beach 몡 해안, 해변 construction 몡 공사 following 휑 다음의, 뒤따르는 addition 몡 추가된 것, 부가물 lower 휑 아래쪽의, 더 낮은 쪽의 deck 몡 바닥, 갑판 replacement 몡 교체 piling 몡 뚝 decking 몡 갑판용 마루바닥 entire 휑 전체의 east 휑 동쪽에 있는 information center 몡 정보 센터, 안내소 close 동 폐쇄하다 public 몡 대중 anticipate 동 예상하다 last 동 지속되다 through 전)(시간)~까지 in addition 게다가, 더욱이 jellyfish 몡 해파리 net 몡 그물, 망 put up ~을 달다, 내걸다 apologize for ~에 대해 사과하다 inconvenience 몡 불편 repair 몡 보수 공사, 수리 structural in nature (비영리적인 목적으로) 반드시 필요한 those who ~하는 사람들

Questions 1-3 refer to the following notice.

NOTICE

Please be aware that work on the painting of the apartment will begin early next week. This includes the exterior of the building as well as the hallways, the parking garage, and the main lobby. Anyone who would also like the interior of their apartment to be painted should contact me. We can arrange a mutually convenient time. During this time you will also not be able to park within the apartment parking complex. Since there is limited street parking, if necessary you can apply for reimbursement for paid parking. This will be approved on a case-by-case basis. The painting of the public areas of the building should be finished by the end of the month. We ask for your cooperation and apologize in advance for any inconvenience this may cause.

Sincerely,

Building Manager
Archibald Leach

1. Whom most likely is the notice intended for?
   (A) Hotel guests
   (B) Apartment tenants
   (C) Construction crews
   (D) City officials

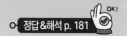
2. Who should contact Mr. Leach?

(A) Anyone who wants to apply for a parking permit

(B) Anyone who wants to pay an electricity bill

(C) Anyone who wants to paint their apartment

(D) Anyone who wants reimbursement for moving

3. What is suggested about reimbursement for paid parking?

(A) It should be submitted by the end of the month.

(B) It is first-come, first-served basis.

(C) It will be given to all tenants.

(D) It requires approval.

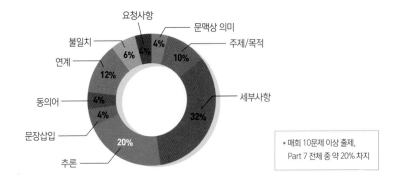

▶ **Part 7 질문 유형**

요청사항 4%
문맥상 의미 4%
주제/목적 10%
세부사항 32%
추론 20%
문장삽입 4%
동의어 4%
연계 12%
불일치 6%

* 매회 10문제 이상 출제,
Part 7 전체 중 약 20% 차지

▶ **Introduction**

Lesson 3에 이어 추론 유형 문제에 대해 더 알아보도록 하겠습니다. 추론 유형은 지문에 언급된 정보를 토대로 질문에서 요구하는 것을 추론하여 정답을 찾는 구조로 되어 있습니다. 그런데 몇몇 추론 유형의 문제는 지문에 언급된 하나의 정보만으로는 질문에 대한 정답을 찾을 수 없도록 출제되어 있습니다. 이렇게 정답의 단서가 하나가 아닌 여러 개로 지문에 분산되어 있는 추론 유형의 문제에 대해서 알아보도록 합시다.

▶ **추론 유형 질문 예시**

- **What can be inferred about** Express Delivery System?
  Express Delivery System에 대해 알 수 있는 것은 무엇인가?
- **What is implied / suggested about** High-One Resort?
  High-One Resort에 대해 알 수 있는 것은 무엇인가?
- **What will most likely happen** on the second day of the event?
  그 행사의 2일차에 무슨 일이 일어날 것인가?

정답의 단서가 분산되어 있는 추론 유형의 질문도 일반적인 추론 유형과 같은 형태로 제시됩니다.

추론 유형 질문 공략하기

Key Point 1   **키워드의 위치를 파악하고 그 주변에서 관련된 정보를 확인한다.**

단서가 분산되어 제시되어 있는 추론 유형의 문제도 반드시 키워드를 파악해야 한다. 단서가 분산되어 있다면 키워드도 분산되어 있거나 키워드와 연관된 정보가 지문의 다른 곳에 언급되어 있을 가능성이 높다.

• What can be inferred about Express Delivery System?	Express Delivery System에 대해 언급된 부분과 관련된 내용을 파악한다. 특히, Express Delivery System을 다르게 지칭하는 표현이나 대명사가 있는지 확인해야 한다.
• What is implied / suggested about High-One Resort?	High-One Resort에 대해 언급된 부분과 관련된 내용을 파악한다. 키워드가 장소명일 경우 해당 장소의 용도나 해당 장소에서 열리는 행사, 공사 등 특정 정보에 대해 잘 파악해야 한다.
• What will most likely happen on the second day of the event?	키워드인 the second day of the event에 대해 언급된 부분과 관련된 내용을 파악한다. 특히, 행사 일정에 관련된 정보(일정표 등)에서 2일차에 어떤 일이 예정되어 있는지 보고, 지문에서 연계되는 다른 관련정보를 잘 파악해야 한다.

Key Point 2   **지문에서 키워드와 연계되는 내용을 찾아본다.**

키워드를 찾았더라도 보기의 내용이 키워드가 언급된 부분의 내용과는 거리가 먼 경우가 많다. 이것은 키워드가 지문 내에서 다른 부분에 연계되어 제시되는 경우이므로, 지문 내에서 키워드와 관련된 부분을 찾아보아야 한다. 제목이나 지문의 첫 문장에서 키워드가 언급되었으나 그것이 보기의 내용과 연결되지 않아 정답을 찾을 수 없다면 두번째, 또는 마지막 지문에서 키워드를 찾아야 한다.

Key Point 3   **지문 내 분산된 단서에서 패러프레이징(Paraphrasing) 표현에 유의한다.**

지문 내에서 분산된 단서를 찾을 때는 키워드를 다르게 지칭하는 표현, 대명사에 유의해야 한다. 가령, 키워드가 장소명일 경우 해당 장소에서 일어나는 행사에 대해 언급되거나 예정된 공사에 대해 언급될 수 있으며, 이에 대해 키워드에 대해 'the site(현장, 장소)', 'the location(위치, 장소)', 'the venue(장소)' 등으로 언급될 수 있다. 또는 어떠한 날짜가 키워드일 경우 해당 일자에 예정된 일에 대해서 언급될 수 있으며, 해당 일자가 아니라 전날 또는 다음 날에 대해 언급하여 해당 일자에 대해 유추할 수 있도록 제시되기도 한다. 이에 대해 before/after the day, the previous/next day와 같은 표현으로 언급될 수 있다. 또한 패러프레이징된 표현은 키워드와 문법적으로 다른 형태로 제시될 수도 있다는 것도 알아둔다.

추론 유형 연습하기

Question 1 refers to the following notice.

> ③ The Seoul Volunteering Association is holding its 3rd annual charity market from February 15 to February 19 at Hangang Park in Banpo.
>
> This year's event will include the following:
> - Sales of hand-made items and used items from registered participants
> - Food booths run by local restaurants
> - The opening ceremony on the first day of the event
> - An entertainment stage featuring various musicians for the first 3 days
> - ④ An awards ceremony for those who have made major contributions to the organization on the closing night of the event

1. ① What will most likely happen on **February 19**?

② (A) A musical event will be held.
(B) Volunteers will operate some food trucks.
(C) An awards ceremony will take place.
(D) Participants will register for an event.

STEP ① 질문에서 most likely를 보고 추론 유형 문제인 것을 확인하고, 키워드가 February 19인 것을 파악한다.

STEP ② 보기 (A)~(D)를 먼저 읽는다.

STEP ③ 키워드인 February 19가 언급된 부분을 찾는다. 첫 문장에서 연례 자선 시장이 2월 15일부터 2월 19일에 열릴 것이라는 내용에 February 19(2월 19일)이 언급되었다는 것을 확인한다.

STEP ④ 지문의 마지막 부분에 the closing night of the event라고 하여 행사의 마지막 날 밤이 언급되었는데, 첫 문장의 내용에 의하면 마지막 날은 곧 2월 19일에 해당하므로, An awards ceremony가 2월 19일에 일어날 행사임을 알 수 있다. 따라서 (C)를 정답으로 고른다. 음악 관련 행사는 많은 음악가들이 참석하는 An entertainment stage이며, 이것은 첫 3일간(for the first 3 days) 진행될 것이므로 (A)는 오답으로 소거한다. 음식 관련 부스가 지역의 식당들에 의해 운영될 것이라고 되어 있으므로 (B)도 오답으로 소거한다. 물품 판매가 이미 등록되어 있는 참가자들에 의해서 이루어질 것이라는 언급 외에는 참가자의 등록에 관한 내용이 없기 때문에 (D)도 오답이다.

Word & Phrase

volunteering [명] 자원 봉사 **association** [명] 협회, 단체 **hold** [동] (행사 등을) 개최하다, 열다 **annual** [형] 연례의, 해마다의 **charity** [명] 자선 **include** [동] 포함하다 **sale** [명] 판매 **hand-made** [형] 수제의, 직접 만든 **used item** [명] 중고품 **registered** [형] 등록된 **participant** [명] 참가자 **booth** [명] 부스, 칸막이가 있는 작은 공간 **run** [동] 운영하다 **local** [형] 지역의, 현지의 **opening ceremony** [명] 개회식 **entertainment** [명] 여흥, 오락거리 **stage** [명] 무대 **feature** [동] 특별히 포함하다 **various** [형] 다양한 **musician** [명] 음악가 **awards ceremony** [명] 시상식 **those who** ~하는 사람들 **make a contribution** 기여하다, 이바지하다 **major** (형) 주요한, 중대한 **organization** [명] 단체, 조직 **closing** [형] 마무리 짓는 **musical** [형] 음악의, 음악적인 **volunteer** [명] 자원 봉사자 **operate** [동] 운용하다 **take place** 발생하다, (행사가) 열리다 **register** [동] 등록하다

해석 p.182

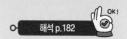

Question 2 refers to the following e-mail.

To : Customer Service Center <customerservices@galveson.com>
③ **From** : Caroline King <cking@quickmail.com>
Date : February 10
SUBJECT : Inspection

③ I changed my Galveson Gas boiler maintenance plan from the Standard Plan to the SureProtect Plan a week ago. When I signed up for the SureProtect Plan, the customer service representative told me ④ it would cost me 10 extra dollars per month for inspections every 2 months. Since I've been a long-time customer, I was also offered the first inspection at no cost. However, I noticed ⑤ I've already paid 25 dollars for my first bill on the SureProtect Plan. So, could it be possible to get my free inspection next time, in April? If possible, let me know when the engineer plans to show up.

Thanks,
Caroline King

2. ① What is most likely true about Ms. King?

② (A) She has experienced numerous problems with her boiler.
(B) She purchased a Galveson Gas boiler a week ago.
(C) ⑥ She used to pay Galveson Gas 15 dollars a month.
(D) Her Galveson Gas boiler will be inspected in March.

STEP ① 질문에서 What is most likely true ~?를 보고 추론 유형임을 확인하고, 키워드가 Ms. King인 것을 파악한다.

STEP ② 보기 (A)~(D)를 먼저 읽는다.

STEP ③ Ms. King이 이메일에서 발신자임을 확인하고 지문을 읽어본다. 두 번째 문장에서 Ms. King이 Standard Plan에서 SureProtect Plan으로 변경하였다는 사실을 확인할 수 있다.

STEP ④ 고객 서비스 담당자에게 2달마다 한번씩 받는 점검으로 10달러가 추가로 비용이 든다는 사실을 확인한다.

STEP ⑤ Ms. King은 첫 점검비용을 무료로 받을 수 있게 되었으나, SureProtect Plan의 요금인 25달러를 이미 지불하였다고 한 사실을 알 수 있다. 이를 통해, Ms. King은 Standard Plan에서 점검 비용 10달러가 추가된 SureProtect Plan으로 변경하여 25달러를 지불하였으므로 Ms. King이 이전에 Standard Plan을 쓰는 동안 15달러를 지불하였다는 것을 유추할 수 있다.

STEP ⑥ 위에서 유추한 사실을 토대로 보기 (C)를 정답으로 고른다. 보일러에 문제가 있는 것이 아니므로 (A)는 오답으로 소거하고, Ms. King이 일주일 전에 한 것은 보일러를 구매한 것이 아니라 보일러 관리 요금제를 변경한 것이므로 (B)도 오답으로 소거한다. 이메일을 보내는 2월 10일을 기준으로 두 달 후인 4월에 점검을 받을 것이므로 (D)도 오답으로 소거한다.

Word & Phrase

inspection [명] 점검, 검사 **maintenance** [명] 관리, 유지 **plan** [명] 제도, 요금제 **sign up for** ~에 가입하다 **customer service representative** 고객 서비스 책임자 **cost** [동] 비용을 들게 하다 **extra** [형] 부가의, 추가의 **long-time** [형] 장기간의 **at no cost** 무료로 **show up** 나타나다 **experience** [동] 겪다 **numerous** [형] 수많은 **purchase** [동] 구매하다 **used to** 동사원형: ~하곤 했다 **inspect** [동] 점검하다, 검사하다

Questions 1-3 refer to the following advertisement.

Jane London
1-1 **Workout UK**

First, forget "no pain, no gain"! That's history. 1-2, 3-1 **Workout UK is a carefully designed exercise program, which is fun, challenging, and safe. And 2 you can customize the program to get the maximum workout for your personal fitness level.**

3-2 **GET HEALTHY!**

The high-intensity, low-impact exercises in Workout UK really work! In fact, I lost stones! My hips, thighs, and buttocks have firmed up, my arms and calves are toned and more shapely, and I really strengthened my stomach.

3-2 **FEEL FIT!**

Workout UK is upbeat and bursting with energy! Who says exercise can't be fun? Not me! You'll have a heart-pumping, hand-clapping good time.

3-3 **LOSE WEIGHT!**

With Workout UK, you'll feel better, develop a stronger self-image, and improve your fitness level! I know I did. And if I can do it, you can too!

-Jane London

1-3 **Workout UK DVD Price: £29**

주제 및 목적

1. What is being advertised? ➡ 광고되고 있는 것은 무엇인가?

(A) A fitness club ➡ 피트니스 클럽

(B) A workout DVD ➡ 운동 DVD

(C) Personal training ➡ 개인 트레이닝

(D) Exercise equipment ➡ 운동 기구

> 해설 제목과 첫 문장을 보면 Workout UK이라는 것이 광고되고 있고, 그것이 운동 프로그램(exercise program)이라는 것을 알 수 있다. 하지만 (A)~(D) 보기에는 운동 프로그램이 없으므로 좀 더 지문의 내용을 확인해야 한다. 지문의 맨 마지막에 Workout UK DVD Price라는 부분에서 Workout UK의 성격이 DVD라는 것을 알 수 있다. 따라서 정답은 (B)이다. 이렇게 광고 대상에 대해서 지문 맨 마지막에 언급되는 경우도 있다는 것을 주의해야 한다.

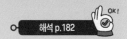

2. What is indicated about Workout UK?

➡ Workout UK에 대해 알 수 있는 것은 무엇인가? [키워드: Workout UK]

(A) Customized programs are available. ➡ 개인 맞춤 프로그램을 이용할 수 있다.

(B) Free gift-wrapping is provided. ➡ 선물포장이 무료로 제공된다.

(C) It has 14 branches throughout London. ➡ 런던 전역에 14개의 지점이 있다.

(D) It will send brochures to customers free of charge. ➡ 고객들에게 안내 책자를 무료로 보내줄 것이다.

> **해설** 첫 문단의 마지막 문장 you can customize the program to get the maximum workout for your personal fitness level에서 Workout UK는 개인에 맞춰질 수 있는(customize) 프로그램이라는 알 수 있다. 따라서 정답은 (A)이다.

3. Who will most likely purchase Workout UK?

➡ Workout UK를 구매할 것 같은 사람은 누구인가?[키워드: who, purchase Workout UK]

(A) Anyone who wants free shipping ➡ 무료 배송을 원하는 사람

(B) Anyone who wants gift-wrapping ➡ 무료 선물포장을 원하는 사람

(C) Anyone who wants to get a health trainer job ➡ 헬스 트레이너로 일하고 싶은 사람

(D) Anyone who wants to be healthier ➡ 더 건강해 지고 싶은 사람

> **해설** 질문은 결국 이 광고가 겨냥하는 대상이 누군지 묻는 것이다. 첫 문장에서 Workout UK is a carefully designed exercise program이라고 하여 키워드인 Workout UK가 운동 프로그램인 것을 밝혔으며, 이 운동 프로그램을 광고하는데 쓰인 각각의 문구가 "건강해지세요!(GET HEALTHY!)", "건강해진 기분을 느껴보세요!(FEEL FIT!)", "체중을 줄이세요!(LOSE WEIGHT!)"인 것으로 보아 이 광고의 대상은 '건강해지고 싶어하는 사람'임을 추론할 수 있다. 따라서 정답은 (D)이다.

Word & Phrase

No pain, no gain 고통 없이는 아무것도 얻을 수 없다 **history** 몡 역사, 오래된 일 **carefully** 뷔 신중하게, 조심스럽게 **designed** 혱 디자인된, 고안된, 제작된 **challenging** 혱 도전적인, 의욕을 일으키는 **customize** 뙘 개인에 맞게 맞추다 **maximum** 혱 최대의, 최고의 **personal** 혱 개인(용)의 **fitness** 몡 신체단련, 건강 **level** 몡 수준 **intensity** 몡 강렬함, 강도 **impact** 몡 충격, 영향 **work** 뙘 효과가 있다 **stone** 몡 (영국의) 무게 단위, 1스톤=6.35kg **hip** 몡 골반, 둔부 **thigh** 몡 허벅지 **buttock** 몡 엉덩이 **firm up** 굳어지다, 단단해 지다 **calf** 몡 종아리 (복수형 **calves**) **tone** 뙘 탄력 있게 만들다 **shapely** 혱 맵시 있는, 균형 잡힌 **strengthen** 뙘 강화시키다, 튼튼하게 하다 **stomach** 몡 배, 복부 **fit** 혱 몸이 건강한, 탄탄한 **upbeat** 혱 활기찬, 낙관적인 **bursting with** ~으로 가득 찬 **heart-pumping** 혱 심장을 두근거리게 하는 **hand-clapping** 혱 박수 치게 하는 **develop** 뙘 발달시키다 **self-image** 몡 자아상 **improve** 뙘 향상시키다 **equipment** 몡 장비, 기구 **available** 혱 이용할 수 있는 **free** 혱 무료의 **gift-wrapping** 몡 선물포장 **provide** 뙘 제공하다 **branch** 몡 지점, 지사 **throughout** 젼 ~의 전역에, ~ 전체에 **brochure** 몡 안내 책자, 브로셔 **free of charge** 무료로 **shipping** 몡 배송 **health trainer** 몡 헬스 트레이너, 운동 지도사

Questions 1-3 refer to the following e-mail.

TO : Simon Gonzalez <sgonzalez@swcorp.com>

FROM : Speedy Delivery Company—Express <customer_center@sdcexpress.com>

DATE : August 4

SUBJECT : SDC Express Delivery

= SDC Express Delivery =

YOUR SHIPMENT IS ON ITS WAY

Hello Mr. Simon Gonzalez,

Your SDC EXPRESS shipment with waybill number 4140331857 from www.stationeryandbeyond.com is on its way and will require a signature.

The current scheduled delivery is August 4 (Tuesday) by the end of day.

Please check your shipment and contact details below. If you need to make a change or track your shipment, call our customer center at 616-556-2319.

DELIVERY INFORMATION	
Waybill No.	4140331857
Delivery Address	154 Raythorn Drive, Little Oaks, CA 95554
Scheduled Delivery Date	August 4
Delivery Time	By the end of day
Contents (Quantity)	Copying paper (1Box)

YOUR CONTACT DETAILS	
Mobile Number	+1831-555-8743
Email Address	sgonazalez@swcorp.com

Thank you for using SDC Express Delivery.

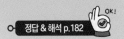
1. What is the purpose of the e-mail?

(A) To confirm delivery details

(B) To send a discount coupon

(C) To arrange a reservation

(D) To ask if additional help is needed

2. Why should Mr. Gonzales contact SDC Customer Center?

(A) To subscribe to a monthly newsletter

(B) To identify the cause of a problem

(C) To correct a billing error

(D) To change the date of the delivery

3. What is suggested about Mr. Gonzales?

(A) He is scheduled to receive his package by August 7.

(B) He recently updated his contact information.

(C) He purchased stationery items.

(D) He has used SDC Express several times.

▶ 이중/삼중지문

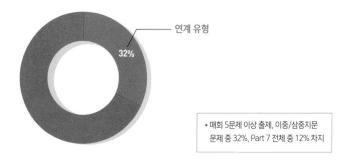

연계 유형

32%

* 매회 5문제 이상 출제, 이중/삼중지문
  문제 중 32%, Part 7 전체 중 12% 차지

▶ Introduction

이중지문과 더불어 삼중지문에도 두 개의 지문에 있는 내용을 연계하여 정답을 찾아야 하는 연계 유형의 문제가 출제됩니다. 단일 지문에서는 해당 지문 속에서 정답의 단서를 찾으면 되지만, 이중/삼중지문에서는 하나의 지문에서 부분적인 단서를 찾고, 그것과 관련된 다른 단서를 또다른 지문에서 찾아 조각을 맞추듯 결합하여 하나의 정답을 찾아야 합니다. 한 문제의 정답의 힌트가 두 개, 세 개의 지문에 흩어져 있는 것으로 생각할 수 있습니다. 하지만 질문만 봐서는 "연계유형"인지를 파악하기가 어려운 경우가 많습니다.

▶ 연계 유형 질문 예시

- Who **most likely** is Mr. Li? Li 씨는 누구일 것 같은가?
- **What is suggested about** the walking club in July?
  7월에 있을 walking club에 관해 알 수 있는 것은 무엇인가?
- **According to Ms. Woo, what conference activity was she unable to attend?**
  Woo 씨에 따르면, 그녀는 어떤 컨퍼런스 활동에 참여할 수 없었는가?
- **What is suggested about** Mr. Erickson? Erickson 씨에 대해 알 수 있는 것은 무엇인가?
- What printer did Mr. Richmond **most likely** recommend to Mr. Lee?
  Richmond 씨가 Lee 씨에게 추천했을 프린터는 무엇인가?
- What company mentioned in the article does Ms. Eliot and Mr. Rowel **most likely** work for? Eliot 씨와 Rowel 씨는 기사문에 언급된 어떤 회사에 다니는가?
- **What is indicated about** the Asian market report?
  아시아의 시장 보고서에 대해 언급된 것은 무엇인가?

대부분 추론 문제와 세부사항이 연계유형으로 출제되는 것을 알 수 있습니다. 이를 통해 이중지문, 삼중지문에서 추론 문제와 세부사항 문제가 나오면 연계 유형인지 확인해보는 것이 필요합니다.

연계유형 질문 공략하기

Key Point 2 연계 유형의 문제가 세부사항 문제일 경우에는 키워드를 파악하는 것이 우선이다.

• Who most likely is **Mr. Li**?	Mr. Li의 직업, 직책 등에 대해 알 수 있는 직접적인 정보를 찾아보고, 그 정보와 관련된 내용을 다른 지문에서도 찾아본다.
• What is suggested about **the walking club in July**?	walking club과 7월에 관한 각각 정보를 찾아본다.
• According to Ms. Woo, what **conference activity** was she **unable to attend**?	Woo 씨가 참석할 수 없었던 활동에 관한 정보를 찾아보고 그 활동에 대해 알 수 있는 부분을 다른 지문에서 찾아본다.
• What is suggested about **Mr. Erickson**?	Erickson 씨의 특정 사실을 언급한 부분을 찾아본다.
• What printer did **Mr. Richmond** most likely **recommend** to Mr. Lee?	Richmond 씨가 추천하는 프린터가 무엇인지 찾아보고, 그 프린터에 대한 정보를 알 수 있는 부분을 다른 지문에서 찾아본다.
• What company mentioned in the article does **Ms. Eliot** and **Mr. Rowel** most likely **work for**?	Eliot 씨와 Rowel 씨가 관련된 회사를 찾아보고, 그 회사에 관련 정보를 기사문에서 찾아본다.
• What is indicated about **the Asian market report**?	아시아 시장 보고서에 관한 정보가 있는 곳을 찾아본다.

Key Point 2 키워드를 파악했다면 각 지문에서 키워드와 관련된 정보를 조합한다.

이중지문, 삼중지문에서의 연계 유형 질문은 총 8문제 정도 출제되는데, 한 세트의 이중지문에서는 1문제, 삼중지문에서는 2문제가 출제된다. 연계유형의 질문은 키워드가 직접적으로 언급된 지문과 그 지문에서 알 수 있는 정보를 토대로 다른 지문에서 간접적으로 관련 정보를 찾아 정답을 찾도록 되어 있다. 키워드를 A라고 한다면, 한 지문에서 A=B라는 정보를 알 수 있다. 그리고 B는 다른 지문에서 B=C라는 내용으로 언급되어 있어서 결국, 보기에서 C에 관련된 내용을 정답으로 골라야 한다.

즉, A(키워드)=B(지문 1에서의 정보), B(지문 2에서의 정보)=C(지문 2의 관련정보) 과정을 거치게 되므로 보기만 봐서는 확실한 오답을 소거할 수도 없다. 즉, 보기의 내용은 모두 지문에 한번씩 언급되었거나 관련 정보가 나와 있는 것들이기 때문에 A=B, B=C라는 연결관계를 반드시 파악해야 한다.

 이중지문, 삼중지문의 문제를 풀이하면서 절대 잊지 말아야 할 것은 모든 지문은 "하나의 공통된 주제"가 있으며, 지문에 언급되지 않은 정보에 대해서는 상식적인 수준을 벗어난 범위까지 추론할 필요가 없다는 것이다. 즉, 각 지문이 하나의 공통된 주제를 위해 쓰여진 것이므로 공통되는 내용을 벗어나는 정보는 문제풀이에 필요하지 않다는 것을 유념하면 훨씬 쉽게 내용을 파악할 수 있을 것이다.

Question 1 refers to the following e-mail and flight information.

Dear Ms. Newman,

This message is to let you know that ② your luggage has been found and is now currently on route to you. It will be delivered to your temporary address that you have indicated. Estimated delivery will be July 19 from 9 A.M. to 5 P.M.
We apologize for the inconvenience.

Report No.: LB1876S2
Passenger Name: Paula Newman
E-mail Address: pnewman@joycleaning.ca

Permanent Address: 1515 Trudeau Street, Vancouver, ON, V5K 051 Canada
③ Temporary Address: Nottingham Hotel, Trafalgar Square, 551, Cheshire Town, England (until July 25)

Flight No.	Date	Departure	Destination
ZE0619	July 16	Vancouver	Paris
KR0547	July 17	Paris	London

1. According to the e-mail, ① where will the luggage be delivered?
(A) Paris
(B) Vancouver
(C) London
(D) ④ Cheshire Town

STEP ① 질문에서 where, the luggage를 키워드로 파악한다.

STEP ② 첫 번째 지문에서 the luggage에 관련된 내용을 찾는다.

STEP ③ luggage가 배달되는 장소에 관련된 장소가 temporary address임을 확인하고 두 번째 지문에서 temporary address에 대한 정보를 찾는다.

STEP ④ temporary address에 관련된 정보 중에 보기의 내용과 일치하는 장소인 Cheshire Town을 정답으로 고른다.

Word & Phrase

luggage [명] 수화물, 짐 **currently** [부] 현재 **on route to** ~로 가는 중인 **deliver** [동] 배달하다 **temporary** [형] 임시의, 일시적인 **indicate** [동] 명시하다 **estimated** [형] 견적의, 추측의 **apologize for** ~에 대해 사과하다 **inconvenience** [명] 불편 **passenger** [명] 승객 **permanent** [형] 영구적인, 영속적인 **departure** [명] 출발 **destination** [명] 목적지, 도착지

Question 2 refers to the following schedule and text message.

Date	Time	Event
④ July 20	10:00-20:00	Seafood Is Life Cooking Competition held at Fisherman's Wharf
July 21	10:00-16:00	Family picnic held at Waverly Park
July 22	12:00-18:00	Wine and food pairing at Posh Hotel near Fisherman's Wharf
July 23	14:00-20:00	Cooking demonstration with world famous chefs at Posh Hotel near Fisherman's Wharf

Hi Jules!
I was wondering if you have heard of this event! ③ I am looking for a partner who can participate in the event on the day the festival kicks off! I heard the main ingredient is seafood, and many amateur chefs will attend. Let's do it together!

② Jake

2.　① On what date will Jake plan to attend?

(A) ④ July 20
(B) July 21
(C) July 22
(D) July 23

STEP ①　질문에서 On what date, Jake plan to attend를 키워드로 파악한다.

STEP ②　Jake에 관련된 내용이므로 Jake가 쓴 문자 메시지인 두 번째 지문에서 그가 참석할 계획하는 것(plan to attend)이 무엇인지 찾는다.

STEP ③　attend와 같은 의미인 participate in라는 표현이 쓰인 문장에서 "on the day the festival kick off"라는 내용을 확인한다.

STEP ④　kick off가 '시작하다'라는 의미를 가지고 있으므로, Jake는 이벤트의 첫 날에 참여할 것이라는 것을 알 수 있으며, 첫 번째 지문에서 이벤트 첫 날인 July 20을 정답으로 고른다.

Word & Phrase

seafood 몡 해산물 competition 몡 경연대회 hold 통 (행사를) 열다 pairing 접목, 짝 맞추기 wharf 몡 부두, 선창
demonstration 몡 설명, 시연 amateur 몡 아마추어 선수, 비전문가 attend 통 참석하다

Questions 1-5 refer to the following e-mails.

FROM : Ragani Harris <rharris@gotomail.com>
TO : Kimmy Jones <kjones@messagetoyou.com>
DATE : November 4
SUBJECT : Invitation to our first performance

Dear Kimmy,

William and I are delighted to ☐2 invite you to ☐5-2 our first performance at the Grand Canyon Theater in Las Madres, California, on December 2. The program starts at 3:00 P.M. ☐1 **Snacks will be provided before an evening of entertainment. The performance starts at 7 P.M.**

Tickets will be held in your name until December 1. ☐2, ☐3 **Please be sure to R.S.V.P. by replying back to this e-mail, even if you cannot make it.**

☐3 **You can also give one of us a call, if you wish to respond in person.** Please let us know by December 1 if you can make it.

With love,
Ragani

FROM : Kimmy Jones <kjones@messagetoyou.com>
TO : Ragani Harris <rharris@gotomail.com>
DATE : November 14
SUBJECT : RE: Invitation to our first performance

Dear Ragani,

☐5-1 **I'm definitely coming!** I can't wait to see your first performance, and I'm so happy for the two of you. ☐4 **I just have a few questions.** As you guys know, I'm a vegetarian, so I was wondering if there will be a vegetarian option or if I should bring my own food. I also am seeing someone at the moment, and it's fairly serious. Would it be okay if I had a plus one?

Again, so happy for the two of you!

With much love,
Kimmy

1. What is mentioned about the event on December 2?
➡ 12월 2일에 있을 행사에 대해 언급된 것은 무엇인가? [키워드: December 2]

(A) Tickets can be purchased at the door. ➡ 티켓은 출입구에서 구매할 수 있다.
(B) William will make a public speech. ➡ William이 대중 연설을 할 것이다.
(C) Refreshments will be served. ➡ 다과가 제공될 것이다.
(D) A receipt for food purchases will be submitted. ➡ 음식에 대한 영수증이 제출될 것이다.

> 해설 질문의 키워드인 December 2는 첫 번째 이메일에서 Grand Canyon Theater에서의 William 과 Ragani의 첫 공연이 있는 날이라고 언급되어 있다. 그 뒤의 문장에서 Snacks will be provided before an evening of entertainment라고 하여 공연 전에 간단한 식사가 제공될 것이라고 되어 있 다. Snacks를 Refreshments(다과)라고 표현한 (C)가 정답이다.

동의어 찾기

2. In the first e-mail, the phrase "make it" in paragraph 2, line 2, is closest in meaning to
➡ 첫 번째 이메일에서, 2번째 문단 2번째 줄에 있는 구문 "make it"과 의미가 가장 가까운 것은 무엇인가?

(A) reimburse ➡ 변제하다
(B) finalize ➡ 완결시키다
(C) attend ➡ 참석하다
(D) create ➡ 만들다

> 해설 첫 번째 이메일은 상대방에게 공연에 초대하는 것이 목적이기 때문에, 두 번째 문단에서 "Please be sure to R.S.V.P by replying back to this e-mail, even if you cannot make it"이라고 하며 답장을 보내라고 한 것은 참석의 여부를 알려 달라고 하는 것임을 알 수 있다. 따라서 make it은 문맥상 '공연을 보러 오다', '참석하다'의 의미이므로 정답은 (C)이다.

요청사항

3. What are readers of the first e-mail asked to do?
➡ 첫 번째 이메일을 읽는 사람은 무엇을 하도록 요청받는가? [키워드: asked to do]

(A) To purchase tickets in advance ➡ 티켓을 사전에 구매하는 것
(B) To make a seating arrangement ➡ 좌석 배정을 하는 것
(C) To e-mail Grand Canyon Theater ➡ Grand Canyon Theater에 이메일을 보내는 것
(D) To contact Ragani and William ➡ Ragani와 Willian에게 연락하는 것

> 해설 이메일 지문에서 요청사항에 관련된 내용은 You should ~, You are required/requested to do, Please + 명령문과 같은 문장에서 확인할 수 있다. 이메일에서 "Please be sure to R.S.V.P by

replying back to this e-mail, even if you cannot make it", "You can also give one of us a call, if you wish to respond in person"이라고 하여 이메일이나 전화를 해달라는 요청사항을 확인할 수 있다. 따라서 정답은 (D)이다. (C)는 Grand Canyon Theater에 이메일을 보내는 것이 아니라 이메일 발신자에게 답장을 보내라고 하였기 때문에 오답이다.

주제 및 목적

4. What is the purpose of the second e-mail? ➡ 두 번째 이메일의 목적은 무엇인가? [키워드: purpose]

(A) To prepare some food samples ➡ 시식용 샘플을 준비하는 것
(B) To reserve a seat ➡ 좌석을 예약하는 것
(C) To inquire about the event ➡ 행사에 관해 문의하는 것
(D) To send a performance brochure ➡ 공연 안내 책자를 보내는 것

(해설) 두 번째 이메일은 첫 번째 이메일에 대한 답장으로, 공연에 참석하겠다는 내용을 담고 있다. 하지만 두 번째 문장에서 "I just have a few questions"라고 말하며 행사에 관한 질문을 하고 있다. 따라서 두 번째 이메일의 목적은 '행사에 관해 문의하는 것'이라고 볼 수 있으므로 정답은 (C)이다.

추론유형, 연계문제

5. What is suggested about Kimmy? ➡ Kimmy에 대해 알 수 있는 것은 무엇인가? [키워드: Kimmy]

(A) She will travel to California next month. ➡ 다음 달에 캘리포니아로 갈 것이다.
(B) She needs to prepare her own vegetarian food. ➡ 자신의 채식 음식을 준비해야 한다.
(C) She is an experienced chef. ➡ 경력이 많은 요리사이다.
(D) She can't attend the event. ➡ 행사에 참석할 수 없다.

(해설) 이메일의 발신자 항목에서 Kimmy는 첫 번째 이메일의 수신자이며, 두 번째 이메일의 발신자임을 알 수 있다. 즉, 공연에 초대를 받은 사람이다. 그리고 행사장에서 채식 식단을 제공받을 수 있는지, 그리고 동행인 1명을 더 데리고 갈 수 있는지에 대해 문의하였다. 이 내용으로 (C), (D)가 모두 오답으로 소거된다. 채식 식단을 제공받을 수 있는지, 아니면 채식 음식을 가져가야 하는지를 문의를 한 것이기 때문에 (B)도 오답이다. 두 이메일의 발신 날짜가 모두 11월(November)이고, 그녀가 초대받은 Ragani와 William의 첫 공연이 12월, California에 있는 극장에서 열릴 것이라는 내용을 첫 번째 이메일의 첫 문장에서 확인할 수 있다. 이 내용을 연계하면 Kimmy는 다음 달에 California로 갈 것이라는 것을 알 수 있으므로 정답은 (A)이다.

Word & Phrase

invitation 영 초대 performance 영 공연 be delighted to do ~하게 되어 기쁘다 be followed by ~로 이어지다, 뒤이어 ~가 따라오다 entertainment 영 오락, 여흥, 즐길 거리 R.S.V.P (프랑스어) 회답주시기 바랍니다(répondez s'il vous plait = please reply) even if 접 만약 ~ 하더라도 make it 참석하다, 도착하다, 해내다 respond 동 응답하다 in person 부 직접 definitely 부 틀림없이, 반드시 vegetarian 영 채식주의자 wonder if ~인지 궁금하다 option 영 선택사항 fairly 부 꽤, 아주 plus one (행사나 모임에) 함께 데려가는 애인이나 친구, 동행인 make a speech 연설하다 refreshment 영 다과, 간단한 음식 receipt 영 영수증 in advance 부 미리, 사전에 make an arrangement 배열을 결정하다, 배정하다 prepare 동 준비하다 reserve 동 예약하다 inquire 동 문의하다 brochure 영 브로셔, 안내 책자 travel 동 이동하다, (여행)가다 experienced 형 경력이 많은, 숙련된

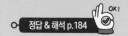
Questions 1-5 refer to the following memo and e-mails.

Memorandum

To: All Employees

From: John Mason, CEO of MTech

Date: May 15

Subject: Company Travel

Effective June 15, all personnel traveling on company business must use the most economical means possible. No flights under six hours can be booked in business class, and no flights regardless of duration can be booked in first class. Anyone booking flights before June 15 but traveling after that date must get approval, and it will be done on a case-by-case basis. If you have any questions, please contact Enrico Juarez at ejuarez@mtech.com.

FROM : Simon Gonzales <sgonzales@mtech.com>

TO : Enrico Juarez <ejuarez@mtech.com>

DATE : 16 May

SUBJECT : Regarding Company Travel

Hi Enrico,

I have a question related to the new travel rules. I have an upcoming flight to New Zealand that I booked last month, but I'm actually traveling in July. It is a five-and-a-half-hour flight, and I booked it in business class. Will I have to cancel the flight? I tried to ask the personnel manager at my branch, Sheena Diaz, about it, but she suggested that I contact you directly at headquarters, just to be sure.

Sincerely,

Simon Gonzales, Sales Manager at MTech

FROM : Enrico Juarez <ejuarez@mtech.com>

TO : Simon Gonzales <sgonzales@mtech.com>

DATE : 16 May

SUBJECT : RE: Regarding Company Travel

Hi Simon,

Regarding your flight in July to New Zealand, you can still keep your business class flight. The 6-hour rule is simply a guideline. Based on our new system, if you do book a business class flight that's under 6 hours, it will simply set off a flag for your expense report to be checked and verified by our CEO at the end of the month.

I hope that this answers all of your questions, and I thank you in advance for your patience and understanding.

Best regards,
Enrico Juarez
Expense Manager at MTech

1. What is the purpose of the memo?

   (A) To make a hiring recommendation

   (B) To request financial support

   (C) To negotiate the terms of a contract

   (D) To announce a company policy change

2. In the memo, the word "means" in paragraph 1, line 2 is closest in meaning to

   (A) experiences

   (B) ideas

   (C) ways

   (D) reasons

3. What is indicated about Mr. Gonzales?

(A) He will cancel his flight.
(B) He booked his flight in April.
(C) He is planning to travel in first class.
(D) He will be out of town for more than 3 weeks.

4. What is suggested about Mr. Juarez?

(A) He is planning to travel abroad on business.
(B) He joined MTech 3 months ago.
(C) He is in charge of announcing company policy changes.
(D) He and Mr. Gonzales work for the same company.

5. Who is responsible for reviewing monthly expense reports?

(A) Mr. Gonzales
(B) Mr. Suarez
(C) Ms. Diaz
(D) Mr. Mason

Part 7 질문 유형

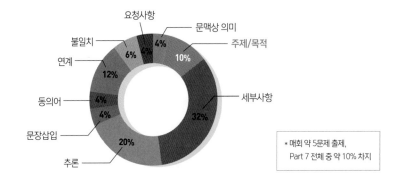

요청사항 4%
문맥상 의미 4%
불일치 6%
주제/목적 10%
연계 12%
세부사항 32%
동의어 4%
문장삽입 4%
추론 20%

* 매회 약 5문제 출제,
  Part 7 전체 중 약 10% 차지

Introduction

어떤 독해 문제든지 항상 지문의 주제, 목적을 묻는 문제는 항상 포함됩니다. 학창시절, 국어 시험을 치면 글의 주제, 목적을 묻는 문제를 마주했던 것을 기억하실 것입니다. 그만큼 '주제 찾기'가 독해에 있어서 가장 기본적인 유형이라는 의미입니다. 그래서 지문 속 문제 중 첫 번째 문제로 출제되는 경우가 많습니다. 첫 번째 문제라는 것은 지문을 읽기 시작해서 가장 먼저 주제나 목적에 관한 근거가 제시된다는 것을 의미합니다. 그래서 주제 및 목적 유형의 문제는 지문의 첫 번째 문단만 읽고 풀 수 있는 경우가 많습니다.

주제 및 목적 유형 질문 예시

- **What is the purpose of the information?**
  이 알림글의 목적은 무엇인가?
- **What is the purpose of the notice?**
  이 공지문의 목적은 무엇인가?
- **What is the article (written) about?**
  이 기사문은 무엇에 관한 것인가(무엇에 관해 쓰였는가)?
- **What does the article discuss?**
  이 기사문은 무엇에 관해 논의하는가?
- **Why did** Ms. Simon **send** the e-mail?
  Simon 씨가 이메일을 보낸 이유는 무엇인가?

지문의 주제나 목적을 묻는 질문들은 "왜" 쓰였는지, "무엇에 관해" 쓰였는지, "목적"이 무엇인지를 묻는 형태로 제시됩니다.

주제 및 목적 질문 공략하기

Key Point 1 질문에 주어진 단어의 위치를 빠르게 파악하라.

• **What is the purpose of the information?**	Information(알림) 지문의 목적은 보통 첫 번째 문단에서 알 수 있다.
• **What is the purpose of the notice?**	공지문의 목적은 주로 일정/규정/방침의 변경을 알리는 데 있다.
• **What is the purpose of the notice?** • **What is the article (written) about?** • **What does the article discuss?**	기사문의 목적은 주로 기사문의 제목과 첫 번째 문단에서 확인할 수 있다.
• **Why did Ms. Simon send the e-mail?**	이메일의 목적은 "I am writing to 동사원형", "I would like to 동사원형", "I was wondering ~"등과 같은 표현에서 확인할 수 있다.

* 대부분의 지문에서 첫 번째 문단에 주제나 목적이 나타나는 편이다.

Key Point 2 보기 중에 혼동되는 단어를 이용한 매력적인 오답에 주의한다.

보기 중에는 지문 속의 특정 문장에 있는 표현이나 내용과 관련있는 내용이지만 정답이 아닌 매력적인 오답이 있는 경우가 많으므로 지문의 내용을 정확하게 해석하여 정답을 골라야 한다.

지문	Could you please tell Mr. Rogers that I'll be about 20 minutes late?
문제	What is the purpose of the e-mail?
보기	(A) To ask for help (O) (B) To reschedule a doctor's appointment (X)

 글의 목적을 나타내는 것을 찾는 문제는 지문을 다 읽고 찾기보다는 제목과 첫 문단까지만 읽고 정답을 찾아내는 것이 훨씬 빠르고 정확하다.

주제 및 목적 유형 연습하기

Question 1 refers to the following information.

Robert WELLINGTON III

Snow Tipped Cedars in Sherwood

② Photography

200 cm x 100 cm

② This work is the last in Robert Wellington's Sleeping Death series, which has been cloaked in mystery for the past 20 years. These works were created while the artist was dying from esophageal cancer and lost his ability to speak. It made the artist naturally more contemplative about the nature of death and very reclusive.

1. ① What is the purpose of the information?

(A) To recommend an exhibit

(B) To inform an employee of a change

(C) ③ To provide information about an art piece

(D) To describe the life of a painter

STEP ① 질문에서 What is the purpose of ~를 보고 주제 및 목적 유형 질문인 것을 확인한다.

STEP ② Photography와 첫 문장을 보고 이 글이 사진 작품(work)에 대한 정보를 제공하는 안내문이라는 것을 파악한다.

STEP ③ '예술 작품에 대한 정보를 제공한다'는 내용의 (C)를 정답으로 고른다.

Word & Phrase

tip [동] (끝부분을 어떤 색상으로) 덮다, 싸다 **cedar** [명] 삼나무 **work** [명] 작품 **cloak** [동] ~을 가리다, 숨기다 **past** [형] 과거의, 지난 **create** [동] 만들다, 제조하다 **artist** [명] 예술가 **die from** ~로 인해 죽다 **esophageal cancer** [명] 식도암 **ability** [명] 능력 **naturally** [부] 자연스럽게 **contemplative** [형] 사색하는 **nature** [명] 본성, 본질 **reclusive** [형] 은둔한, 쓸쓸한 **recommend** [동] 추천하다 **exhibit** [명] 전시품 **inform A of B**: A에게 B를 알리다 **provide** [동] 제공하다 **art piece** [명] 예술 작품 **describe** [동] 묘사하다, 설명하다 알리다

해석 p.185

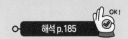

Question 2 refers to the following text message.

From : Amir Haddid
To : Andy Riegel

Andy, ② my phone battery is almost dead, and I'm stuck in traffic. I left my charger at the office on my desk. ③ Could you please tell Mr. Rogers that I'll be about 20 minutes late? Also, could you please bring my charger to me? I'll be at the next house showing at 7854 Wintergrove Street. Thanks!

2. ① What is the purpose of the message?

(A) ④ To ask for help
(B) To reschedule a doctor's appointment
(C) To postpone an exhibit
(D) To contact a lawyer

STEP ① 질문에서 What is the purpose of ~를 보고 주제 및 목적 유형 질문인 것을 확인한다.

STEP ② 발신자의 휴대폰 배터리가 거의 다 되어가고, 교통 체증에 갇혀 있으며, 충전기도 사무실 책상에 놔뒀다는 사실을 파악한다.

STEP ③ Could you~?라는 표현으로 상대방에게 부탁을 하고 있다는 것으로 보아 어려운 상황에 도움을 요청하기 위해 메시지를 보냈다는 것을 알 수 있다.

STEP ④ '도움을 요청하기 위해'라는 의미의 (A)를 정답으로 고른다.

Word & Phrase

dead [형] 죽은, 다 닳은 **be stuck in traffic** 교통 체증에 갇히다, 차가 밀리다 **charger** [명] 충전기 **ask for** ~을 요청하다 **reschedule** [동] 일정을 다시 정하다 **postpone** [동] 미루다, 연기하다 **exhibit** [명] 전시 **contact** [동] 연락하다 **lawyer** [명] 변호사

Questions 1-3 refer to the following e-mail.

FROM : 2-1 Ingrid Rossellini <ingridR@roadrunneremail.com>

TO : 3-1 Michael Rader <mrader@zenochtheater.org>

DATE : February 6

SUBJECT : Tickets

Dear Mr. Rader,

2-2 I've been a long-time supporter of Zenoch Theater, and I've always appreciated all the wonderful productions that I've seen. I did receive my four complimentary tickets for last month, but I didn't use them 1 and was wondering if I could possibly use them for this month. I have family members coming in and would love for them to see one of your fabulous productions. 3-2 If not, I would like to order four tickets for Downtown Angels and make a reservation for four for May 20. You have my credit card information saved, so please charge me for the additional tickets if you have to.

Best,

Ingrid Rossellini

주제 및 목적

1. What is the **purpose** of the e-mail? ➡ 이메일의 목적은 무엇인가?

(A) To make a reservation for an art exhibit ➡ 미술 전시회 예약을 하는 것

(B) To inquire about tickets ➡ 티켓에 관해 문의하는 것

(C) To refund previously purchased tickets ➡ 이전에 구매한 티켓을 환불하는 것

(D) To send a receipt ➡ 영수증을 보내는 것

> (해설) 두번째 문장에서 무료 티켓을 4장을 받았는데 그것을 이번달에 문의할 수 있는지 궁금하다(was wondering if I could possibly use them for this month)고 한 것으로 보아 이 이메일의 목적은 티켓에 관한 문의를 하기 위한 것으로 볼 수 있다. 따라서 정답은 (B)이다.

해석 p.186

세부사항

2. What is suggested about **Mr. Rosselini**?

➡ **Rosselini 씨에 대해 알 수 있는 것은 무엇인가? [키워드: Mr. Rosselini]**

(A) He works for Zenoch Theater. ➡ **Zenoch Theater에서 일한다.**

(B) His family members are visiting him in April. ➡ **그의 가족이 4월에 그를 방문할 것이다.**

(C) He has been a patron of the theater for a long time. ➡ **극장의 장기간 단골고객이었다.**

(D) He is an experienced movie director. ➡ **경력있는 영화 감독이다.**

> **해설** 우선 키워드인 Mr. Rosselini가 누구인지 확인해야 한다. 이메일의 발신자(FROM)란에 Rosselini 라는 이름을 확인한다. 그리고 첫 문장에서 "I've been a long-time supporter of Zenoch Theater."라고 쓰여져 있기 때문에 정답은 (C)이다. (A), (D)는 모두 지문에 언급되지 않은 내용이며, (B)는 이번 달에 가족들이 올 것이라고 하였고, 그의 가족이 이메일을 보낸 날짜에 해당하는 2월에 올 것임을 알 수 있으므로 오답이다.

추론 문제

3. Who most likely is **Mr. Rader**? ➡ **Rader 씨는 누구인가? [키워드: Mr. Rader]**

(A) A delivery person ➡ **배달원**

(B) A CEO ➡ **CEO(최고 경영자)**

(C) An accountant ➡ **회계사**

(D) A customer representative ➡ **고객 서비스 직원**

> **해설** 키워드인 Mr. Rader가 누구인지 확인해야 한다. Rader라는 이름은 이메일의 수신자 이름에서 확인할 수 있으므로 Rosselini 씨가 보내는 이메일을 받는 사람이라는 것을 감안하고 이메일의 내용을 본다. Rosselini 씨가 Zenoch Theater의 장기 고객이었고, 티켓에 관해 문의를 하고 있다는 사실을 종합해 보면, Radar 씨는 Zenoch Theater의 고객 서비스 직원이라는 것을 알 수 있다. 따라서 정답은 (D)이다.

Word & Phrase

supporter 명 지지자, 후원자 appreciate 동 감사하다, 진가를 이해하다 complimentary 형 무료의 wonder 동 궁금해 하다 would like[love] to부정사: ~하고 싶다 fabulous 형 굉장히 좋은, 엄청난 order 동 주문하다 make a reservation 예약하다 charge 동 청구하다 additional 형 추가의 exhibit 명 전시(회) inquire 동 문의하다 refund 동 환불하다 receipt 명 영수증 patron 명 단골 고객, 후원자 experienced 형 경력 있는, 경험이 많은 director 명 감독 delivery 명 배달 accountant 명 회계사 customer representative 명 고객 서비스 직원

Questions 1-4 refer to the following letter.

Mr. Mike Pascual
1476 El Caminito Drive
Compadre Grove, CA, 96578

Dear Mr. Pascual,

The Hasker Marketing Company is pleased to offer you the position of Assistant Director of Customer Relations. Your skills and experience will be an ideal fit for our Customer Service Department. As we discussed, your starting date will be February 16. Full family medical coverage will be provided through our company's employee benefit plan and will be effective on March 1. Dental insurance will also be available. Hasker offers a flexible paid-time off plan which includes vacation, personal, and sick leave.

If you choose to accept this job offer, please sign the second copy of this letter and return it to me at your earliest convenience. When your acknowledgement is received, we will send you employee benefit forms and a handbook which details our benefit plan and retirement plan.

We look forward to welcoming you to the Hasker team. Please let me know if you have any questions or if I can provide any additional information.

Sincerely,

Vitor Belim
Director, Human Resources
The Hasker Company

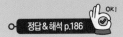

1. Why was the letter written?

    (A) To describe job benefits
    (B) To provide a retirement plan
    (C) To schedule a job interview
    (D) To ask for permission

2. What is suggested about Mr. Pascual?

    (A) He is an experienced customer representative.
    (B) He has won an award.
    (C) He recently moved to California.
    (D) He was promoted to Assistant Director of Customer Relations last year.

3. What is NOT mentioned as a benefit of the job?

    (A) Dental insurance
    (B) Regular employee training
    (C) Paid vacation
    (D) Family medical care

4. What is Mr. Pascual asked to do?

    (A) To recommend a colleague
    (B) To visit a website
    (C) To sign a lease contact
    (D) To mail a document

▸ Part 7 질문 유형

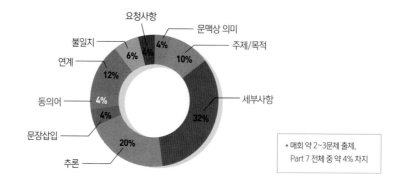

요청사항
문맥상 의미
불일치
6%
4%
주제/목적
연계
12%
10%
동의어
4%
세부사항
문장삽입
4%
32%
추론
20%

* 매회 약 2~3문제 출제,
  Part 7 전체 중 약 4% 차지

▸ Introduction

"문맥상 동의어 찾기" 문제는 예전에는 문맥을 고려하지 않고 단순히 해당 단어의 동의어 찾기 문제였지만, 이제는 앞뒤 문맥을 고려하여 그 단어 대신에 문맥상 의미가 통하는 단어를 골라야 합니다. 그래서 사전에서 찾을 수 없는 단어가 동의어로 출제되기도 합니다.

▸ 문맥상 동의어 찾기 유형 질문 예시

- In the article, paragraph 1, line 1, the word "sound" is the closest in meaning to
  기사문에서, 1번째 문단, 1번째 줄에 있는 단어 sound와 가장 의미가 가까운 것은?

해당 단어가 포함된 문장뿐만 아니라 앞, 뒤 문장을 모두 읽어 문맥을 파악해야 하기 때문에 정확한 해석이 필요합니다.

문맥상 동의어 찾기 질문 공략하기

Key Point 1 　질문에 주어진 단어의 위치를 빠르게 파악하라.

| • In the article, paragraph 1, line 1, the word **"sound"** is the closest in meaning to | 1번째 문단, 1번째 줄에서 단어 sound를 찾는다. |

Key Point 2 　앞 문장, 뒤 문장 모두 해석한다.

sound 라는 단어가 포함된 문장만 해석해서는 문제를 풀 수 없기 때문에 해당 문장의 앞, 뒤 문장까지 해석해야 한다. 특히 앞, 뒤 문장을 해석하여 문맥상 sound가 어떤 의미로 쓰였는지를 파악하는 것이 핵심!

Key Point 2 　문맥상 가장 가까운 뜻을 가진 것을 고른다.

보기를 먼저 읽어 두고 전혀 의미가 비슷하지 않은 단어를 소거하면서 정답을 찾되, 해당 단어와 사전적인 의미로 동의어를 찾는 것이 아니라 "문맥상 같은 의미로 바꾸어 쓸 수 있는" 단어를 정답으로 골라야 한다는 것을 유념해야 한다.

 단순히 해당단어의 사전적 유의어/동의어를 고르는 것은 오답일 확률이 높다. "문맥상의 뜻"을 찾아야 한다는 점을 잘 기억할 것!

Question 1 refers to the following article.

What are my goals exactly?

Examples of ② sound reasons for making a lifestyle change are to improve your general health, to reach a reasonable fitness goal, and to gain more energy in your life. ③ An example of a poor reason is to improve your appearance in a short amount of time. Take a moment to evaluate your goals, write them down and reassess down the road.

1. In the article, ① paragraph 1, line 1, the word "sound" is the closest in meaning to

(A) noise

(B) deep

(C) ④ valid

(D) troubled

STEP ① 질문에서 paragraph 1, line 1, the word "sound" is the closest in meaning to를 보고 문맥상 동의어 찾기 유형 질문인 것을 확인한다.

STEP ② 질문에서 명시한 1번째 문단, 1번째 줄의 sound를 찾는다.

STEP ③ sound가 포함된 문장과 뒷문장을 확인해보면 sound reason과 poor reason이 서로 반대되는 의미를 나타낸 다는 것을 알 수 있다. 따라서 sound는 poor(좋지 않은, 형편 없는)의 반대의미로 쓰인 것이다.

STEP ④ 보기 중에서 poor와 반대 의미로 쓰일 수 있는 단어로 '타당한'이라는 의미의 형용사 valid를 정답으로 고른다.

Word & Phrase

goal 영 목표 exactly 부 정확하게 example 영 예, 예시 sound 형 타당한, 정통한 improve 통 향상시키다 general 형 일반적인, 보편적인 reach 통 도달하다 reasonable 형 합리적인 fitness 영 건강, 신체 단련 gain 통 모으다, 얻다 poor 형 좋지 않은, 형편 없는 appearance 영 외모, 외양 amount 영 양, 총합 evaluate 통 평가하다 write down 적어 두다, 써놓다 reassess 통 재평가하다 (cf. assess 평가하다)

해석 p.187

Question 2 refers to the following memo.

To: Marketing Department
From: Jenny Schultz, Vice President of Sales
Subject: New procedures for client contact

We have decided to change our procedures for keeping in contact with clients as of this week. ④ There have been some incidents in past years when important information regarding clients has not been recorded. Our customers expect us to remain informed about their past purchases, their annual budgets and their future projected needs. When we don't have this information available, it is harder to suggest products that they may find useful.

③ We also don't want to ② cover the same issue more than once. We're hoping to eliminate issues like that with the new system and to increase our efficiency.

2.   In the memo, ① paragraph 2, line 1, the phrase "cover" is the closest in meaning to

(A) ⑤ deal with
(B) hide
(C) protect
(D) take over

STEP ① 질문에서 paragraph 2, line 1, the phrase "cover" is the closest in meaning to를 보고 문맥상 동의어 찾기 유형 질문인 것을 확인한다.

STEP ② 질문에서 명시한 2번째 문단, 1번째 줄의 cover을 찾는다.

STEP ③ cover가 포함된 문장을 확인해보면 '똑같은 문제를 한번 더 cover하고 싶지 않다'라는 의미인 것을 알 수 있다.

STEP ④ ③의 문장에서 언급한 the same issue가 무엇인지 확인해야 하는데, 첫 문단의 There have been some incidents in past years when important information regarding clients has not been recorded. 에서 언급된 some incidents가 바로 그 문제(issue)를 가리킨다는 것을 알 수 있다. 따라서 해당 문장은 그러한 사고(incident)가 다시 일어나지 않기를 바란다는 의미로 '그 문제를 다루고 싶지 않다'라고 해석하는 것이 가장 적절하다.

STEP ⑤ 보기 중에서 '다루다'라는 의미를 가진 (A)를 정답으로 고른다.

Word & Phrase

vice president 몡 부사장 procedures 몡 절차 client 몡 고객 contact 몡 연락, 연락처 keep in contact with ~와 연락하다 as of ~부터 incident 몡 사건 regarding 쩐 ~와 관련된 record 통 ~을 기록하다 expect A to do: A가 ~하기를 기대하다 remain informed about ~에 대해 잘 알고 있다 informed 톙 정통한, 잘 아는 past 톙 과거의, 이전의 annual budget 몡 연간 예산 projected needs 예측되는 필요한 것들 project 통 ~을 예상하다, 추정하다 have A available: A를 갖추고 있다 suggest 통 ~을 제안하다 find A useful: A가 유용한 것을 알다 cover 통 ~을 다루다, 처리하다 issue 몡 문제 eliminate 통 ~을 제거하다 like that 그것과 같은 efficiency 몡 효율 deal with ~을 다루다, 처리하다 hide 통 ~을 숨기다 protect 통 ~을 보호하다 take over (업무, 직책 등) ~을 이어받다, 인계 받다

Questions 1-3 refer to the following text message chain.

Aly Walker [03:44]
Hi, Oswald. Have you visited the Downing property near East and 6th Street?

Oswald Cobblepot [03:45]
Yes, I have. ① The space itself is large enough to house all of our architects and support staff, but ② I do have worries about parking. There's no attached parking lot, and as this is the downtown business area, the street parking is extremely limited.

Aly Walker [03:47]
Well ③ with our new public transportation initiative (where we partially fund people's use of public transportation) we should have less people driving to work. In addition, an increasing number of our architects are opting to work remotely.

Oswald Cobblepot [03:52]
That would be good. If it seems that more people will not need street parking, then that property is a viable option for us.

동의어

1. In the chat conversation, paragraph 2, line 1, the word "house" is the closest in meaning to
➡ 대화에서, 2번째 문단, 1번째 줄에 있는 단어 "house"와 가장 의미가 가까운 것은

(A) build ➡ 짓다, 만들다
(B) reside ➡ 거주하다
(C) transit ➡ 운반하다
(D) accommodate ➡ 수용하다

> (해설) 문맥상 동의어를 찾는 문제이므로 앞뒤 문맥을 먼저 파악해야 한다. 3시 44분 Aly Walker의 메시지에서 "Have you visited the Downing property near East and 6th Street?"라고 하며 Downing property에 방문해본 적이 있는지 묻고 있다. 이에 대해 Oswald Cobblepot은 '방문해 보았다'고 대답하고나서, The space itself is large enough to house all of our architects and support staff라고 말하였다. 이 문장의 내용은 '그 공간(the Downing property)은 우리의 모든 건축가과 보조 직원들을 house할 만큼 충분히 크다'라고 하였는데, 여기서 공간이 크다는 특성이 house의 의미와 관련이 있다는 것을 알 수 있다. 보기 (A)~(D) 중에서 공간의 크기가 크다는 의미와 연관하여 해당 문맥에 어울리는 의미는 바로 '수용하다'라는 의미의 accommodate이다. 따라서 정답은 (D)이다.

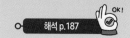

세부사항

2. What is **Mr. Cobblepot concerned about**?
➡ **Cobblepot 씨가 걱정하는 것은 무엇인가? [키워드: Mr. Cobblepot, concerned about]**

(A) The public transportation to the building ➡ **그 건물로 가는 대중 교통**
(B) The location of the building ➡ **그 건물의 위치**
(C) The limited parking space ➡ **제한된 주차 공간**
(D) The cleaning service ➡ **청소 서비스**

[해설] 키워드가 Mr. Cobblepot과 concerned about이므로 Cobblepot 씨가 말한 부분에서 concerned about(~을 걱정하는)과 관련된 내용을 찾아야 한다. 3시 45분 Cobblepot 씨의 메시지에서 "I do have worries about parking"이라고 하여 concerned about과 같은 의미인 have worries about이 쓰인 문장을 확인할 수 있다. 이 문장에서 Cobblepot 씨는 주차(parking)에 대해 걱정이 된다는 말과 함께 the street parking is extremely limited라고 하였으므로 정답은 (C)이다.

추론 문제

3. What is the **public transportation initiative**?
➡ **대중 교통 계획은 무엇인가? [키워드: public transportation initiative]**

(A) It encourages employees to commute by public transportation.
➡ **직원들에게 대중 교통을 이용하여 통근하도록 권장한다.**
(B) It encourages employees to invest in public transportation.
➡ **직원들에게 대중 교통에 투자하도록 권장한다.**
(C) It encourages employees to park their cars in public parking lots.
➡ **직원들에게 공영 주차장에 주차하도록 권장한다.**
(D) It encourages employees to donate for public transportation.
➡ **직원들에게 대중 교통에 기부하도록 권장한다.**

[해설] 키워드인 public transportation initiative가 언급된 부분을 찾아야 한다. 3시 47분 Aly Walker의 메시지에서 "with our new public transportation initiative (where we partially fund people's use of public transportation) we should have less people driving to work."라고 한 문장에서 키워드가 언급된 것을 확인할 수 있다. 여기서 괄호 안에 언급된 내용은 사람들의 대중 교통 이용에 대해 부분적으로 자금을 댄다는 것이므로 public transportation initiative가 직원들에게 대중 교통을 이용하도록 장려하는 계획임을 알 수 있다. 따라서 정답은 (A)이다.

Word & Phrase

property [명] 건물, 부동산 **space** [명] 공간 **enough to do**: ~할만큼 충분히 **house** [동] 수용하다, 거처를 제공하다 **architect** [명] 건축가 **have worries about** ~에 대해 걱정이 있다 **attached** [형] 부착된, ~ 소속의 **parking lot** [명] 주차장, 주차 공간 **downtown** [명] 도심지, 시내 **street parking** 노상 주차 **extremely** [부] 극도로, 매우 **limited** [형] 제한된 **public transportation** [명] 대중 교통 **initiative** [명] 계획 **partially** [부] 부분적으로 **fund** [동] 자금을 대다 **drive to work** 차를 운전해서 출근하다 **opt to do**: ~하기로 선택하다 **remotely** [부] 멀리서 **viable** [형] 실행 가능한 **option** [명] 선택 사항 **be concerned about** ~에 대해 걱정하다 **commute** [동] 통근하다 **invest** [동] 투자하다 **donate** [동] 기부하다

Questions 1-5 refer to the following memo.

To: Wentworth, Perth, Grant, and Associates and Support Staff

From: David Wentworth, Senior Partner

Re: All Staff Meeting

Date: April 20

To All Staff,

Next Tuesday, April 25, we will be having a special guest lecturer at our all-staff meeting in Conference Room 5. Vera Smythe is an international human rights lawyer at the Geschalt Firm in Germany where she has worked for the past two years.

Her focus is on lobbying European governments to pass human rights laws specializing in the protection of women. She has been recognized many times over by the international rights community and has recently been chosen to be the German ambassador to the UN.

Before making a name for herself in Europe, she spent five years working for the ACLU in New York City. It was there I had the chance to work with her on several cases. Ms. Smythe will be here in Los Angeles next week and has agreed to give a talk at our meeting about several of her internationally acclaimed cases. I urge all who are interested to attend.

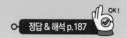
1. What is the purpose of the memo?

    (A) To invite employees to an award ceremony

    (B) To remind employees of an upcoming event

    (C) To announce an annual employee workshop

    (D) To appoint a new CEO

2. What is NOT mentioned about Ms. Smythe?

    (A) She has worked as a human rights lawyer for two years.

    (B) She and Mr. Wentworth worked for the same organization.

    (C) She moved to Germany two years ago.

    (D) She has published several books.

3. In the article, paragraph 3, line 5, the word "urge" is the closest in meaning to

    (A) recommend

    (B) refrain

    (C) retrieve

    (D) recruit

불일치 유형

▶ **Part7 질문 유형**

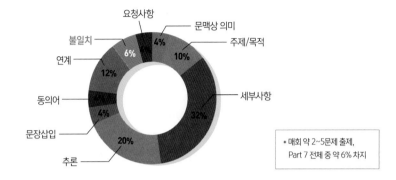

요청사항
문맥상 의미
불일치
4%
주제/목적
6%
10%
연계
12%
세부사항
동의어
32%
4%
문장삽입
20%
추론

* 매회 약 2~5문제 출제,
Part 7 전체 중 약 6% 차지

▶ **Introduction**

사실이 "아닌" 것을 찾는 불일치(Not true) 유형 문제! 이 유형은 Part 7을 풀이할 때 가장 시간이 많이 걸리는 유형입니다. 4개의 보기 중에서 지문의 내용과 일치하지 않는 것을 찾는 문제이기 때문에 4개의 보기를 모두 읽고 지문의 내용과의 일치 여부를 확인해야 하는 수고가 필요합니다. 보기의 내용이 지문의 내용을 패러프레이징(Paraphrasing)한 것이라면 좀 더 집중해서 해석해야 하기에 더욱 힘든 유형입니다.

▶ **불일치 유형 질문 예시**

- **What is NOT indicated about** the generator?
  발전기에 대해 명시된 것이 아닌 것은 무엇인가?
- **What is NOT indicated as** one of Ms. Manda's strengths?
  Manda 씨의 장점 중 하나로 명시된 것이 아닌 것은 무엇인가?
- What feature of the business park is **NOT mentioned**?
  비즈니스 파크의 특징으로 언급되지 않은 것은 무엇인가?

문제에서 NOT은 대문자로 표기되기 때문에 불일치 유형인지를 파악하는 것은 어렵지 않습니다.

불일치 유형 질문 공략하기

Key Point 1 **질문의 키워드를 파악하는 것이 가장 우선이다.**

• What is NOT indicated about **the generator**?	지문에서 the generator에 관련된 내용을 모두 찾아본다.
• What is NOT indicated as one of **Ms. Manda's strengths**?	지문에서 Ms. Manda의 장점(strengths)으로 언급된 것을 찾아본다.
• **What feature of the business park** is NOT mentioned?	지문에서 the business park에 관해 언급된 부분을 찾아본다.

Key Point 2 **소거법으로 지문의 내용과 보기의 내용을 확인한다.**

4개의 보기를 반드시 정독하고 문제를 풀어야 한다. 지문을 읽으면서 보기에 대한 내용이 언급되면, 지문의 내용과 보기의 내용이 서로 일치하는지, 상반된 내용인지를 판단하여 일치하면 소거하고 다른 보기의 내용을 확인한다. 이런 방식으로 가장 마지막에 남는 1개가 정답이 된다. 다른 어떤 문제 유형보다도 소거법이 잘 통하는 문제 유형이다.

 불일치 질문 유형은 질문 뿐만 아니라 보기 4개도 잘 해석하는 것이 중요하다. 보기를 해석한 뒤 옆에 해당 보기의 내용을 우리말로 간단하게 메모해두면 지문을 읽으면서 즉각적으로 보기의 내용을 확인할 수 있으며, 보기의 내용이 기억이 나지 않아서 다시 읽게 되는 불상사를 방지할 수 있다.

불일치 유형
연습하기

Question 1 refers to the following article.

> The Pleasant Company representatives announced that ③ Megan A. Wilshire, its president and chief technology officer, will resign on December 22. The announcement added to the speculation that ④ the world's fifth-largest smartphone parts manufacturer could be bought within a few months. ⑤ Ms. Wilshire, 45, said she was stepping down from the position after more than seven years to spend more time with her family and to explore other opportunities.

1. ① What is NOT mentioned in the article?

　② (A) Ms. Wilshire has worked for the current company for over seven years.
　　(B) Ms. Wilshire will resign in December.
　　(C) The Pleasant Company is one of the leading smartphone manufacturers.
　　(D) ⑥ **The Pleasant Company is planning to acquire its competitor.**

STEP ①　질문에서 What is Not mentioned in the article? 을 보고 불일치 유형인 것을 확인하고, 키워드 없이 지문 전체의 내용에서 정답을 찾아야 한다는 것을 파악한다.

STEP ②　(A)~(D)를 읽고 각 보기의 키워드를 표시한다.

STEP ③　Megan A. Wilshire ~ will resign on December 22라는 문장에서 (B)의 내용을 확인한다.

STEP ④　the world's fifth-largest smartphone parts manufacturer could be brought within a few months.에서 언급된 the world's fifth-largest smartphone parts manufacturer가 이 기사문에서 언급 되고 있는 The Pleasant Company임을 알 수 있으므로 (C)의 내용이 사실임을 확인한다.

STEP ⑤　Ms. Wilshire ~ stepping down from the position after more than seven years에서 (A)의 내용을 확 인한다.

STEP ⑥　지문에서 확인되지 않고 남아 있는 보기 (D)를 정답으로 고른다. ④의 could be bought within months에서 The Pleasant Company가 경쟁사를 인수하는 것(to acquire)이 아니라 매각되는 것(be bought)이므로 (D) 의 내용은 지문의 내용에서 언급된 것이 아니다.

Word & Phrase

representative 명 대표자, 대리인, 직원 announce 통 발표하다, 알리다 president 명 대표, 회장 chief 형 최고위자인, 최 고의 resign 통 사임하다 speculation 명 추측 the world's fifth-largest 세계에서 5번째로 큰 manufacturer 명 제조 업체 within 전 ~이내에 step down (자리에서) 물러나다, 사임하다 position 명 직무, 직책 explore 통 탐험하다, 탐구하다 opportunity 명 기회 current 형 현재의 leading 형 주도하는, 선두의 acquire 통 인수하다 competitor 명 경쟁자, 경쟁업 체

해석 p.188

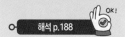

Question 2 refers to the following letter.

③ Dear Ms. Browning,

④ Thank you for your continued patronage of the Bellagio Theater in Las Palmas, California. Unfortunately, we cannot allow you to use your expired tickets for this month's showing. Per our telephone conversation, ⑤ I've enclosed four additional tickets for May 20 showing of *Downtown Angels* and reserved eight seats for your entire group. We do appreciate your patronage, and to show it, ⑥ I've also enclosed some complimentary beverage and souvenir tickets for your group. Also, just to note that another very popular musical will be showing next month, so please keep a watch out for that! Your OrangePay credit card ending in 1578 has been charged $100.

Jane Kim
Customer representative

2. ① What is NOT indicated about Ms. Browning?

② (A) She is planning to watch a performance in May.
(B) ⑦ **She has worked at Bellagio Theater.**
(C) She received free beverage coupons from the theater.
(D) She is a long-time supporter of Bellagio Theater.

STEP ① 질문에서 What is Not indicated about Ms. Browning? 을 보고 불일치 유형인 것을 확인하고, 키워드는 Ms. Browning이라는 것을 파악한다.

STEP ② (A)~(D)를 읽고 각 보기의 키워드를 표시한다.

STEP ③ Dear Ms. Browning을 보고 질문의 키워드가 이 편지의 수신인임을 확인한다. 지문에서 2인칭(you)로 지칭되는 사람은 모두 Ms. Browning에 관한 정보이므로 확인해야한다.

STEP ④ Thank you for your continued patronage of the Bellagio Theater에서 patronage가 상점, 식당 등 매장에 대한 '후원', '애용'이라는 의미이므로 보기 (D)가 사실임을 확인할 수 있다.

STEP ⑤ I've enclosed four additional tickets for the May 20 에서 이메일의 발신인 Jane Kim이 Ms. Browning에서 5월 20일의 티켓을 추가로 동봉하였다는 사실을 통해 Ms. Browning이 5월에 공연을 볼 것이라는 것을 알 수 있으므로 (A)는 지문과 일치하는 내용이다.

STEP ⑥ I've also enclosed some complimentary beverage and souvenir tickets for your group에서 (C)의 내용을 확인한다.

STEP ⑦ 지문에서 확인되지 않고 남아 있는 보기 (B)를 정답으로 고른다.

Word & Phrase

continued [형] 지속적인 **patronage** [명] 후원, 애용 **unfortunately** [부] 불행히도 ,안타깝게도 **allow** [동] 허용하다 **expired** [형] 만료된 **showing** [명] 상영 **per** [전] ~에 의해서, ~에 따라서 **conversation** [명] 대화 **enclose** [동] 동봉하다 **additional** [형] 추가의 **reserved** [형] 예약된 **seat** [명] 좌석 **entire** [형] 전체의 **appreciate** [동] 감사하다 **complimentary** [형] 무료의 **beverage** [명] 음료 **souvenir** [명] 기념품 **ending in** ~로 끝나는 **charge** [동] 청구하다 **customer representative** [명] 고객 서비스 직원

Questions 1-3 refer to the following memo.

FROM	Mark Aurelio
TO	Nancy Douglass, James R. Morgan, Michael Schulman
DATE	March 1
SUBJECT	[1] Office Spaces for New Branch

Hi Team,

First of all, I'd like to thank Michael for narrowing our search down to these options. [2D] It sounds like the last meeting was very productive. I'm sorry to have missed it. I'd hoped to have been able to attend, but a family emergency arose. Also, [1] it looks like I'm the last to comment on this discussion, so thanks for your patience.

Nancy, I understand your reservation about moving into an old building, but [2A] it's been recently renovated and it's ideally situated in the heart of downtown.

[2B] I also agree with James' idea that we should have a presence at the tech fair in Monterey. I'll try to look into it next week when I have the time. [3] Also, I am on my way to have lunch with a former colleague who participated in the fair before, so I will pick his brain about the pros and cons of attending. I will report my findings later.

Best,
Mark Aurelio, BuzzTube Associates

---

1. What is the **purpose** of the memo? ➡ 회람의 목적은 무엇인가?

(A) To discuss upcoming plans ➡ 다가오는 계획들에 대해 논의하는 것

(B) To apologize for an absence ➡ 불참에 대해 사과하는 것

(C) To appreciate some feedback ➡ 피드백에 감사하는 것

(D) To schedule the next meeting ➡ 다음 회의의 일정을 정하는 것

> **해설** 주제 및 목적은 제목과 첫 문단에서 대부분 알 수 있다. 제목이 '신규 지사를 위한 사무실 공간(Office Space for New Branch)'이고, 첫 문단에서 it looks like I'm the last to comment on this discussion이라고 하여 메모를 통해 자신의 의견을 알려주면서 논의를 하고 있다고 하였다. 따라서 정답은 (A)이다. 첫 문단에서 I'm sorry to have missed it. 이라고 하며 지난 회의(the last meeting)에 참석하지 못한 것을 언급하였지만, 제목이 이와 관련된 내용이 아니며, 두번째 문단부터는 회의에 불참한 것에 대해 언급되지 않고 향후의 계획에 대해 논의를 이어가고 있으므로 (B)는 오답이다.

해석 p.188

불일치 유형

2. What is NOT indicated about Mr. Aurelio? ➡ **Aurelio 씨에 명시되지 않은 것은 무엇인가? [키워드: Mr. Aurelio]**

(A) He thinks the building is conveniently located. ➡ **건물이 편리한 곳에 위치해 있다고 생각한다.**

(B) He thinks presenting at the tech fair is necessary. ➡ **기술 박람회에 참석하는 것이 필요하다고 생각한다.**

(C) He was promoted to sales manager last month. ➡ **지난 달에 판매 부장으로 승진하였다.**

(D) He could not participate in the most recent meeting. ➡ **가장 최근에 있었던 회의에 참석하지 못했다.**

[해설] Mr. Aurelio는 이 메모의 발신자이므로, 지문에서 1인칭(I)으로 가리키는 표현은 모두 Mr. Aurelio에 관련된 정보임을 유념하고 각각의 보기의 내용이 지문의 내용과 일치하는지 확인해야 한다. 두 번째 문단의 it's been recently renovated and it's ideally situated in the heart of downtown에서 (A)의 내용을 확인할 수 있고, 세 번째 문단의 I also agree with James' idea that we should have a presence at the tech fair in Monterey에서 (B)의 내용을 확인할 수 있다. 그리고 첫 번째 문단의 It sounds like the last meeting was very productive. I'm sorry to have missed it에서 Aurelio 씨가 지난 회의에 불참했다는 사실을 알 수 있으므로 (D)는 정답이 아니다. Aurelio 씨의 승진에 대해서 지문에서 언급되지 않았기 때문에 (C)가 정답이다.

세부사항

3. What will Mr. Aurelio do next? ➡ **Aurelio 씨가 다음에 할 일은 무엇인가? [키워드: Mr. Aurelio, do next]**

(A) Make a monthly sales report ➡ **월간 매출 보고서를 작성한다**

(B) Visit a conference room ➡ **대회의실을 방문한다**

(C) Meet a past co-worker ➡ **전(前) 직장동료를 만난다**

(D) Reschedule a medical check-up ➡ **의료 검진 일정을 재조정한다**

[해설] 마지막 문단의 Also, I am on my way to have lunch with a former colleague 에서 Aurelio 씨가 이전의 동료를 만나러 간다는 사실을 알 수 있다. a former colleague를 a past co-worker라고 나타낸 (C)가 정답이다.

Word & Phrase

space [명] 공간 **branch** [명] 지사, 지부 **first of all** 무엇보다도, 우선 **narrow down** [동] (선택 가능한 범위를) 좁히다 **option** [명] 선택사항 **productive** [형] 생산적인, 결실 있는 **miss** [동] 놓치다 **emergency** [명] 긴급상황, 비상사태 **arise** [동] 발생하다 **comment on** ~에 대해 의견을 말하다 **patience** [명] 인내 **reservation** [명] 예약 **renovate** [동] 개조하다, 수리하다 **ideally** [부] 이상적으로, 완벽하게 **situated** [형] 위치해 있는 **heart** [명] 중심부 **downtown** [명] 시내, 번화가 **agree with** ~의 의견에 동의하다 **have a presence** 참석하다 **fair** [명] 박람회, **be on one's way to** ~하러 가는 중이다 **former** [형] 이전의 **colleague** [명] 동료 **participate in** ~에 참석하다 **pick one's brain** ~에게 조언을 요청하다 **pros and cons of** ~의 장점과 단점 **report** [동] 보고하다 **findings** [명] 조사 결과 **upcoming** [형] 다가오는 **apologize for** ~에 대해 사과하다 **absence** [명] 불참, 결석, 부재 **appreciate** [동] 감사하다 **schedule** [동] 일정을 정하다 **conveniently** [부] 편리하게 **located** [형] 위치해 있는 **present** [동] 참석하다 **promote** [동] 승진시키다 **recent** [형] 최근의 **monthly** [형] 월간의, 월례의 **past** [형] 지난, 이전의 **co-worker** [명] 직장 동료 **reschedule** [동] 일정을 다시 정하다, 일정을 재조정하다, **medical check-up** 의료 검진

Questions 1-5 refer to the following online chat.

Carl Carabelli [12:49 P.M.]

Mr. Court, tomorrow's weather forecast says the storm should end by this Friday, so we should be able to get back to work on the hotel by then.

Gary Court [12:50 P.M.]

That's good news! I was afraid that this sudden storm would delay the construction a lot.

Carl Carabelli [12:50 P.M.]

It may still do so. The storm was exceptionally strong, so we will have to check to see how much the storm has damaged the current structure. I will have to do an assessment and give you a new approximation for the finish date and cost.

Gary Court [12:51 P.M.]

That's disappointing news. You do understand that if the cost is too high or too delayed, I will have to consider hiring another contracting company?

Carl Carabelli [12:52 P.M.]

We've been working together for more than ten years; there's no need to start that kind of talk. Wait until, I've made my assessment and then we can go from there.

Gary Court [12:54 P.M.]

You're right.

1.   What kind of company does Mr. Carabelli work in?

(A) A construction company

(B) A painting company

(C) A consulting company

(D) A carpeting company

2.   What is NOT indicated in the conversation?

(A) The sudden storm delayed facility renovations.

(B) Mr. Carabelli is not certain when the construction will finish.

(C) Mr. Carabelli needs to move his headquarters.

(D) Mr. Carabelli has worked with Mr. Court for a long time.

3.   What will Mr. Carabelli do next?

(A) Revise a contract

(B) Visit a site

(C) Make a presentation

(D) Watch a performance

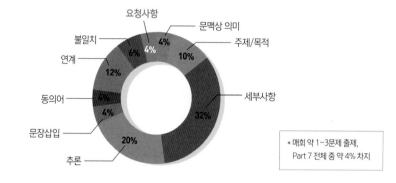

* 매회 약 1~3문제 출제,
  Part 7 전체 중 약 4% 차지

▶ Introduction

이메일, 편지, 메모, 메시지 등 이런 종류의 글은 상대방에게 정보를 전달하는 것 외에, 상대방에게 요청이나 부탁을 목적으로도 쓰입니다. 요청이나 부탁의 특성상 글의 마지막 부분에 글을 읽는 사람에게 어떠한 행동을 해주기를 바란다는 말로 글이 마무리되는 경우가 많습니다. 따라서 글쓴이의 요청사항은 글의 마지막 부분의 요청의 표현을 중점적으로 읽는 것이 좋습니다.

▶ 요청사항 유형 질문 예시

- **What is Mr. Kim asked to do?**
  Kim 씨는 무엇을 하도록 요청 받는가?

요청사항의 질문 유형은 What ~ asked to do?가 포함되는 경우가 대부분이며, 지문의 마지막 부분에 정답의 단서가 있기 때문에 문제 순서 또한 마지막에 위치하고 있습니다.

요청사항 유형 질문 공략하기

Key Point 1 질문에서 언급되는 사람 이름에 주목한다.

요청사항 질문에 대한 단서는 지문에서 질문에서 언급된 사람에 대한 정보는 이름 대신에 지문 속에서 직업이나 직장에서의 직책 등으로 언급되기도 하기 때문에 질문에 언급된 사람의 이름에 관련된 정보를 찾아야 한다.

Key Point 2 요청사항을 나타내는 표현을 통해 요청사항을 파악한다.

[요청사항의 표현]

명령문 (Please + 동사원형)	~해주세요
Could you ~? Can you~?	~해주실 수 있습니까? ~해줄 수 있나요?
I want you to 동사원형 I need you to 동사원형	당신이 ~해주기를 원합니다.
You should 동사원형 You must 동사원형	당신은 ~해야 합니다.
You could 동사원형 if you ~	만약 ~한다면 당신은 ~할 수 있을 것입니다.

지문에서 위와 같은 표현은 상대방에게 요청/부탁하는 내용을 포함하는 문장에 쓰이기 때문에 숙지하면 요청사항 유형을 더욱 쉽게 풀 수 있다.

요청사항 유형 연습하기

Question 1 refers to the following letter.

② Dear Mr. Prescott,

I'm an avid gardener and a recent retiree, so I have lots of time on my hands. I would be interested in writing a gardening advice column for your newsletter. ③ Could you send me more information about what that would entail?

Bravo for all your hard work!

Sincerely,
Kelly Teigen

1. ① What is Mr. Prescott asked to do?
(A) Purchase some ad space
(B) Submit an article
(C) ④ Send additional information
(D) Apply for a landscaping position

STEP ① 질문에서 What ~ asked to do? 를 보고 요청사항 유형인 것을 확인하고, 사람 이름인 Mr. Prescott을 키워드로 파악한다.

STEP ② Mr. Prescott이 편지의 수신인임을 확인한다.

STEP ③ 지문의 마지막 부분에서 요청사항 표현인 Could you~?로 시작하는 Could you send me more information about what that would entail?에서 Prescott 씨가 요청받는 것이 소식지에 컬럼을 쓰는 것에 필요한 것이 무엇인지에 대한 더 많은 정보라는 것을 알 수 있다.

STEP ④ 지문에서 more information이 요청되었으므로 이를 additional information이라고 다르게 표현한 (C)가 정답이다.

Word & Phrase

avid [형] (취미에) 열심인, 열렬한 **gardener** [명] 원예애호가, 정원사 **retiree** [명] 퇴직자, 은퇴자 **time on one's hands** 여가 시간 **column** [명] (신문, 잡지의) 정기 기고란, 칼럼 **entail** [동] 수반하다 **purchase** [동] 구매하다 **ad** [명] 광고 **space** [명] 공간 **submit** [동] 제출하다 **additional** [형] 추가의, 추가적인 **apply for** ~에 지원하다, 신청하다 **landscaping** [명] 조경 **position** [명] 자리, 직위

해석 p.189

Question 2 refers to the following e-mail.

② **TO** : Nathan West <nw100@wingmail.com>
FROM: : Lori Spalding <lspalding@execcareer.com>
DATE : August 1
SUBJECT : Career Fair Admission

Dear Mr. West,

Thank you for your inquiry about the Executive Career Fair on August 10. As of yesterday, the event has sold out. We are no longer offering advance registration. However, there are always some people who, at the last minute, are unable to attend, so we do hold some waiting list spots open until 11 A.M. on the day of the event.

To be eligible for one of these tickets, ③ you must be present early on the day of the event to add your name to the waiting list. We will inform you by 11 A.M. whether you will be able to gain access to the Career Fair.

Lori Spalding, Administrator
Executive Career Fair

2. ① What is Mr. West asked to do?

(A) Register online in advance
(B) Submit a résumé
(C) Respond to the message
(D) ④ Arrive at the fair early

STEP ① 질문에서 What ~ asked to do? 를 보고 요청사항 유형인 것을 확인하고, Mr. West를 키워드로 파악한다.

STEP ② Mr. West가 편지의 수신인임을 확인한다.

STEP ③ 지문의 마지막 부분에서 요청사항 표현인 〈you must + 동사원형〉으로 시작하는 문장인 you must be present early on the day of the event에서 Ms. Spalding이 Mr. West에게 행사일에 일찍 참석해야 한다고 언급한 것을 확인한다.

STEP ④ 여기서 언급한 the event는 제목과 첫 문장에 언급된 the Executive Career Fair이므로, Mr. West가 요청받는 것은 fair에 일찍 도착해야 한다는 것이다. 따라서 (D)를 정답으로 고른다.

Word & Phrase

career [명] 직업, 경력 **fair** [명] 박람회 **admission** [명] 입장 **inquiry** [명] 문의, 질문 **as of** ~현재로 **be sold out** 매진 되다 **no longer** 더 이상 ~ 하지 않다 **advance** [형] 사전의 **registration** [명] 등록 **unable to do** ~할 수 없는 **waiting list** [명] 대기자 명단 **spot** [명] 자리 **eligible** [형] 자격이 있는 **present** [형] 참석한 **early** [부] 일찍 **inform** [동] 알리다, 고지하다 **whether** [접] ~인지 아닌지 **gain access to** ~에 입장하다 **administrator** [명] 관리자, 행정관 **résumé** [명] 이력서

Questions 1-3 refer to the following memo.

FROM	David Nguyen <d_nguyen@flashmail.com>
TO	Customer Service <customer_service@mayclothing.com>
DATE	April 23
SUBJECT	Parking

Dear Customer Services,

I'm very interested in attending your sale on Saturday. ③ **I'm an avid knitter and I'm opening my own shop,** so I would very much like to purchase a great deal of your stock—especially your retail equipment and displays. ① **Do you think it would be possible for me to arrange a private appointment beforehand to inspect the items on April 26 and then pick them up on April 29?**

I also don't know that area very well. ② **Could you provide some more information about how to get there?** I'm also worried about the parking situation. I will be picking up very heavy items, so I want to be able to park close to the store.

Best,

David Nguyen

주제 및 목적

1. What is the **purpose** of the e-mail? ➡ 이메일의 목적은 무엇인가?

    (A) To advertise a product launch ➡ 제품 출시를 광고하는 것

    (B) To inquire about an appointment ➡ 예약에 관해 문의하는 것

    (C) To promote a sale ➡ 할인 판매를 홍보하는 것

    (D) To complain about a service ➡ 서비스에 대해 불만을 제기하는 것

> **해설** 이메일의 목적은 첫 문단에서 확인할 수 있다. 첫 문단에서 Do you think it would be possible for me to arrange a private appointment ~라는 문장에서 이메일을 쓴 사람이 private appointment에 관해 문의하기 위해서 이메일을 썼다는 것을 알 수 있다. 따라서 정답은 (B)이다.

해석 p.190

요청사항

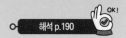

2. What is **Customer Services asked to do**?
➡ 고객 서비스가 요청받는 것은 무엇인가? [키워드: Customer Services asked to do]

(A) Send parking passes **➡ 주차권을 보내는 것**
(B) Provide directions **➡ 방향을 알려주는 것**
(C) Attend a seminar **➡ 세미나에 참석하는 것**
(D) Share a Web site link **➡ 웹사이트 링크를 공유하는 것**

[해설] 지문의 뒷부분에서 요청사항을 나타내는 표현을 찾아보면 Could you provide some more information about how to get there?라는 문장을 확인할 수 있다. 이 문장의 내용에 따르면 이메일의 발신자가 '그곳에 어떻게 가는지' 정보를 알려 달라는 것을 부탁하고 있으므로 이메일 수신자인 Customer Services는 매장으로 오는 길을 요청 받고 있다. 따라서 정답은 (B)이다.

추론문제

3. What is suggested about **Mr. Nguyen**? **➡ Nguyen 씨에 대해 알 수 있는 것은 무엇인가? [키워드: Mr. Nguyen]**

(A) He will be out of town this weekend. **➡ 이번 주말에 외지에 나가 있을 것이다.**
(B) He usually purchases items online. **➡ 보통 온라인으로 물품을 구매한다.**
(C) He knows an employee at May Clothing Store. **➡ May Clothing Store의 직원 한 명을 알고 있다.**
(D) He is about to be a storeowner. **➡ 곧 매장 소유주가 될 것이다.**

[해설] 키워드인 Mr. Nguyen은 이메일의 발신자이므로 이메일에서 1인칭(I)으로 지칭하는 내용을 모두 Mr. Nguyen에 관한 정보로 확인한다. 두 번째 문장 I'm an avid knitter and I'm opening my own shop 에서 Mr. Nguyen이 자기 자신만의 매장을 열 것이라고 하였으므로, 그가 곧 매장의 소유주가 될 것이라는 것을 유추할 수 있다. 따라서 정답은 (D)이다.

Word & Phrase

be interested in ~ing ~하는 것에 관심이 있다 **attend** [동] 참석하다 **sale** [명] 할인 판매 **avid** [형] (취미에) 열심인, 열렬한 **a great deal of** 많은 양의 **stock** [명] (상점의) 재고품 **retail** [명] 소매 **equipment** [명] 장비 **display** [명] 전시물, 진열품 **arrange an appointment** (방문) 예약하다, 약속을 정하다 **beforehand** [부] 사전에, 미리 **inspect** [동] 점검하다 **be worried about ~**에 대해 염려하다 **park** [동] 주차하다 **close to** ~에 가까이 **advertise** [동] 광고하다 **product** [명] 상품, 제품 **launch** [명] (상품의) 출시 **inquire** [동] 문의하다 **appointment** [명] 예약, 약속 **promote** [동] 홍보하다 **complain** [동] 불만을 제기하다 **parking pass** 주차권 **directions** [명] 방향, 이동 위치 **share** [동] 공유하다 **be out of** ~에서 나가 있다 **purchase** [동] 구매하다 **employee** [명] 직원 **be about to do** 막 ~하려는 참이다, 곧 ~할 것이다

Questions 1-3 refer to the following advertisement.

Good Times Magazine

Good Times Magazine, in print since 2008, is looking for food writers! Previous experience isn't necessary, only an adventurous spirit and a love for food and writing!

What *Good Times Magazine* is about:
More Southern Californians turn to *Good Times Magazine* than any other publication in the area for our extensive music, sports, travel, and food coverage. With a circulation of about half a million, *Good Times Magazine* is a publication with a stellar reputation. We either don't pay or don't pay much, so if you join us, it will be because you love what you do.

If you're interested, please send a writing sample and a little information about yourself to food@goodtimesmagazine.com by May 25 and we will consider adding your application.

1. What is the purpose of the advertisement?

   (A) To recruit staff
   (B) To promote a sponsor
   (C) To announce upcoming changes
   (D) To discuss a trend in food journalism

2. What is suggested about *Good Times Magazine*?

   (A) It was founded three decades ago.
   (B) It is well-known among California residents.
   (C) Employees receive comparative salaries.
   (D) It has several branch offices.

3. What are interested individuals asked to do?

   (A) Attend a seminar
   (B) Complete a survey
   (C) Participate on a message board
   (D) Submit a sample

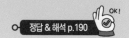

Questions 4-5 refer to the following invitation.

We are pleased to invite you, as an alumnus and supporter of Gladstone University, to a special celebration recognizing the continued support of some of our most successful graduates.

Sunday, August 28
The Gathering Hall of the Central Convention Center
2460 Fremont Avenue
West Falls

1:00 P.M.
Lunch, including a buffet and a selection of cocktails

2:30 P.M. Fun and Games
A selection of entertainment and activities for attendees hosted by Dean Williams

5:00 P.M. Recognition of Former Alumni
Grateful acknowledgement of past graduates who have supported the university and its causes throughout the years

The university will be pleased to accept any donations for the university to ensure the highest level of education for future generations. Funds will also be used for the upkeep of university facilities.

Please inform us of your intention to attend the celebration, including the number of people in your party, by visiting www.gladstoneuniversity.edu.

4. What is the purpose of the event?

(A) To recruit staff to fill positions at an educational institute

(B) To raise money for a local charitable foundation

(C) To thank some former students of a university

(D) To encourage potential students to enroll in a course

5. What are individuals wishing to attend the event asked to do?

(A) Send back the invitation

(B) Respond to a survey

(C) Contact the event venue

(D) Visit a Web site

▶ Part7질문 유형

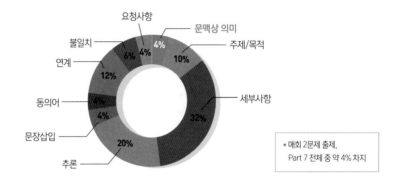

요청사항 4%
문맥상 의미 4%
주제/목적 10%
불일치 6%
연계 12%
동의어 4%
문장삽입 4%
추론 20%
세부사항 32%

* 매회 2문제 출제,
Part 7 전체 중 약 4% 차지

▶ Introduction

문맥상 의미를 물어보는 질문의 유형은 단순히 단어의 뜻이나 문장의 뜻을 묻는 것이 아니라 대화에서 화자의 말이 의미하는 것을 문맥에 따라 파악할 수 있는지를 묻는 유형입니다. 따라서 어휘 실력이나 해석 실력과 함께 화자가 말한 의도를 대화 상황에 맞게 알아내야 하는 능력도 요구되는 유형입니다. 다음 예제를 보시죠.

> Ⓐ 오늘 거래처에 물품을 배달해야 하는데 비가 많이 오네.
>
> Ⓑ 그러게, 운전하기 어려운 날씨야.
>
> Ⓐ Kim이 고생하겠네.

Q. Ⓐ 가 "Kim이 고생하겠네"라고 말한 의미는 무엇인가?
  (A) Kim은 얼마 전에 입사하였다.
  (B) Kim은 오늘 배달을 할 것이다.
  (C) Kim은 B와 함께 일을 해야 한다.
  (D) Kim은 이 회사에서 가장 많은 일을 한다.

위 대화에서 유추해볼 때, Kim이 배달을 할 것이기 때문에 A가 "Kim이 고생하겠네"라고 말했다는 것을 알 수 있으므로 정답은 (B)입니다. "Kim이 고생하겠네"라는 문장만으로는 그 의미를 알 수 없고, 앞서 A와 B가 나눈 대화를 모두 읽고 문맥을 이해해야 정답을 고를 수 있습니다. 이렇게 문맥상 의미를 물어보는 질문은 해당 문장의 앞에서 어떤 내용이 언급되었는지를 파악해야 정답을 고를 수 있습니다.

▶ 문맥상 의미 유형 질문 예시

• At 10:26 A.M., **what does** Mr. Nam **most likely mean when he writes** "Why not?"
  Nam 씨가 "Why not?"이라고 쓴 의미는 무엇인가?

문맥상 의미를 찾는 질문 유형은 what does ~ most likely mean when he/she writes ~?으로만 출제되며, 편지나 이메일이 아닌 온라인 논의(online discussion), 문자 메시지(text massage chain) 등 인스턴트 온라인 대화 종류의 지문에서만 출제됩니다.

문맥상 의미 유형 질문 공략하기

Key Point 1 　질문에 언급된 문장을 지문에서 찾는다.

문맥상 의미를 찾아야 하는 문장은 단어를 알아도 자연스러운 해석이 되지 않는 관용적인 표현이 대부분이며, 그 외에 대명사가 쓰인 문장도 자주 출제된다.

 문맥상 의미 유형에 등장하는 표현

표현	공략법
Of course / Certainly / Absolutely / Sure thing (물론이지 / 당연하지 / 확실히 그래)	상대방의 요청/부탁/질문에 대한 긍정 표현이므로 앞 문장의 내용을 반드시 파악해야 한다.
It's not a problem. (전혀 문제가 안됩니다. / 괜찮습니다.)	상대방이 실수를 하였거나 사과를 할 때, 또는 양해를 구할 때에 대한 답변으로, 상대방이 한 행동을 긍정하는 내용의 보기를 찾는다.
That would help. (그게 도움이 될 겁니다.)	상대방의 제안을 기꺼이 수락하는 표현이므로 상대방이 어떤 제안을 했는지 확인한다.
I'll find out. (제가 알아볼게요.)	상대방이 잘 모르겠다고 하거나 상대방의 요청/부탁에 대해 자신이 직접 알아보겠다고 하는 것이므로 상대방이 말한 내용을 반드시 파악해야 한다.
No doubt. (확실히 그렇죠.)	상대방의 말에 대한 전적인 동의를 나타내므로, 상대방이 한 말이 무엇인지 확인한다.
Here we go. (이제 시작이네.)	어떠한 문제에 대해 해결책을 논의하던 중에 그 문제가 해결되었을 때 쓰이는 표현으로, 지문에서 언급된 문제가 해결되었음을 나타내는 보기를 찾는다.

Key Point 2 　해당 문장의 앞, 뒤의 내용을 읽고 해당 문장이 언급된 문맥을 파악한다.

문맥상의 의미를 찾기 위해서 반드시 해당 문장의 앞/뒤 맥락을 살펴야 한다. 앞/뒤의 맥락이 긍정/부정, 수락/거절인지 등을 확인하여 문맥을 파악하여 해당 문장의 의미를 유추한다.

Key Point 3 　해당 문장이 언급된 문맥을 파악한 후, 네 개의 보기를 순서대로 읽는다.

네 개의 보기를 읽으며 문맥과 일치하지 않는 것을 소거하면서 정답을 찾는다. 이 때, 보기의 문장을 잘못 해석하여 오답을 고르는 경우가 있으니 마지막 보기까지 정확하게 해석해야 한다.

문맥상 의미 유형 연습하기

Question 1 refers to the following text message chain.

Mary Keith [3:24 P.M.]
Hi, Julia, I have a question about accessing the materials on the Web site. Unfortunately, I can't seem to find them. ③ Would it be possible for you to send me a direct link?

Julia Frank [3:25 P.M.]
② Of course!

Mary Keith [3:26 P.M.]
Thanks so much.

1. At 3: 25 P.M., ① what does Ms. Frank most likely mean when she writes, "Of course"?

(A) ④ She can do Mary a favor.
(B) She can revise the attached files.
(C) She can contact a technician.
(D) She can postpone a phone call.

STEP ① 질문에서 what does ~ most likely mean when she writes, ~"?를 보고 문맥상 의미 유형인 것을 확인한다.

STEP ② 지문에서 "Of course"의 위치를 파악한다.

STEP ③ 오후 3시 24분에 Mary Keith가 마지막에 언급한 Would it be possible for you send me a direct link?에서 Mary Keith의 요청사항이 direct link를 보내 달라는 것임을 확인한다.

STEP ④ Of course는 상대방의 요청/부탁/질문에 대한 긍정의 표현이므로, Mary Keith의 요청을 들어주겠다는 의미이다. 이와 같은 내용을 표현한 (A)를 정답으로 고른다.

Word & Phrase

access [동] ~에 접근하다 **unfortunately** [부] 불행히도, 안타깝게도 **seem to + 동사원형:** ~하는 것 같다 **direct** [형] 직접적인 **do ~ a favor** ~의 부탁을 들어주다. **revise** [동] 수정하다 **attached** [형] 첨부된 **technician** [명] 기술자 **postpone** [동] 연기하다, 미루다

해석 p.192

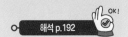

Question 2 refers to the following online chat discussion.

ALISHA BOOTH 4:15 P.M.
Steve, I'll be coming into the office this Saturday to install new software on all our work computers. It's a big task, so I'm wondering if you're free.

STEVE FINNAN 4:18 P.M.
Oh… Well, ③ let me just check if I have any plans this weekend. If not, you can count on me.

ALISHA BOOTH 4:20 P.M.
Thanks, that's a huge relief. We'd be able to do the job in half the time.

STEVE FINNAN 4:22 P.M.
② I've got nothing on. What time were you thinking of starting?

ALISHA BOOTH 4:23 P.M.
I'll get here at 8 A.M. sharp. Hopefully we can get it wrapped up by lunchtime.

2. At 4:22 P.M., ① what does Mr. Finnan most likely mean when he writes, "I've got nothing on"?
(A) He is not knowledgeable on a subject.
(B) ④ He has some free time in his schedule.
(C) He has turned off some electronic devices.
(D) He is not currently working in the office.

STEP ① 질문에서 what does ~ most likely mean when he writes, ~"?를 보고 문맥상 의미 유형인 것을 확인한다.

STEP ② 지문에서 "I've got nothing on"의 위치를 파악한다.

STEP ③ 오후 4시 18분에 Finnan 씨의 메시지 "let me just check if I have any plans this weekend. If not, you can count on me."라고 하여 자신이 이번 주말에 계획이 있는지 확인하고, 없다면 Booth 씨에게 자신에게 (그 일을) 맡기라고(count on me) 한 것을 확인한다.

STEP ④ 주말에 계획이 있는지 확인해보겠다고 말한 후에 '나에게 아무것도 없어(I've got nothing on)'이라고 말하였다. 이것은 그가 주말에 계획이 아무것도 없다는 의미이므로, '일정상 자유시간이 있다'는 의미의 (B)를 정답으로 고른다.

Word & Phrase

install [동] 설치하다, 심다 **task** [명] 업무, 일 **count on me** 내게 맡기세요 **huge** [형] 거대한, 큰 **relief** [명] 안도, 안심 **in half the time** 절반의 시간에 **have got nothing on** (~에게) 가진 것이 아무것도 없다 **hopefully** [부] 바라건대, ~하기를 바라는 마음으로 **get ~ wrapped up** ~을 마무리 짓다 **knowledgeable** [형] 박식한, 잘 아는 **subject** [명] 주제 **turn off** ~을 끄다 **electronic device** [명] 전자 기기 **currently** [부] 현재

Questions 1-2 refer to the following text message chain.

Tammy Wakefield [1:00 P.M.]

Hi, Sookie, I'm still at catering trying to fix our food emergency. [1] Can you start decorating and setting up the tables? You have the design plans and instructions already, right?

Sookie Crawford [1:02 P.M.]

[1] Certainly, I'll head out now and handle it.

Tammy Wakefield [1:03 P.M.]

Fantastic. [2] The wedding isn't until 6:00 P.M., but I'd like to have the reception space set up early.

Sookie Crawford [1:04 P.M.]

The reception is in the garden, right?

Tammy Wakefield [1:05 P.M.]

Yes, and the ceremony will be in the converted barnyard. The special decorations are in the office supply room and they are very heavy, so you'll need my help.

Sookie Crawford [1:06 P.M.]

Actually, Johnny is in the office. I think we could handle it ourselves. Would you like me to bring them over to the wedding location earlier?

Tammy Wakefield [1:07 P.M.]

That would be wonderful! That would solve so many of my problems.

Sookie Crawford [1:08 P.M.]

I'll go get Johnny and get started on everything.

Tammy Wakefield [1:07 P.M.]

Thanks, see you soon.

문맥상 의미

1. At 1:02 P.M., what does Ms. Crawford most likely mean when she writes, "Certainly"?
➡ **오후 1시 2분에, Crawford 씨가 "Certainly"라고 말한 의미는 무엇인가?**

(A) She is willing to go on a business trip. ➡ **기꺼이 출장을 갈 것이다.**
(B) She already did what Mr. Wakefield requested. ➡ **이미 Wakefield 씨가 요청한 것을 하였다.**
(C) She has time to set up tables. ➡ **테이블에 식사 준비를 해 놓을 시간이 있다.**
(D) She already approved the design plans. ➡ **이미 디자인 계획을 승인하였다.**

[해설] Certainly는 상대방의 요청/부탁에 대한 긍정의 표현이므로 상대방이 어떤 요청을 하였는지 찾아봐야 한다. 오후 1:00에 Wakefield 씨의 메시지에서 Can you start decorating and setting up the tables?라는 요청의 문장을 확인할 수 있다. 따라서 Crawford 씨는 테이블의 장식과 식사 준비를 해 달라는 Wakefield 씨의 요청을 받아들인다는 의미로 Certainly라고 말한 것이므로, 보기 (A)~(D) 중에서 '테이블에 식사 준비를 해 놓을 시간이 있다'는 의미의 (C)가 정답이다.

세부사항

2. What is mentioned about the reception? ➡ **연회에 대해 언급된 것은 무엇인가? [키워드: the reception]**

(A) It will be held in a converted barnyard. ➡ **개조된 헛간 앞뜰에서 열릴 것이다.**
(B) It should be ready before 6 P.M. ➡ **오후 6시 이전에 준비되어야 한다.**
(C) It will be relocated due to inclement weather. ➡ **악천후로 인해 장소가 이전될 것이다.**
(D) It is conveniently located. ➡ **편리한 곳에 위치해 있다.**

[해설] 지문에서 키워드인 the reception이 언급된 부분을 먼저 찾아본다. 오후 1시 3분 Wakefield 씨의 메시지, "The wedding isn't until 6:00 P.M., but I'd like to have the reception space set up early."에서 the reception이 언급된 것을 확인할 수 있다. 여기서 Wakefield 씨는 결혼식은 6시부터이지만 연회(the reception) 장소에서의 준비는 일찍 끝내고 싶다고 하였으므로, 연회 준비는 6시 이전에 끝날 것임을 알 수 있다. 따라서 정답은 (B)이다. 오후 1시 5분 Wakefield 씨의 메시지, "the ceremony will be in the converted barnyard."에서 the ceremony는 the reception이 아니라 결혼식(the wedding ceremony)을 말하는 것이기 때문에 (A)는 오답이다.

Word & Phrase

catering [명] 음식 공급, 출장 요리 서비스 **fix** [동] 해결하다 **emergency** [명] 긴급 상황 **decorate** [동] 장식하다 **set up a table** 식사를 할 수 있도록 테이블을 마련하다 **instruction** [명] 설명, 지시 **certainly** [부] 그럼요, 물론이지요 **head out** (~으로) 향하다 **handle** [동] 처리하다 **wedding** [명] 결혼식 **have** 목적어 **p.p.** ~를 ~되게 하다 **reception** [명] 축하 연회 **ceremony** [명] 의식, 행사 **converted** [형] 개조된 **barnyard** 헛간의 앞뜰 **decoration** [명] 장식물 **location** [명] 장소, 위치 **solve** [동] 해결하다 **get started** 시작하다 **go on a business trip** 출장 가다 **request** [동] 요청하다 **approve** [동] 승인하다, 허가하다 **relocate** [동] 이전하다 **inclement weather** 악천후, 좋지 않은 날씨

Questions 1-4 refer to the following text message chain.

Jo Brand [5:49 P.M.]

Hey Fred, have you checked your e-mail today? Stephen sent you an e-mail this morning asking for an update about how the book writing is going. He's been wondering if he'll hear back from you.

Fred Macaulay [5:50 P.M.]

Oh no, Jo. I've been away from my phone for the past few hours. You know how I like to spend my mornings being unplugged from everything electronic. Do I need to reply to Stephen right away?

Jo Brand [5:50 P.M.]

No, I can handle it. I'll let him know. He just wanted to check in to make sure that the next installment of the Cheddar the Super Dog series was on track. Your fans get so drastically unhappy when your books are delayed.

Fred Macaulay [5:51 P.M.]

It's coming along well, unlike my last book. The characters there were so unpredictable. This one, I don't see any delays coming.

Jo Brand [5:52 P.M.]

That's good. I think Stephen was also concerned how things were going with you and your new editor. He hasn't had much experience in this field.

Fred Macauley [5:54 P.M.]

No, he hasn't, but in a good way. His enthusiasm for his work is invigorating. I think he'll have a long career ahead of him. I wouldn't mind working with him again.

Jo Brand [5:55 P.M.]

That's good. I'll update Stephen. Have a good evening, Fred!

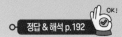

1. What did Stephen do earlier today?

   (A) He sent an e-mail.
   (B) He revised an agreement.
   (C) He ordered additional papers.
   (D) He interviewed a candidate.

2. At 5:50 P.M., what does Mr. Brand most likely mean when he writes, "No, I can handle it"?

   (A) He will send an e-mail to the Human Resources Department.
   (B) He will contact Mr. Stephen for Mr. Macauley.
   (C) He will assist Mr. Stephen with taking inventory.
   (D) He will be in charge of the new employee training session.

3. What is Mr. Macauley's job?

   (A) Publisher
   (B) Accountant
   (C) Architect
   (D) Author

4. What is suggested about Mr. Macauley's editor?

   (A) He recently took some time off.
   (B) He lives in a different country.
   (C) He is newly hired.
   (D) He won several awards.

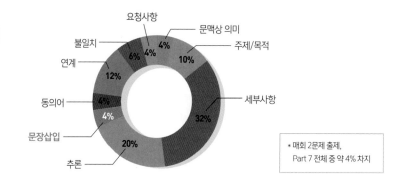

▶ Part 7 질문 유형

요청사항 4%
문맥상 의미 4%
불일치 6%
주제/목적 10%
연계 12%
세부사항 32%
동의어 4%
문장삽입 4%
추론 20%

* 매회 2문제 출제,
Part 7 전체 중 약 4% 차지

▶ Introduction

문장삽입 문제! 특히 토익 뿐만 아니라 다른 영어 시험에서도 문장을 삽입하는 유형의 문제 출제될 만큼 독해 문제 중에서는 보편적인 유형입니다. 지문 전체를 읽으면서 해당 문장이 들어갈 알맞은 위치를 찾는 것은 지 문 전체의 문맥에 대한 이해와 문장 간의 연결 구조 파악이 필수적이기 때문에 그만큼 독해 실력을 평가하기 에 적합한 문제 유형입니다.

▶ 문장 삽입 유형 질문 예시

- **In which of the positions marked [1], [2], [3], and [4] does the following sentence best belong?**
  [1], [2], [3], 그리고 [4]로 표시된 곳 중에서 다음 문장이 들어가기에 가장 알맞은 곳은 어디인가?

문장 삽입 유형의 질문은 이러한 문장으로만 출제되며, 이 질문의 유형 외에도 지문에 [1], [2], [3], [4]와 같은 번호가 표시되어 있기 때문에 문장 삽입 문제가 있다는 것을 쉽게 확인하실 수 있습니다. 이 질문에서 중요한 것은 다음에 나타나는 삽입될 문장이기 때문에, 위 질문의 형태가 문장 삽입 문제라는 것을 알아두시기 바랍 니다.

WH 세부사항 질문 공략하기

Key Point 1 **삽입될 문장을 꼼꼼히 해석한다.**

동사의 시제, 연결어(접속사, 접속부사), 지시어(this/these, that/those, the + 명사)에 유의하여 해당 문장을 정확하게 해석해야 한다. 특히 문맥상 대명사나 지시어가 문장 삽입의 위치 선정에 가장 큰 단서로 활용된다.

 문장 삽입 유형에 쓰이는 표현

표현	공략법
대명사 (I / you / he / she / it / they 등) this / these / that / those / the + 명사	앞서 언급된 명사를 다시 지칭하기 위해 쓰이는 표현이므로 이 표현이 앞서 언급된 명사 중 어떤 명사를 가리키는지 반드시 파악해야 한다. 단수명사인지 복수명사인지 반드시 구분할 것.
However / Nevertheless / But / Although ~	반전, 역접의 연결어이므로 삽입 문장의 내용과 상반된 내용이 이어지다가 삽입 문장의 내용과 동일한 내용으로 전환되는 지점이 삽입 문장이 들어갈 위치이다.
In addition / Furthermore / Also	추가, 부연 설명의 연결어이므로, 지문에서 설명/주장하는 대상이 변경되거나 동일한 내용이지만 설명하는 대상이 달라지는 지점이 삽입 문장이 들어갈 위치이다.
Therefore / Thus / Consequently / As a result	결과를 나타내는 연결어이므로 앞서 설명한 내용의 결론, 또는 결과가 언급되는 지점에 삽입 문장이 들어가야 한다. 그러한 지점은 대부분 지문의 후반부에 위치한다.

Key Point 2 **삽입될 문장에서의 키워드를 파악한다.**

고유명사, 특정 정보를 나타내는 명사일 경우에 키워드로 활용된다. 지문에서 해당 키워드가 언급된 문장을 찾아서 꼼꼼하게 읽고 해석하여 삽입될 문장과의 의미 관계(역접/추가/결과 등)를 파악해야 한다.

Key Point 3 **적절한 삽입 위치를 찾았다면 전체 지문을 읽어보면서 해당 지점에 삽입될 문장이 자연스럽게 이어지는지 확인한다.**

삽입될 문장의 키워드가 앞/뒤 문장과 연결되는지, 지시어, 연결어 등의 사용이 적절한지를 체크하면서 읽어야 한다.

Question 1 refers to the following notice.

–[1]– ③ We are taking two great brands and merging them together. –[2]– ③ This is to create a new brand that keeps the best of what each individual brand had to offer under one company name.

–[3]– ④ While this represents a change from our initial brand name, it does not change the quality of the products that we offer. Furthermore, we promise to continue providing our same excellent standard of service. –[4]–

1. ① In which of the positions marked [1], [2], [3], and [4] does the following sentence best belong?
② "We hope the merger does not create any confusion among our loyal customers."

(A) [1]

(B) [2]

(C) [3]

(D) [4]

STEP ① 질문에서 In which of the positions marked [1], [2], [3], and [4] does the following sentence best belong?을 보고 문장 삽입 유형인 것을 확인한다.

STEP ② 삽입될 문장을 해석하여 의미를 확인하고, 지시어, 연결어 등을 파악한다. 해당 문장은 "우리는 그 합병이 우리의 단골 고객들 중에서 그 어떤 혼란을 야기하지 않기를 바란다"는 내용이며, 여기서 the merger가 가리키는 것이 언급된 부분을 찾아본다. 이 글의 주제가 두 브랜드의 합병이므로 [1]을 제외한 모든 위치에서 the merger가 언급될 수 있으므로 삽입될 문장의 내용인 "단골 고객에게 혼란을 일으키지 않길 바란다"는 내용에 맞는 위치를 찾아본다.

STEP ③ [2]의 앞문장은 합병에 대해 처음 언급하였고 뒷문장은 합병의 목적/이유를 설명하고 있으므로 적절하지 않다.

STEP ④ [3]은 문단이 시작하는 위치이며, 뒷문장에 최초의 브랜드명이 바뀌지만, 제품의 질은 변하지 않는다는 내용으로 합병으로 인해 발생할 수 있는 혼란에 대한 예시로 제품의 질(the quality of the products)을 언급하였다. 따라서 삽입될 문장은 [3]에 들어가는 것이 가장 적절하다. [4]는 글의 마지막 부분인데, 해당 문장은 글을 마무리 짓는 내용과는 거리가 멀다.

Word & Phrase

brand 명 브랜드, 상품명 merge 동 합병하다 create 동 만들다 offer 동 제공하다 under a name ～이름 하에, ～이름으로 represent 동 제시하다, 나타내다 change 명 변화 initial 형 최초의, 처음의 quality 명 (품)질 product 명 상품, 제품 furthermore 부 더욱이, 게다가 promise 동 약속하다 provide 동 제공하다 excellent 형 우수한, 훌륭한 standard 명 기준 merger 명 합병 confusion 명 혼란, 혼동 among 전 ～중에 loyal customer 단골 고객

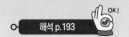
Question 2 refers to the following memo.

> **TO**: Research Department
> **FROM**: Jim Cooke, CFO
> **RE**: New printers, copiers, and scanners
> **DATE** Thursday, March 8
>
> Several of you may already be aware of this, but in case you are not, the Research Department has purchased ③ several new printers, copiers and scanners. –[1]– We listened closely to everyone's requests for new machines due to the issues with ③ our current units. –[2]–
>
> The printers will be online by Tuesday morning and you should be able to print from any computer in the building by then. –[3]– There may be a couple of compatibility issues with the older computers in the East Wing, so please let us know if you have trouble printing. –[4]–

2. ① In which of the positions marked [1], [2], [3], and [4] does the following sentence best belong?
② "The new machines will replace them in the West printing room."

(A) [1]
(B) ④ [2]
(C) [3]
(D) [4]

STEP ① 질문에서 In which of the positions marked [1], [2], [3], and [4] does the following sentence best belong?을 보고 문장 삽입 유형인 것을 확인한다.

STEP ② 삽입될 문장을 해석하여 의미를 확인하고, 지시어, 연결어 등을 파악한다. 해당 문장은 "새로운 기계들이 서쪽의 인쇄실에 있는 그것들(them)을 대체할 것이다"라는 의미이며, 여기서 The new machines와 대명사 them이 가리킬 만한 복수명사가 앞 문장에 언급된 위치를 찾아야 한다.

STEP ③ The new machines는 [1] 앞에 있는 several new printers, copiers and scanners이며, them은 [2] 앞에 our current units를 지칭한다는 것을 알 수 있다.

STEP ④ 따라서 대명사 them이 our current units를 지칭하기 위해서는 삽입 문장이 [2]에 위치해야 하므로, (B)를 정답으로 고른다.

Word & Phrase

research 뗑 조사, 연구 department 뗑 부서 printer 뗑 인쇄기, 프린터 copier 뗑 복사기 scanner 뗑 스캐너 several 뗑 몇몇 be aware of ~을 알다 in case 젭 ~할 경우에 대비해서 purchase 뚱 구매하다 listen to ~의 말을 듣다 closely 뿌 자세히, 밀접하게 request 뗑 요청 due to ~로 인한 issue 뗑 문제, 화제 거리 current 뼹 현재의 unit 뗑 (상품의) 한 개, 단위 be able to ~할 수 있다 a couple of 둘의, 두 개의 compatibility 뗑 호환성 wing 뗑 동, 부속 건물 have trouble -ing ~하는데 어려움을 겪다

Questions 1-3 refer to the following e-mail.

TO : Danielle Nguyen <d_nguyen@flashmail.com>

FROM : Customer Service <customer_service@spinayarn.com>

DATE : April 24

RE : Parking

Dear Mr. Nguyen,

–[1]– 1-1 I'm sorry to say that we can't make an exception for you; 2-2 our staff is incredibly busy readying the store for its final sale. 3 Everything must go during those three days. –[2]– What you can do is to come to the first day of our sale, look over the merchandise that you are interested in, pay, and then pick up your heavier items such as the retail displays on Saturday.

–[3]– 1-2 As for your questions about directions and parking, the store is located just off of Highway 68 near Las Buenos Dias High School. There is plenty of street parking at all times so there should be no problem. –[4]–

Sincerely,

Miguel Baines

2-1 Manager at Spin-A-Yarn, Escondido Branch

주제 및 목적

1. What is the **purpose** of the e-mail? ➡ 이메일의 목적은 무엇인가?

(A) To confirm a reservation ➡ 예약을 확인하는 것

(B) To respond to an inquiry ➡ 문의에 답하는 것

(C) To ask for help ➡ 도움을 요청하는 것

(D) To promote a sale ➡ 판매를 촉진하는 것

해설 이메일의 첫 문장에서 I'm sorry to say that we can't make an exception for you라고 하였으며, 두 번째 문단의 첫 문장에서도 As for your questions about directions and parking라고 언급한 것으로 보아 Nguyen 씨가 문의한 것에 대해 답변을 하고 있다는 것을 알 수 있다. 따라서 정답은 (B)이다.

해석 p.194

추론문제

2. What is suggested about Spin-A-Yard? ➡ **Spin-A-Yard에 대해 알 수 있는 것은 무엇인가? [키워드: Spin-A-Yard]**

(A) It sells groceries. ➡ **식료품을 판매한다.**
(B) It is newly relocated. ➡ **새로 이전하였다.**
(C) It will soon have a big discount. ➡ **곧 거대 할인이 있을 것이다.**
(D) It will celebrate its 50th anniversary. ➡ **50주년을 기념할 것이다.**

[해설] 키워드인 Spin-A-Yard는 이메일 하단에서 발신자인 Miguel Baines 씨의 회사명임을 확인할 수 있다. 두 번째 문장에서 our staff is incredibly busy readying the store for its final sale라고 언급하여 Spin-A-Yard의 직원들이 마지막 세일을 준비하느라 바쁘다는 것을 알 수 있으며, 그 뒤의 문장에서 Everything must go during those three days.라고 하여 모든 것이 그 3일동안 다 나가야 한다는 내용을 언급하였다. 이를 통해 Spin-A-Yard에서 모든 상품을 판매해야 하는 마지막 할인 판매가 있을 것이라는 사실을 알 수 있다. 따라서 정답은 (C)이다.

문장삽입

3. In which of the positions marked [1], [2], [3], and [4] does the following sentence best belong?
"It is first come, first served concerning our liquidation sale."
➡ **[1], [2], [3], 그리고 [4]로 표시된 곳 중에서 다음 문장이 들어갈 위치로 가장 적절한 곳은?**
"저희의 점포 정리 세일은 선착순입니다." [키워드: our liquidation sale]

(A) [1]
(B) [2]
(C) [3]
(D) [4]

[해설] 삽입될 문장의 내용은 점포 정리 세일이 선착순이라는 것이다. 여기서 말한 점포 정리 세일(liquidation sale)은 첫 번째 문장에서 언급된 final sale과 두 번째 문장에서 언급된 Everything must go과 관련된 내용임을 알 수 있다. 따라서 해당 문장이 위치할 곳은 [2]이다. 두 번째 문단은 주차에 관련된 내용이므로 [3]과 [4]는 정답이 될 수 없다.

Word & Phrase

make an exception 예외를 허락하다, 특별 취급하다 **staff** [명] 직원 **incredibly** [부] 엄청나게, 믿을 수 없게 **be busy -ing** ~하느라 바쁘다 **ready** [동] 준비시키다 **final** [형] 마지막의, 최종의 **sale** [명] 세일, 할인 판매 **during** [전] ~동안 **look over** 훑어보다 **merchandise** [명] 상품 **be interested in** ~에 관심이 있다 **pay** [동] 값을 지불하다 **pick up** [동] 집어 들다 **item** [명] 물품 **retail** [명] 소매 **display** [명] 전시, 진열 **as for** ~에 관해서 **direction** [명] 방향, 찾아오는 길 **be located** 위치해 있다 **off** [부] 멀리 떨어져서 **plenty of** 충분히 많은 **all times** 항상 **branch** [명] 지점, 지사 **confirm** [동] 확인하다 **reservation** [명] 예약 **respond to** ~에 응답하다, 대답하다 **inquiry** [명] 문의, 질문 **ask for** ~을 요청하다 **promote** [동] 촉진시키다

Questions 1-3 refer to the following memo.

TO: Nancy Douglass, James R. Morgan, Mark Aurelio
FROM: Michael Schulman
DATE: February 25
SUBJECT: Office Spaces for New Branch
ATTACHMENT: PROPERTIES.TXT

Hi all,

It was so nice seeing everyone over dinner yesterday! The work events that we have are all part of being an employee in the BuzzTube work family. –[1]– I feel that it's always good to share our ideas and enthusiasm for our work outside of a conference room. It was also nice hearing about your lives outside of our work in social media. Most importantly, I was very excited to announce last night that we are opening a new branch of our company in Sherman Oaks. –[2]–

I just want to say thanks and that I truly appreciated the discussion we had about the kind of office space that would best suit our needs. We are currently using the realty company Bushwick to search for office suites that meet our basic criteria and budget. –[3]– Being the professionals that they are, they have come up with a short list of options for everyone to look over even though the property market is very hard on renters nowadays. I've further narrowed them down to two. –[4]–

Best,

Michael Schulman, BuzzTube Associates

1. What is mentioned in the memo?

(A) The company will open a new branch.

(B) The company will hire additional staff.

(C) The company will invest in factory renovations.

(D) The company will release a new line of products.

2. In which of the positions marked [1], [2], [3], and [4] does the following sentence best belong?
"Please see the attached document and respond with your comments."

(A) [1]

(B) [2]

(C) [3]

(D) [4]

3. What is mentioned about Bushwick?

(A) It is a research firm.

(B) It is planning to relocate next month.

(C) It is one of the leading companies in the field.

(D) It is searching for properties for BuzzTube Associates.

03

Part 7 빅데이터

빈출 지문별 전략

❍ Introduction

지피지기면 백전 백승! 토익에서 출제되는 지문의 개수는 대략 22~24개 정도 됩니다. 그 지문들 중에서 가장 빈번하게 출제 되는 지문의 유형은 바로 E-mail이죠! 매달 7~8개의 지문이 E-mail의 형식으로 출제됩니다. 적을 알고 나를 알면 백전 백승! 토익을 알고 나를 알면 토익 필승!

❍ E-mail 지문의 질문 예시

❶ 발신인/수신인/첨부파일에 관한 질문

- **Who** most likely is Mr. Selena?   Selena 씨는 누구일 것 같은가?
- **What was sent with** the e-mail?   e-mail과 함께 무엇이 보내졌는가?

❷ 이메일의 목적

- What is **the purpose** of the e-mail?   이메일의 목적은 무엇인가?
- **Why** was the e-mail **sent**?   이메일은 왜 보내졌는가?

❸ 세부사항에 관한 질문

- **According to** the e-mail, what is a notable **feature** of the movie?
  이메일에 따르면, 이 영화의 눈에 띄는 특징은 무엇인가?
- **What** will happen **on January 8**?
  1월 8일에 무슨 일이 일어날 것인가?
- **At what time** was Mr. Kim expected to arrive?
  Kim 씨가 몇 시에 도착할 것으로 예상되었는가?
- **What is mentioned** as a benefit of the ZQ printer?
  ZQ 프린터의 장점으로 언급되는 것은 무엇인가?

❹ 요청사항에 관한 질문

- **What** are employees who attended the seminar on January 8 **advised to do**?
  1월 8일의 세미나에 참석했던 직원들은 무엇을 하도록 권고되는가?
- **What information** is Mr. Kim **asked to** provide?
  Kim 씨는 어떤 정보를 제공하도록 요청 받는가?

E-mail 질문 공략하기

Key Point 1 발신인, 수신인, 첨부파일에 관한 질문

• **Who** most likely is **Mr. Selena?**	발신인이나 수신인에 관한 정보를 물어보는 질문은 이메일에서 From(발신인)과 To(수신인) 뒤에 쓰여 있는 이름을 단서로 활용한다. 또한, 이메일 주소를 보면 기호 @ 뒤에 수신자와 발신자가 속한 회사명을 알 수 있기도 하다. 특히 발신지의 직책이나 직급에 대해서 맨 아래에 안부를 전하는 인사말 아래에 나와 있는 경우가 많다.
• What was **sent with the e-mail?**	첨부파일에 관한 정보는 attachment 파일명보다는 Subject(제목)에서나 혹은 "Please find ~ attached" 또는 "~ is attached" 등의 문장에서 단서를 찾아야 한다.

Key Point 2 이메일이 쓰여진 목적

• What is **the purpose** of the e-mail? • **Why** was the e-mail **sent?**	이메일이 쓰여진 목적은 대부분 이메일의 첫 문단에 주어진다. "I am writing to ~", "This is to inform you that ~" 등의 문장을 찾아본다. 이메일이 쓰여진 목적을 잘 모르겠다면 꼭 Subject(제목)가 무엇인지 확인해본다. 제목은 전체 글을 요약한 것이라고 볼 수 있기 때문이다.

Key Point 3 세부사항에 관한 질문

• According to the e-mail, what is a notable feature of the movie? • **What** will happen on **January 8?** • At what time was **Mr. Kim** expected to **arrive?** • What is mentioned as a benefit of the ZQ printer?	세부사항에 관한 질문에서는 "키워드"가 결정적인 단서로 쓰인다. 게다가 "키워드"를 잘 파악하였다 하더라도 보기를 고르는 데 있어서 어려움을 느낄 수 있는데, 그것은 바로 보기가 모두 본문의 내용을 paraphrasing한 것이기 때문이다. 즉, 같은 단어가 아니라 동의어 및 다른 표현을 이용하여 서술되어 있기 때문에 평소에 빈출 어휘의 동의어를 함께 공부해두는 것이 좋다.

Key Point 4 요청사항에 관한 질문

• **What** are employees **who** attended the seminar on January 8 advised to do? • What information is **Mr. Kim** asked to provide?	요청사항에 대한 질문의 정답 단서는 지문의 마지막 문단에 언급되는 것이 대부분이다. 세부사항을 모두 언급한 후, 마지막으로 수신자에게 요청사항이나 지시사항을 전달하는 것이 자연스러운 이메일 지문의 흐름이다. 따라서 요청사항에 대한 단서는 마지막 지문에서 "I would like you to ~", "Please ~" 그리고 "You should ~"등의 요청 및 부탁, 권유의 표현에서 찾을 수 있다.

Questions 1-3 refer to the following e-mail.

To : Selena Flores <selenaflores@editinghelp.com>

From : 1-1 Anna Casey <annacasey@ktvuniv.ac.us>

Subject : Revised Résumé and Scholarship Application

Date : December 22

2-1 **Attachment** : résumé_revised.doc, scholarship_application.doc

Dear Ms. Flores,

Thank you for helping me by looking over my résumé and giving me feedback. I've reviewed your feedback and changed my résumé accordingly. As you suggested, I've added a section that highlights my volunteer work in the Congo and 1-2 my research work with Professor Higgins. 2-2 The revised version is attached as well as 1-3 the other paperwork required for the scholarship application.

I think this completes all the necessary paper work for my scholarship application. 3 If I'm missing anything, please contact me.

Thank you again so much for your help!

Best,

Anna Casey

세부사항

1. Who is Ms. Casey? ➡ Casey 씨는 누구인가?

(A) An accountant ➡ 회계사

(B) A designer ➡ 디자이너

(C) A magazine editor ➡ 잡지 편집자

(D) A student ➡ 학생

해설 우선, Ms. Casey가 이메일의 발신인인 Anna Casey임 (1-1)을 확인한다. 그리고 Higgins 교수와의 연구직 (1-2), 장학금 신청을 위한 서류 작업 (1-3)을 언급한 것을 보고 Anna Casey가 학생이라는 것을 알 수 있다. 따라서 정답은 (D)이다.

세부사항

2. What was **sent with the e-mail**? ➡ 이메일과 함께 보내진 것은 무엇인가? [키워드 sent with the e-mail]

(A) A revised document ➡ 수정된 문서

(B) Information about a scholarship ➡ 장학금에 관한 정보

(C) A summary of news article ➡ 뉴스 기사 요약문

(D) A volunteer application ➡ 자원 봉사 신청서

> **해설** 첨부파일에 résumé_revised.doc이 있는 것 (2-1)이 핵심 단서인데, 첫 단락 마지막 부분에도 수정된 버전(이력서)이 첨부되어 있다고 언급되어 있다. 이메일과 함께 보내진 것은 수정된 문서라 볼 수 있으므로 정답은 (A)이다.

세부사항

3. **Why** should Ms. Flores **contact Anna Casey**? ➡ Flores 씨가 Anna Casey 씨에게 연락해야 하는 이유는 무엇인가?

(A) To correct a travel itinerary ➡ 여행 일정을 수정하기 위해

(B) To discuss changes to an estimate ➡ 견적서에 대한 변경 사항을 논의하기 위해

(C) To inform her of an omitted document ➡ 누락된 문서에 대해 알려주기 위해

(D) To reschedule a meeting ➡ 회의 일정을 다시 정하기 위해

> **해설** Flores 씨는 이메일의 수신인이기 때문에, 수신인에게 연락해달라는 내용을 찾으면 된다. 두 번째 단락의 If I'm missing anything, please contact me라는 문장에서 빠진 내용이 있으면 연락을 해달라고 하였기 때문에 누락된 문서에 대해 알려주기 위해서 연락을 해야 한다는 것을 알 수 있다. 따라서 정답은 (C)이다.

Word & Phrase

attachment 명 첨부(파일) revised 형 수정된, 개정된 résumé 명 이력서 scholarship 명 장학금 application 명 지원, 신청 look over 훑어보다, 살펴보다 feedback 명 피드백, 의견 review 동 검토하다 accordingly 부 그에 따라 research 명 연구, 조사 attach 동 첨부하다, 붙이다 as well as ~뿐만 아니라 paperwork 명 서류 required 형 필요한, 요구되는 complete 동 완료하다, 끝마치다 necessary 형 필요한 miss 동 놓치다 contact 동 연락하다 accountant 명 회계사 editor 명 편집자 document 명 문서, 서류 summary 명 요약(문) volunteer 명 자원 봉사 correct 동 바로잡다, 정정하다 discuss 동 논의하다 estimate 명 견적서 inform A of B: A에게 B를 알리다 omitted 형 누락된, 생략된 reschedule 동 일정을 다시 정하다

Questions 1-4 refer to the following e-mail.

To : Jemima Walters <jwalters@dperfumes.com>

From : Sohee Kim (skim@dperfumes.com)

Subject : Diamond Perfumes - Devilish Angel Launch Party

Date : 20 June

Dear Ms. Walters,

I've arranged all of the particulars for the Devilish Angel perfume launch party to be held at the Alcon Avery Hotel in Busan on July 5. Several high-profile Korean celebrities have promised to attend and an assortment of advertisements (both print and online) is now in place announcing the product launch. In addition, the famous comedian Arthur Hayes has committed to host the event, so it should definitely draw in the crowds.

We also arranged to have the product to be presented prominently in the major department stores in Korea. In addition, a major Korean actress is very close to signing the representation contract with the perfume being highlighted in her next television show. We'll also be sending out press releases periodically before the event. I'll provide you with a complete schedule once it's finalized.

Sincerely,

Sohee Kim
Korean Marketing Director
Diamond Perfumes

1. What is the purpose of the e-mail?

   (A) To promote a newly released product

   (B) To celebrate a relocation

   (C) To report details of an event

   (D) To request some product samples

2. What is mentioned about an event on July 5?

   (A) It will be held outdoors.

   (B) Attendees are expected to arrive by 10 A.M.

   (C) A registration fee is required.

   (D) It is expected to attract public attention.

3. What is suggested in the e-mail?

   (A) Diamond Perfumes will hold a product–launching party every 3 months.

   (B) Diamond Perfumes will guarantee refunds.

   (C) Diamond Perfumes will invest in TV shows.

   (D) Diamond Perfumes will promote its new product online.

4. What is NOT true about Sohee Kim?

   (A) She will email Mr. Walters again.

   (B) She works in marketing.

   (C) She traveled to Busan last month.

   (D) She and Mr. Walters work in the same company.

Chatting / Text Message

● **Introduction**

매달 꾸준히 2–3 지문 정도가 출제되는 채팅과 문자 메시지 지문은 단일 지문으로 출제되기도 하지만, 이 중지문이나 삼중지문에서도 출제되는 편입니다. 주된 내용은 대부분 회사 업무에 관련된 동료들 간의 대화입니다. 사무적인 내용이지만 채팅, 문자 메시지의 특성상 쓰이는 표현은 다소 구어체에 가깝습니다. 또한, Online chatting discussion이라는 지문 유형은 대화 참여자가 최소 3명 이상이라는 점도 유념하여야 합니다.

● **Chatting/Text Message 지문의 질문 예시**

❶ **발신인/수신인에 관한 질문**

- **Who most likely is Ms. Welch?**   Welch 씨는 누구인가?
- **What type of business** does Mr. Kim **work for?**   Kim 씨가 종사하는 직종은 어떤 유형인가?
- **What is suggested** about Ms. March?   March 씨에 관해 알 수 있는 것은 무엇인가?

❷ **문맥 상 화자가 말한 내용의 의미(의도 파악)에 관한 질문**

- At 10:18 A.M., **what does** Mr. Noir **most likely mean when he writes,** "That sounds good"?
  오전 10시 18분에 Noir 씨가 "That sounds good"이라고 쓴 의미는 무엇인가?
- At 11:03 A.M., **what does** Mr. May **most likely mean when he writes,** "That is not right"?
  오전 11시 3분에 May 씨가 "That is not right"라고 쓴 의미는 무엇인가?
- At 1:30 P.M., **what does** Mr. Robertson **most likely mean when he writes,** "That's it"?
  오후 1시 30분에 Robertson 씨가 "That's it"이라고 쓴 의미는 무엇인가?

❸ **세부사항에 관한 질문**

- **What is mentioned** about Mr. Kim?
  Kim 씨에 대해 언급된 것은 무엇인가?
- **What type of business** do Mr. Eliot and Ms. Wright **work for?**
  Eliot 씨와 Wright 씨는 무슨 종류의 업체에서 일하는가?
- **What did** Mr. Foremen **do earlier in the week?**
  Foremen 씨는 이번 주 초에 무엇을 하였는가?

❹ **계획에 관한 질문**

- **What will** Mr. Holland **most likely do next?**   Holland 씨가 다음에 할 일은 무엇인가?
- **Where most likely is** Mr. Kim **going next?**   Kim 씨가 다음으로 갈 곳은 어디인가?
- **What will happen next?**   다음에 일어날 일은 무엇인가?

Chatting / Text Message 질문 공략하기

발신인, 수신인, 근무하는 회사의 종류에 관한 질문

- **Who** most likely is **Ms. Welch**?
- **What type of business** does **Mr. Kim work for**?
- What is suggested about **Ms. March**?

메시지 발신인/수신인의 직업이나 근무하는 회사의 종류는 주로 "추론" 문제처럼 주어진 힌트로 사실을 추론해내도록 하는 문제들이다. duty 또는 responsibility, 즉 직무나 책임, 업무에 관련된 표현을 찾아보아야 한다.

Key Point 2 **문맥 상 화자가 말한 내용의 의미에 관한 질문**

- At 10:18 A.M., what does Mr. Noir most likely mean when he writes, "**That sounds good**"?
- At 11:03 A.M., what does Mr. May most likely mean when he writes, "**That is not right**"?
- At 1:30 P.M., what does Mr. Robertson most likely mean when he writes, "**That's it**"?

문맥상 화자가 말한 내용의 의미를 묻는 문제를 풀 때는 해당 문장의 앞문장을 꼼꼼히 해석해보는 것이 좋다. 앞 문장의 내용이 긍정적인 내용/부정적인 내용, 제안에 대한 수락/거절, 의견에 대한 동의/반대인지를 확인하여 그에 대한 구체적인 답변을 찾는 것이라고 생각하면 쉽게 정답을 찾을 수 있다.

Key Point 3 **세부사항에 관한 질문**

- What is mentioned about **Mr. Kim**?
- **What type of business** do **Mr. Eliot** and **Ms. Wright work for**?
- What did **Mr. Foremen** do earlier in the week?

세부사항을 묻는 문제는 키워드(Keyword)가 주로 언급되는 부분을 찾는다. 세부사항의 정답은 주로 지문에 언급되어 있기 때문에 키워드가 언급된 부분만 꼼꼼히 해석하면 된다.

Key Point 4 **계획에 관한 질문**

- **What will Mr. Holland most likely do next**?
- **Where** most likely is **Mr. Kim going next**?
- **What will happen next**?

계획을 묻는 문제는 보통 지문의 마지막, 명령문이나 부탁하는 표현을 찾아본다. "Please ～"로 시작하는 명령문이나 Can you ～? / Would you ～? / You should ～ 등의 요청 및 부탁의 표현이 있는 문장에 정답의 단서가 숨어 있을 수 있다.

Questions 1-2 refer to the following text message.

FROM: Jules LaPlace, 555-6509
1-1 **TO**: Ashwin Mangale, 555-1924

Ashwin, my car has died and it's on the side of the freeway. I'm safe; I was able to push my car to side of the road with the help of some nice people who stopped their cars to help me. 1-2 **However, this means that I won't be able to make my flight at 6.** 1-3 , 2 **Could you please book me another flight at 7 and arrange to have someone take care of my car?** I'm already on route to the airport.

추론 문제

1. **Who** most likely is **Ms. Mangale**? ➡ **Mangale 씨는 누구인가?**

(A) An accountant ➡ 회계사
(B) An assistant ➡ 비서
(C) A computer technician ➡ 컴퓨터 기술자
(D) A flight attendant ➡ 비행기 승무원

해설 Mangale 씨가 문자 메시지의 수신자임(1-1)을 먼저 확인한 후, 발신자인 LaPlace 씨가 자신의 자동차에 문제가 있어 예정된 비행기를 탈 수 없음을 Mangale 씨에게 설명(1-2)하고, 7시 비행기 예약과 자신의 자동차를 처리해줄 사람을 보내달라고 요청(1-3)하고 있다. 이를 통해 Mangale 씨는 LaPlace 씨의 일을 돕는 비서라는 것을 유추할 수 있다. 따라서 정답은 (B)이다.

해석 p.196

요청 사항

2. **What did Mr. LaPlace ask** Ms. Mangale to do?
➡ **LaPlace 씨가 Mangale 씨에게 요청한 것은 무엇인가? [키워드: What did Mr. LaPlace ask]**

(A) To make a reservation for the return flight ➡ **돌아오는 비행편을 예약하는 것**
(B) To arrange for a shuttle bus ➡ **픽업 셔틀 버스를 준비하는 것**
(C) To send some missing reports ➡ **누락된 보고서를 발송하는 것**
(D) To contact someone to deal with the car ➡ **자동차를 처리할 사람에게 연락하는 것**

[해설] LaPlace 씨가 "Could you ~?"라는 표현으로 상대방에서 요청하는 내용을 언급하는 문장을 보면, 자신의 비행편을 7시로 예약해주고, 자신의 자동차를 처리할 사람을 준비시켜 달라는 내용임을 알 수 있다. 따라서 정답은 (D)이다.

Word & Phrase

die [동] (기계가) 서다, 멎다 **freeway** [명] 고속도로 **safe** [형] 안전한 **be able to** ~할 수 있다 **push** [동] 밀다 **make a flight** 비행하다, 비행기를 타다 **book** [동] 예약하다 **arrange** [동] 마련하다, 준비시키다 **take care of** ~을 돌보다, 처리하다 **be on route to** ~로 가는 중이다 **make a reservation** 예약하다 **return flight** 돌아오는 비행편 **missing** [형] 누락된 **contact** [동] 연락하다 **deal with** ~을 처리하다, 다루다

Questions 1-3 refer to the following text message chain.

Anderson Ferrari [09:30 P.M.]
Hey Kevin, can I ask a favor?

Kevin Yun [09:31 P.M.]
Yes, what's up?

Anderson Ferrari [09:32 P.M.]
Kelly just called in sick, and she can't open up the store tomorrow. I know that this a huge inconvenience, but you are the only person I know who's reliable enough to do it. Will you do it?

Kevin Yun [09:34 P.M.]
I can open up the store, but my university classes start at 2 P.M. and I need to leave by 1 in order to get there on time.

Anderson Ferrari [09:35 P.M.]
That will be fine, I should be able to arrive there by 12 to take over for you. I really appreciate this, Kevin!

Kevin Yun [09:36 P.M.]
No problem, see you tomorrow.

Anderson Ferrari [09:37 P.M.]
See you and thanks again!

1. Who most likely is Mr. Yun?

(A) A marketing manager
(B) A parking attendant
(C) A security guard
(D) A coworker

2. What is mentioned about Kelly?

(A) She took vacation for visiting family.
(B) She was supposed to open the store tomorrow.
(C) She was not able to arrive on time due to heavy traffic.
(D) She is responsible for handling customers' complaints.

3. What will Mr. Ferrari most likely do tomorrow?

(A) He will participate in the university class.
(B) He will arrive at the store by 12.
(C) He will assist Kelly with taking inventory.
(D) He will help employees make fewer mistake.

Questions 4-7 refer to the following online chat discussion.

Anna Robbiati [11:02 AM]
Hi, Masir. Do you have a second? I need to check with you about something.

Masir Hasic [11:03 AM]
Yeah, sure. I have a minute.

Anna Robbiati [11:05 AM]
I was checking up on our office supplies, and it seems that we have been going through paper at a faster rate than usual. Should I order more?

Masir Hasic [11:07 AM]
No, it's not necessary. We switched to a new paper supplier and that's why the supplies seem low. We were in between suppliers for a month or so. While you were out sick for the past few days, I ordered 25 more cases of paper. They should arrive by tomorrow.

Anna Robbiati [11:09 AM]
Okay. Thank you for being so proactive about that!

Masir Hasic [11:12 AM]
I'm happy to help. Also on Tuesday, we are supposed to have a meeting with the marketing manager.

Anna Robbiati [11:15 AM]
Wow, I didn't know about that. Thanks for the heads-up!

Masir Hasic [11:18 AM]
Sure, no problem. See you then!

---

4. At 11:03, what does Mr. Hasic most likely mean when he writes, "I have a minute"?

(A) He has time to talk to Ms. Robbiati.

(B) He is on the way home.

(C) He is happy to meet Ms. Robbiati.

(D) He finished what Ms. Robbiati asked him to do.

5. Who is Mr. Hasic?

(A) A coworker

(B) A client

(C) An accountant

(D) A physician

6. What is true about Ms. Robbiati?

(A) She ordered 25 boxes of papers.

(B) She cleaned the office supply room.

(C) She received a delivery yesterday.

(D) She recently took sick leave.

7. What will happen on Tuesday?

(A) Mr. Hasic will prepare a meeting agenda.

(B) Mr. Hasic will train new employees.

(C) Ms. Robbiati will meet a marketing manager.

(D) Ms. Robbiati will revise a meeting minutes.

● Introduction

학생들이 가장 어려워하는 기사문(Article)! 기사문은 사실 전달이 목적이기 때문에 추론이나 세부사항을 묻는 문제가 많이 출제되고, 문장 구조가 굉장히 복잡한 경향이 있죠. 일부 학생들은 기사문이 나오면 모두 "패스"를 속으로 외치고 다음 지문으로 넘어간다고 합니다. 그만큼 학생의 입장에서는 난이도가 높은 지문이라는 의미입니다. 하지만 적어도 1~3개의 지문이 매회 출제되고 있으니 적게는 3문제에서 많게는 12문제까지 놓칠 수 있다는 사실! 이 정도면 정말 많은 점수를 잃게 된다는 건 짐작되시죠? 기사문에서는 주로 특정 업계 동향, 지역의 극장 폐관/개점 소식, 지역 서점 소개, 회사대표의 사임, 지역사회에서 있었던 봉사활동 등이 주제로 다루어 집니다.

● Article 지문의 질문 예시

❶ 기사의 주제에 관한 질문

- **What is the article about?**   무엇에 관한 기사인가?
- **What does the article discuss?**   기사에서 논의하는 것은 무엇인가?
- **Why most likely was the article written?**   기사가 쓰인 이유는 무엇인가?
- **What is the purpose of the article?**   기사의 목적은 무엇인가?

❷ 세부사항에 관한 질문

- **According to Mr. Kim, what is the most important qualification?**
  Kim 씨에 따르면, 가장 중요한 자격 요건은 무엇인가?
- **According to the article, what is Mr. Kim's goal?**
  기사에 따르면, Kim 씨의 목표는 무엇인가?
- **What is stated about The Treasure Island?**
  The Treasure Island에 대해 언급된 것은 무엇인가?

❸ 추론할 수 있는 것에 관한 질문

- **What is indicated about Panana Inc.?**   Panana 사에 대해 알 수 있는 것은 무엇인가?
- **What is suggested about Mr. Kim / the southern part of Bangkok?**
  Kim 씨 / 방콕 남부에 대해 알 수 있는 것은 무엇인가?
- **What is NOT suggested about Mr. Carlson?**
  Carlson 씨에 대해 알 수 있는 사실이 아닌 것은 무엇인가?

❹ 문장 삽입 문제

- **In which of the positions marked [1], [2], [3], and [4] does the following sentence best belong?**
  [1], [2], [3], 그리고 [4]로 표시된 위치 중 다음 문장이 들어가기에 가장 알맞은 곳은 어디인가?

Article 질문 공략하기

Key Point 1 기사의 주제에 관한 질문

- **What** is the article about?
- **What** does the article discuss?
- **Why** most likely was the article written?
- **What** is the purpose of the article?

기사문의 주제는 제목과 첫 문단에서 알 수 있다. 제목은 주제의 압축본! 제목을 본다면 기사문의 주제를 절반은 파악했다고 볼 수 있다. 게다가 제목과 첫 문단의 내용을 연결시켜본다면 정확한 주제를 알 수 있다. 간혹 제목이 없는 기사문도 출제되는데, 이러한 경우 첫 문단을 꼼꼼하게 읽어보는 것이 공략법이다.

Key Point 2 세부사항에 관한 질문

- **According to Mr. Kim**, what is the most important qualification?
- **According to the article**, what is Mr. Kim's goal?
- **What is stated about The Treasure Island?**

세부사항 문제는 질문의 키워드(Keyword) 파악 문제! 키워드가 언급되는 부분의 근처에 정답 근거가 있을 확률이 높다.

Key Point 3 추론할 수 있는 것에 관한 질문

- **What is indicated about Panana Inc.?**
- **What is suggested about Mr. Kim / the southern part of Bangkok?**
- **What is NOT suggested about Mr. Carlson?**

추론 문제는 정답의 근거가 지문에 나와 있지만, 직접적으로 언급되어 있지 않기 때문에 주어진 정보를 가지고 새로운 사실을 유추해내는 과정이 필요하다. 그래서 질문에 주어진 키워드와 관련된 모든 근거를 지문에서 찾아야 한다. 또한 추론 문제는 보기를 먼저 읽고 지문 독해를 시작하는데, 독해 중에 보기에 해당하는 내용이 나오면, 소거법을 적용하여 정답이 될 수 없는 것을 지워 가는 것이 좋다.

Key Point 4 문장 삽입 문제

- **In which of the positions marked [1], [2], [3], and [4] does the following sentence best belong?**

문장 삽입 문제는 전체 맥락을 살펴서 주어진 문장이 들어갈 것으로 가장 적절한 자리를 찾는 문제이다. 주어진 문장에서 "대명사"를 정답의 근거로 삼는 것이 좋다. 대명사가 가리키는 것이 대부분 바로 "앞 문장"에 위치한다는 사실을 활용하여 주어진 문장의 대명사와의 의미 연결이 자연스러운 지점을 찾아야 한다.

Questions 1-3 refer to the following article.

Carmel City, May 28 — ② Carmel Town, in an effort to drum up local support and community participation, has asked local artists to submit design ideas for the new art wall next to the recently renovated boardwalk.

The improved boardwalk was built to make it easier for those using the new parking complex to access the famous spots near Lover's Point and Santa Miguel Wharf. – [1] –. The complex itself was built to ease the parking congestion near the wharf. The boardwalk now links to the newly built parking complex half a mile away. – [2] –. The new parking complex is not without controversy as ① many of the complex's neighbors have complained of the new building as being an eyesore and ruining the view. In order to placate the public uproar, Carmel Town also built a new walkway from the complex to the famous Santa Miguel Wharf.

But again, the public opinion was against the city due to the unsightly nature of the concrete—the decision to build with that material was mostly due to cost. – [3] –. This art contest is being held to garner public approval in a relatively inexpensive manner.

"It's a great way to really show off our community's local talents," said Mayor Becky O'Hara. – [4] –. "And it really makes the boardwalk area truly a landmark for our town." She added that the art contest's theme would center on nature and the town's history.

세부사항

1. What is stated about new parking complex?
➡ new parking complex에 대해 언급된 것은 무엇인가? [키워드: new parking complex]

(A) The construction took longer than originally anticipated. ➡ 공사가 예상보다 오래 걸렸다.

(B) The construction was delayed due to inclement weather. ➡ 악천후로 공사가 지연되었다.

(C) Local residents opposed its construction.
➡ 지역 주민들은 새로운 주차장 단지 건설을 반대했다.

(D) It is located near the city hall. ➡ 시청 가까이에 위치해 있다.

해설 이 단지의 이웃들은 새로운 주차단지가 흉물스럽고 경관을 해친다고 불평했으므로, 지역 주민들이 이것의 건설을 반대한 것이라 할 수 있다. 따라서 정답은 (C)이다.

해석 p.198

세부사항

2. What is indicated about the art contest?
➡ 예술 콘테스트에 대해 언급된 것은 무엇인가? [키워드: the art contest]

(A) Submissions will be judged by Becky O'Hara. **➡ 제출물은 Becky O'Hara에 의해 심사될 것이다.**
(B) Local artists are encouraged to be involved. **➡ 지역 예술가들이 참여하도록 권장된다.**
(C) The winner is expected to receive $ 50,000. **➡ 우승자는 $50,000을 받게 될 것이다.**
(D) The work should focus on the city's history. **➡ 작업은 도시의 역사에 초점을 맞추어야 한다.**

[해설] 기사의 첫 번째 단락에서 Carmel Town은 현지 예술가에게 그들이 설치한 보드워크 옆에 있는 새로운 아트월에 대한 디자인 아이디어를 제출하도록 요청했다는 내용이 나온다. 따라서 정답은 (B)이다.

문장 삽입

3. In which of the positions marked [1], [2], [3], and [4] does the following sentence best belong?
"The town council then decided on the best way to beautify it."
➡ 표시된 [1], [2], [3], [4] 가운데 다음 문장이 들어갈 곳으로 가장 적절한 것은?
"시의회는 그리고 나서 그것을 아름답게 하는 최선의 방법을 결정했다."

(A) [1]
(B) [2]
(C) [3]
(D) [4]

[해설] 대명사 it이 가리키는 것은 that material이다. 비용 때문에 콘크리트 재질을 선정하였고, 그 후 그것을 더 나아 보이게 하는 방법을 선정했다고 하는 것이 문맥상 자연스럽다. 따라서 정답은 (C)이다.

Word & Phrase

in an effort to ~하려는 노력으로 **drum up** 지지를 얻기 위해 애쓰다, 선전하다 **local** [형] 지역의 **support** [명] 지지, 지원 **community** [명] 공동체 **participation** [명] 참가 **artist** [명] 예술가 **submit** [동] 제출하다 **next to** ~의 옆에 **recently** [부] 최근에 **renovated** [형] 개조된 **boardwalk** [명] (해변 등에 설치된) 판자길 **improved** [형] 향상된, 개선된 **those (who)** ~하는 사람들 **complex** [명] 복합 단지 **across** [전] ~의 맞은편에 **spot** [명] 장소 **wharf** [명] 부두, 선창 **ease** [동] 완화시키다 **parking congestion** 주차 혼잡 **link to** ~에 연결되다 **newly** [부] 새로이 **controversy** [명] 논란 **neighbor** [명] 인근 주민, 이웃 **complain** [동] 불만을 제기하다 **eyesore** [명] 눈에 거슬리는 것, 흉물 **ruin** [동] 망치다 **view** [명] 경관 **in order to** ~하기 위해서 **placate** [동] 화를 달래다 **uproar** [명] 엄청난 놀란, 대소동 **walkway** [명] 통로, 보도 **opinion** [명] 의견 **against** [전] ~에 반대하여 **due to** ~로 인하여 **unsightly** [형] 보기 흉한 **nature** [명] 본질, 본성 **concrete** [명] 콘크리트 **decision** [명] 결정 **material** [명] 재료 **mostly** [부] 대부분, 주로 **cost** [명] 비용 **garner** [동] 얻다, 모으다 **approval** [명] 승인, 허가 **relatively** [부] 상대적으로 **inexpensive** [형] 비싸지 않은 **manner** [명] 방법 **show off** 과시하다, 자랑하다 **talent** [명] 재주 있는 사람들, 재능 있는 사람들 **truly** [부] 진정으로, 정말로 **landmark** [명] 주요 지형지물, 랜드마크 **theme** [명] 주제 **center on** ~에 집중시키다, 중심을 두다

Questions 1-2 refer to the following article.

July 20—The town of Seaside plans on hiring a temporary senior health director to replace Ms. Samantha Jones, who will be taking her maternity leave on November 1.

The senior health director reports to the mayor and is responsible for managing the senior citizens' welfare in the town. The position requires a variety of skills—mainly the ability to develop and improve a wide number of policies to support the current town's senior health mission while simultaneously cutting costs and maintaining good relations with the general public.

According to Mayor Kevin Laney, interviews for the position will begin in late August. The new appointee will be confirmed at the end of August. The position will start November 1 and end in November the following year.

1. What is the article about?

(A) A job opening

(B) A hospital relocation

(C) A local election

(D) A council meeting

2. What will happen in August?

(A) An announcement will be made.

(B) The headquarters will be relocated.

(C) A new department will open.

(D) Interviews will be conducted.

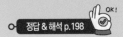

Questions 3-5 refer to the following article.

The Information Super Highway
News from around the Web

by Charlie Bower

In a recent posting, the popular Web site Planetnow.com voted Des Moines-based business expert Mike Hutchinson as the Most Influential Business Person of the Year.

In the article on Planetnow.com, it is explained that Mike Hutchinson secured the top spot because he has successfully applied his business theories to health care and education and shown how enlightened management thinking can be used to tackle important issues facing society.

Mr. Hutchinson, a lecturer at Cale School of Business and the author of numerous best-sellers including *The Innovative Solution*, is a name that is familiar to many Planetnow.com readers. He wrote for the Web site in the past and was profiled in a recent article.

After being presented with an award by Planetnow.com, Mr. Hutchinson gave a brief interview to the Web site. He said, "I am honored to be recognized for my work, and it means a lot to me to follow in the footsteps of Olga Kuznetzov and Christopher Taft, both of whom were very deserving of the honor in the past couple of years for their contributions to reverse innovation theory and the five forces framework, respectively."

3. Why was Mr. Hutchinson chosen by Planetnow.com?

   (A) He founded an organization designed to assist innovators.
   (B) He contributed funding to a humanitarian association.
   (C) He developed a theory that allowed businesses to maximize profits.
   (D) He proposed ideas that had a beneficial effect on society.?

4. What is NOT indicated about Mr. Hutchinson?

   (A) He owns a successful business.
   (B) He currently lives in Des Moines.
   (C) He works at an academic institution.
   (D) He is a published author.

5. What is suggested about Mr. Taft?

   (A) He helped develop a theory on reverse innovation.
   (B) He is a previous recipient of the award.
   (C) He has contributed an article to Planetnow.com.
   (D) He has collaborated on a project with Mr. Hutchinson.

Lesson 15 — Web Page

● Introduction

토익에서 두번째로 많이 출제 되는 지문이 바로 Web page 또는 Web site입니다! 매회 보통 2~3개 정도의 지문이 바로 이 Web page의 형태를 취하고 있습니다. 웹페이지 지문의 내용으로는 지역에 관한 정보나 상품, 서비스에 관한 정보에 관한 것이 대부분입니다. 문제 유형으로는 세부사항과 추론 문제가 출제되며, Web page 지문에서 전달하고자 하는 정보가 무엇인지 정확하게 파악하는 것이 중요합니다.

● Web Page 지문의 질문 예시

❶ 사실 확인에 관한 질문

- **What is NOT mentioned** as a feature of the new Web site?
  새로운 웹사이트의 특징으로 언급되지 않은 것은 무엇인가?

- **What** do all the machines **mentioned on the Web page** have in common?
  웹페이지에 언급된 모든 기계가 가진 공통점은 무엇인가?

- **When** can tourists learn about local history?
  관광객들이 지역의 역사에 관해 알 수 있는 것은 언제인가?

- **What is one of** the services offered by M.L.T Associations?
  M.L.T 협회에서 제공되는 서비스 중 한가지는 무엇인가?

- **What is NOT mentioned** about HT computers?
  HT 컴퓨터에 대해 언급되지 않은 것은 무엇인가?

❷ 추론할 수 있는 것 / 추론할 수 없는 것에 관한 질문

- **What is NOT implied about** Washington Tour?
  Washington Tour에 암시되지 않은 것은 무엇인가?

- **What can be inferred about** M.L.T Associations?
  M.L.T 협회에 대해 추론될 수 있는 것은 무엇인가?

- **Who most likely is** Mr. Joy?
  Joy 씨는 누구인가?

- **What is suggested about** XP boots?
  XP 신발에 관해 알 수 있는 것은 무엇인가?

Web Page 질문 공략하기

Key Point 1 세부사항에 관한 질문

- **What** do **all the machines** mentioned on the Web page **have in common**?
- **When** can **tourists learn** about **local history**?
- **What** is **one of the services** offered by **M.L.T Associations**?

세부사항을 묻는 문제는 질문에 주어진 "키워드"(Key word)에 집중한다. 지문에서 질문의 키워드가 언급된 부분 근처에서 정답의 근거를 발견할 수 있다. 주의해야 할 점은 정답의 근거가 한 문단 내에서만 나오는 것이 아니라 지문의 가장 마지막이나 다른 문단에서도 주어질 수가 있다는 점이다.

Key Point 2 추론할 수 있는 것에 관한 질문

- **What** can be **inferred** about **M.L.T Associations**?
- **Who** most likely is **Mr. Joy**?
- **What** is **suggested** about **XP boots**?

추론 문제의 정답 단서는 지문에 나와 있지만, 직접적으로 언급되어 있지는 않기 때문에 질문의 키워드와 관련된 모든 정보를 파악하는 것이 관건이다. 지문을 읽기 전에 추론 문제의 보기를 먼저 읽어서 지문에서 보기의 내용이 나올 때 마다 정답/오답을 소거하는 방법으로 풀이한다.

Key Point 3 언급되지 않은 것 / 추론할 수 없는 것에 관한 질문

- **What** is **NOT** mentioned as **a feature of the new Web site**?
- **What** is **NOT** mentioned about **HT computers**?
- **What** is **NOT** implied about **Washington Tour**?

질문에 NOT이 들어간 문제는 높은 집중력이 요구되는 문제이다. 그래서 추론 문제를 풀이하는 방법과 마찬가지로 반드시 지문을 읽기 전에 질문과 보기를 먼저 읽고 보기의 내용과 관련된 내용을 읽을 때 해당 보기의 정답/오답 여부를 판단하여 오답을 소거하는 방식으로 풀이한다. NOT 문제의 정답의 단서는 지문 내에서 여러 군데 분산되어 있기 때문에 꼼꼼한 독해가 필요하다.

Questions 1-3 refer to the following Web page.

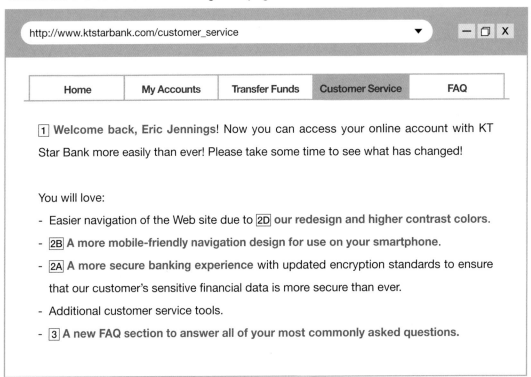

http://www.ktstarbank.com/customer_service

| Home | My Accounts | Transfer Funds | Customer Service | FAQ |

1 **Welcome back, Eric Jennings!** Now you can access your online account with KT Star Bank more easily than ever! Please take some time to see what has changed!

You will love:
- Easier navigation of the Web site due to 2D **our redesign and higher contrast colors.**
- 2B **A more mobile-friendly navigation design for use on your smartphone.**
- 2A **A more secure banking experience** with updated encryption standards to ensure that our customer's sensitive financial data is more secure than ever.
- Additional customer service tools.
- 3 **A new FAQ section to answer all of your most commonly asked questions.**

세부사항

1. Who is Eric Jennings? ➡ Eric Jennings는 누구인가?

(A) A bank teller ➡ 은행원
(B) A bank executive ➡ 은행 임원
(C) A bank customer ➡ 은행 고객
(D) A Web site designer ➡ 웹사이트 디자이너

해설 은행 사이트에서 '다시 돌아온 것을 환영한다'는 메시지와 함께 Eric Jennings를 언급하였고, 그 이후의 내용이 은행에서 Eric Jennings에게 고객의 편의를 위해 새로 변경된 사항을 소개하는 것이므로 Eric Jennings는 은행의 고객이다. 따라서 정답은 (C)이다.

해석 p.200

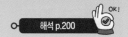

사실 확인

2. What is NOT mentioned as a feature of the new Web site?
➡ 새로운 웹사이트의 특징으로 언급되지 않은 것은 무엇인가? [키워드: a feature of the new Web site]

(A) The Web site has improved security of information. **➡ 웹사이트는 정보의 보안을 향상시켰다.**
(B) You may access the Web site with a smartphone. **➡ 스마트폰으로 웹사이트에 접속할 수 있다.**
(C) Additional service fees are required. **➡ 추가 서비스 요금이 필요하다.**
(D) The color of the Web site has been altered. **➡ 웹사이트의 색상이 변경되었다.**

[해설] 고객의 편의를 위해 새로 변경된 사항이 열거된 부분을 보면, 고객들이 웹사이트의 더 대조적인 색상 ([2D]), 스마트폰에 더 적합한 디자인 ([2B]), 더 안전한 은행 활동 ([2A])을 좋아할 것이라고 했다. 따라서 언급되지 않은 특징은 추가 요금에 대한 것이므로 정답은 (C)이다.

세부사항

3. What is mentioned about the new FAQ section?
➡ 새로운 FAQ 섹션에 대해 언급된 것은 무엇인가? [키워드: the new FAQ section]

(A) It offers answers to the questions people asked repeatedly.
➡ 사람들이 반복적으로 묻는 질문에 대한 답변을 제공한다.
(B) It is only accessible by smartphone. **➡ 스마트 폰에서만 접속이 가능하다.**
(C) It makes bank transfers easier. **➡ 은행 송금을 더 쉽게 만든다.**
(D) It requires signing in. **➡ 로그인이 필요하다.**

[해설] 지문의 마지막에 있는 "A new FAQ section to answer all of your most commonly asked questions."라는 문장을 통해 가장 흔히 문의되는 질문에 답하기 위해 FAQ section이 마련되어 있다는 것을 알 수 있다. 따라서 정답은 (A)이다.

Word & Phrase

account [명] 계좌 **transfer** [동] 송금하다, 옮기다 [명] 송금 **fund** [명] 자금 **FAQ** (=frequently answered questions) 자주 묻는 질문 **access** [동] 접근하다 **easily** [부] 쉽게 **than ever** 예전보다 **navigation** [명] 길찾기 **due to** ~로 인해서 **redesign** [명] 개조물, 디자인개선 **contrast** [명] 대조, 대비 **mobile-friendly** [형] 모바일 환경에 친화적인 **use** [명] 사용, 용도 **secure** [형] 안전한, 안보의 **encryption** [명] 암호화 **standard** [명] 기준, 규범 **ensure** [동] 반드시 ~하게 하다, 보장하다 **sensitive** [형] 민감한 **financial** [형] 재무의, 금융의 **additional** [형] 추가의 **tool** [명] 도구 **commonly** [부] 흔하게 **bank teller** [명] 은행 창구 직원 **executive** [명] 임원, 중역 **feature** [명] 특징, 특색 **improve** [동] 향상시키다, 개선하다 **security** [명] 안전, 보안 **be required** 필요하다, 요구되다 **alter** [동] 변화시키다 **repeatedly** [부] 반복적으로 **accessible** [형] 접근 가능한 **sign in** 로그인하다, 서명하고 들어가다

Questions 1-2 refer to the following Web page.

http://www.easybreezypayment.com ▼	— ⬚ X

Home	About Us	Products	Order	Contact	FAQ

EASY BREEZY PAYMENT | EBP
National Retail Gift Cards & Certificates

Easy Breezy Payment is a pioneer in the national retail gift card market. Our clients include everyone from business executives to your next door neighbor! Let us know how we can serve you!

Accepted everywhere where the Premiere One Card is accepted.
Your privacy is important to us.

1. What is Easy Breezy Payment?

(A) A catering service
(B) A certificate service
(C) A delivery service
(D) A hotel service

2. What is stated about Easy Breezy Payment?

(A) It is a name of a new credit card.
(B) It is accessible only by an authorized person.
(C) It can be used wherever the Premiere One Card is used.
(D) It has an online application system.

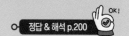
Questions 3-5 refer to the following Web page.

http://info.steward.co.uk/20170327_01_en.html ▼ — □ X

Home	Car	Hotel	Flight	Flight & Hotel	Steward Membership

March 27   STEWARD TRAVEL Inc.

Notice of Merger

Thank you very much for using STEWARD TRAVEL.

STEWARD Inc., STEWARD TRAVEL Inc., STEWARD CORPORATION Inc., and STEWARD Tourism & Consulting, Inc. hereby announce that the four companies have resolved to complete a merger based on the prescribed approval of the authorities concerned, effective as of June 1, and all services will be continuously provided under 4 STEWARDS Inc.

The terms and conditions and each contract of STEWARD TRAVEL, Inc. apply to bookings until May 31, whereas the terms and conditions and each contract of STEWARD, Inc. apply to bookings after June 1.

Furthermore, customers will continue to be able to use the services that are now offered: all URLs on our website, membership Web pages, e-newsletters, acquired STEWARD points and Web coupons.

Customers can object to the merger by July 31.

We will continue to make every effort to further enhance our services in our continuous pursuit of service excellence.

Please contact the following email address for inquiries regarding this matter.
E-mail : info@steward.co.uk
STWARD TRAVEL http://travel.steward.co.uk/

3. What is NOT included in the service STEWARD Travel provides?

(A) Car rental
(B) Hotel reservation
(C) Consulting
(D) Flight reservation

4. What is indicated from the Web page?

(A) The same service will be provided by STEWARD Inc.
(B) STEWARDS points will no longer be provided.
(C) The Web site will be closed soon.
(D) Customers should use coupons by May 31.

5. If customers oppose to the merger, by when should they contact the company?

(A) March 27
(B) May 31
(C) June 1
(D) July 31

> ▶ **Introduction**

토익에서는 상품/서비스/구인 등에 관한 광고가 지문으로 등장합니다. 광고 지문은 1회당 최소 1개 지문에서 최대 4개까지 출제됩니다. 상품 광고인 경우 상품의 특징, 할인, 구매처에 관한 내용이 다뤄지며, 서비스 광고인 경우 서비스의 특징, 장점, 할인 등에 관한 내용이 나오죠. 또한 구인광고인 경우에는 담당 업무, 근무시간, 근무환경, 지원방법에 관한 내용이 나올 거예요.

> ▶ **Advertisement 지문의 질문 예시**

❶ 광고되고 있는 제품/서비스에 관한 질문

- **What is being advertised?**
  무엇이 광고되고 있는가?

❷ 추론할 수 있는 것 / 추론할 수 없는 것에 관한 질문

- **What is NOT indicated about the car?**
  자동차에 대해 알 수 있는 것이 아닌 것은?
- **What is indicated about the hotel?**
  호텔에 대해 알 수 있는 것은 무엇인가?
- **What is suggested about Star Tour?**
  Star Tour에 대해 알 수 있는 것은 무엇인가?

❸ 언급된 / 언급되지 않은 세부사항에 관한 질문

- **What duty is mentioned as part of the job?**
  업무의 일부로 언급된 직무는 무엇인가?
- **According to the advertisement, what is requested for a salaried position?**
  광고에 따르면, 유급직에 대해 요청되는 것은 무엇인가?
- **According to the advertisement, why should applicants visit the AAA Academy Web site?**
  광고에 따르면, 지원자들이 AAA Academy 웹사이트를 방문해야 하는 이유는 무엇인가?

❹ 참여자/광고자가 해야 하는 행동에 관한 질문

- **What are participants expected to do?**
  참가자들이 할 행동으로 기대되는 것은 무엇인가?
- **What is the seller willing to do?**
  판매자가 하고자 하는 것은 무엇인가?

Advertisement 질문 공략하기

Key Point 1   **광고되고 있는 제품/서비스에 관한 질문**

• **What** is being **advertised**?	광고되고 있는 제품/서비스를 찾는 문제는 해당 제품/서비스의 특징을 묘사하는 부분을 해석해본다.

Key Point 2   **추론할 수 있는 것 / 추론할 수 없는 것에 관한 질문**

• What is **NOT** indicated about **the car**? • What is indicated about **the hotel**? • What is suggested about **Star Tour**?	추론 문제의 정답 단서는 지문에 나와 있지만, 직접적으로 언급되어 있지는 않기 때문에 질문의 키워드와 관련된 모든 정보를 파악하는 것이 관건이다. 지문을 읽기 전에 추론 문제의 보기를 먼저 읽어서 지문에서 보기의 내용이 나올 때 마다 정답/오답을 소거하는 방법으로 풀이한다.

Key Point 3   **언급된 / 언급되지 않은 세부사항에 관한 질문**

• **What duty** is mentioned as **part of the job**? • According to the advertisement, what is **requested for a salaried position**? • According to the advertisement, **why should applicants visit the AAA Academy Web site**?	세부 사항을 묻는 문제는 질문에 주어진 "키워드"(Keyword)에 집중한다. 질문의 핵심 키워드가 언급된 부분 근처에서 정답의 근거가 나오기 쉽다. 특히 정답의 근거가 한 문단 내에서만 나오는 것이 아니라 지문의 가장 마지막이나 다른 문단에서도 주어질 수가 있다는 점에 유의해야 한다.

Key Point 4   **참여자/광고자가 해야 하는 행동에 관한 질문**

• What are **participants expected to do**? • What is **the seller willing to do**?	광고 판매자, 혹은 구매예정자가 하고 싶은 것, 혹은 앞으로 할 것으로 예상되는 일을 찾는 문제는 보통 지문의 가장 마지막 부분에 언급되어 있는 경우가 많다.

Questions 1-3 refer to the following advertisement.

Posting Title: Holly Carburetor 4160 Series 4V 600 CFM	Price: $200	Location: Honolulu, Hawaii

Posting :

[1] **Purchased online last year. Paid $350 for it.** It has a 2-year warranty. This carburetor model is necessary for restoring a classic 1964-1973 Mustang. As far as I know, it's functioning, but I haven't yet installed it in a car. (Pictures available upon request).

[3] **I'm willing to take offers,** though underestimated offers will be flatly rejected.
I can also ship the item, but a shipping fee will be added to the final price.

[2] **Reply to: Text me at 555-1976**

추론문제

1. What is indicated about the item? ➡ 이 물품에 대해 알 수 있는 것은 무엇인가?

(A) It is available in various colors. ➡ 다양한 색깔로 구매 가능하다.
(B) It is a second-hand item. ➡ 중고 물품이다.
(C) It fits various models of cars. ➡ 다양한 종류의 자동차에 적합하다.
(D) It was purchased three years ago. ➡ 3년 전에 구매되었다.

> (해설) 이 광고의 게시자가 작년에 350달러로 구입한 물품을 다시 팔 생각으로 글을 쓴 것으로 중고거래 광고라는 것을 알 수 있다. 따라서 정답은 (B)이다.

세부사항

2. According to the advertisement, how can customers contact the seller?
➡ 광고에 의하면, 어떻게 고객은 판매자에게 연락할 수 있는가? [키워드: contact the seller]

(A) By e-mail ➡ 이메일로
(B) By text message ➡ 문자 메세지로

(C) By calling ➡ 전화로

(D) By fax ➡ 팩스로

> **(해설)** 질문에 있는 contact라는 표현과 동일한 의미로 광고의 하단부에 있는 Reply to: 가 있다. 이 항목에 "Text me"라고 하고 전화번호가 적혀 있으므로, 판매자는 문자 메시지로 연락 받기를 원한다. 따라서 정답은 (B)이다.

세부사항

3. What is the seller **willing to do**? ➡ 판매자가 하고자 하는 것은 무엇인가? [키워드: willing to do]

(A) Ship an item for free ➡ 무료로 물품을 배송하는 것

(B) Negotiate a price ➡ 가격을 협상하는 것

(C) Gift wrap an item ➡ 물품을 선물 포장하는 것

(D) Ask $350 for the item ➡ 물품에 대해 350달러를 요구하는 것

> **(해설)** 질문에 언급된 willing to do를 키워드로 보고 지문에서 키워드와 관련된 부분을 찾아보면 "I willing to take offers"라는 문장을 찾을 수 있다. Take an offer라는 표현은 '제안을 받아들이다'라는 표현으로, offer를 복수명사로 써서 이 문장은 "제안을 기꺼이 받아들일 것이다"라는 의미를 나타낸 것이다. 판매자가 말하는 제안은 가격 협상을 의미하는 것이므로 정답은 (B)이다.

Word & Phrase

posting 몡 게시물 title 몡 제목 price 몡 가격 location 몡 위치 carburetor 몡 (내연 기관의)기화기 purchase 동 구매하다 pay 동 지불하다 warranty 몡 품질 보증서 necessary 혱 필요한 restore 동 회복시키다, 복구하다 as far as ~하는 한 function 동 기능하다, 작동하다 install 동 설치하다 available 혱 이용 가능한 upon request 신청에 의해 be willing to do 기꺼이 ~하다 offer 몡 제안 though 졉 비록 ~이지만 underestimated 혱 과소평가된, 예산이 너무 적게 추산된 flatly 부 단호히, 딱 잘라서 reject 동 거절하다 ship 동 배송하다, 운송하다 shipping fee 몡 배송료, 운송료 add 동 추가하다 final 혱 최종의, 마지막의 reply 동 응답하다, 답신하다 various 혱 다양한 second-hand 혱 중고의 fit 동 적합하다, 알맞다 contact 동 연락하다 seller 몡 판매자 for free 무료로 negotiate 동 협상하다 gift wrap 선물 포장하다

Questions 1-2 refer to the following job advertisement.

Recruitment Title: Administrative Assistant

Job Category: Staff & Executive (Administrative Support)

Department: Cain and Spiel School of the Arts, Dean's Office

Overview: The mission of the school is to nurture creative talent and instill the insights and skills that future generations of artist and professionals need to contribute to the creative and scholarly world. The school offers undergraduate and graduate degrees in dance, film making, music, theater, and the visual arts.

Key Duties:
- Assists in the technical operations of the division, preparation of the courses for online delivery and enrollment management.
- Manages the database and prepares reports on enrollment, student demographics, instructor data for accreditation, and business operations.
- Other duties as requested.

Position Status: Full-time

Qualifications: A minimum of a bachelor's degree and one year of office-environment experience with demonstrated competency in the required skills

---

1. According to the advertisement, what is one of the requirements?

(A) A college degree
(B) A driving license
(C) Over six years of experience
(D) A portfolio

2. What is suggested about Cain and Spiel School of the Arts?

(A) It is seeking a part-time worker.
(B) It offers online classes.
(C) It is located in the center of the city.
(D) It offers graduate degrees only.

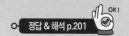
Questions 3-6 refer to the following advertisement.

The Caffeinated Adventure of a Lifetime

Caffeinated Life Style (CFS) is a company that focuses on providing avid coffee fans with a chance to experience what the best coffee baristas in Seattle have to offer. Every Saturday and Sunday from August to November, guests will take a guided walking tour of the best local coffee shops and test their wares. Every coffee shop that we are affiliated with is featured in the esteemed Starling's Foodie Guide to the Northwest.

On the tour, guests will:
- Take a guided walking tour in downtown Seattle.
- Receive delicious, signature coffee-related treats and drinks at six different coffee shops, all within walking distance of each other.
- Take a one hour make-your-own-foam art lesson from one of our guest teaching baristas.
- Receive a CFS tote bag at the beginning of the tour you can fill with coupons, vouchers, recipe cards, and treats from each spot we visit on the tour.

The cost is $75 for Saturday tours and $65 for Sunday tours. Tours run from 12 P.M. to 6 P.M. Each tour requires a minimum of 15 guests and a maximum of 30. Guests should be prepared for up to two hours of walking at a leisurely pace.

For more information about participating coffee shops or to make a reservation, please visit the website: www.cfs.com.

3. What is being advertised?

(A) A local coffee farm

(B) A free barista class

(C) A guided tour

(D) A coffee tasting event

4. What is indicated about the tour?

(A) Participants will visit eight shops a day.

(B) It will last approximately 3 hours.

(C) It is offered every day.

(D) Participants will receive a variety of gifts from each location.

5. What are participants expected to do?

(A) Prepare some snacks

(B) Arrive at least 2 hours in advance

(C) Bring their own coffee beans

(D) Wear comfortable shoes for walking

6. According to the advertisement, how can readers make a reservation?

(A) By using a Web site

(B) By informing hotel staff

(C) By calling CFS

(D) By visiting a coffee shop

Notice / Announcement

▶ Introduction

Notice, 그리고 Announcement는 토익의 Part 7에서 5번째로 빈번하게 출제되는 문제 유형입니다. 적어도 한달에 1~4 개 정도의 지문이 Notice와 Announcement의 유형으로 출제됩니다. 불특정 다수에게 정보를 전달하는 것을 목적으로 하는 Notice나 Announcement에서는 주로 기업의 인사이동에 관한 공지, 상품/서비스의 출시에 관한 공지, 행사일정에 관한 공지 등의 내용이 다루어 집니다. 공지에 출제되는 문제는 지문의 의도, 화자 등을 파악하는 문제부터 세부사항을 묻는 문제, 그리고 공지를 읽는 독자들에게 요청하는 내용에 관한 문제까지 다양한 유형으로 주어지기 때문에, 내용 뿐 아니라 의도를 파악하면서 독해하는 것이 좋습니다.

▶ Notice / Announcement 지문의 질문 예시

❶ 공지의 목적에 관한 질문

- **What is the purpose of the notice?** 공지의 목적은 무엇인가?
- **What is announced in the notice?** 공지에서 발표되는 것은 무엇인가?

❷ 공지가 게시될 장소나 언급된 인물을 유추하는 질문

- **Where would the notice most likely be posted?** 이 정보가 게시되는 곳은 어디일 것 같은가?
- **Who most likely is Mr. Kim?** Kim 씨는 누구인가?

❸ 공지에서 요청한 사항에 대한 질문

- **What are employees invited to do on Thursday?**
  직원들이 목요일에 하도록 요청받는 행동은 무엇인가?
- **According to the notice,** why might the readers contact Ms. Lanster?
  공지에 따르면, 독자들이 Lanster 씨에게 연락할 이유는 무엇인가?

❹ 공지의 세부사항에 관한 질문

- **According to the notice, what may happen** if a group arrived late for a scheduled tour?
  공지에 따르면, 한 단체가 예정된 관광에 늦으면 어떤 일이 일어날 것인가?
- **What is stated about** items to be exchanged? 교환될 물품에 관해 언급된 것은 무엇인가?
- **What change will be made to the report?** 보고서에 변경될 사항은 무엇인가?
- **What is NOT mentioned about PAT Tours?** PAT Tours에 대해 언급된 것이 아닌 것은?

❺ 언급된 키워드에 관한 정보를 추론하는 문제

- **What is indicated about Whitney Museum parking?**
  Whitney Museum 주차에 대해 알 수 있는 것은?
- **What is indicated about visiting Paradise Island?**
  Paradise Island에 방문하는 것에 대해 알 수 있는 것은?
- **What is suggested about mobile phone accessories?**
  휴대전화 액서사리에 대해 알 수 있는 것은?

Notice / Announcement 질문 공략하기

Key Point 1 공지의 목적에 관한 질문

• What is **the purpose** of the notice?

• What is **announced** in the notice?

공지의 제목을 보면 정답이 보인다. 주어진 제목이 공지의 주제, 목적이라고 생각하자.

Key Point 2 공지가 게시될 장소나 언급된 인물을 유추하는 질문

• **Where** would the notice most likely be **posted**?

• **Who** most likely is **Mr. Kim**?

공지가 게시될 장소는 공지의 제목과 첫 2문장의 내용에서 찾을 수 있다.

Key Point 3 공지에서 요청한 사항에 대한 질문

• What are **employees** invited **to do on Thursday**?

• According to the notice, **why** might the readers **contact Ms. Lanster**?

공지의 마지막 부분, 명령문이 정답의 근거가 되는 경우가 많다. 그래서 공지를 읽는 사람들에게 "요청/당부"하는 것은 Please 로 시작하는 명령문이나 if절(만약 ~한다면)이 있는 부분을 눈여겨 보아야 한다.

Key Point 4 공지의 세부사항에 관한 질문

• According to the notice, **what** may **happen if a group arrived late** for a scheduled tour?

• What is stated about **items to be exchanged**?

• **What change will be made** to the report?

• What is **NOT** mentioned about **PAT Tours**?

세부 사항을 묻는 문제는 질문에 주어진 "키워드"(Keyword)에 집중한다. 질문의 핵심 키워드가 언급된 부분 근처에서 정답의 근거가 나오기 쉽다. 특히 정답의 근거가 한 문단 내에서만 나오는 것이 아니라 지문의 가장 마지막이나 다른 문단에서도 주어질 수가 있다는 점에 유의해야 한다.

Key Point 5 언급된 키워드에 관한 정보를 추론하는 문제

• What is indicated about **Whitney Museum parking**?

• What is indicated about **visiting Paradise Island**?

• What is suggested about **mobile phone accessories**?

추론 문제는 질문의 키워드와 관련된 모든 정보를 파악하는 것이 관건이다. 지문을 읽기 전에 추론 문제의 보기를 먼저 읽고 지문에서 보기의 내용이 나올 때 마다 정답/오답을 소거하는 방법으로 풀이한다. 특히 공지나 알림글에는 특정한 상황에 관한 내용이 언급이 되고 그것이 문제로 출제되는데, 질문에서 이에 관련한 키워드를 지문에서 단서를 찾은 다음 각각의 보기를 읽고 정답/오답인 이유를 판단해야 한다.

Questions 1-4 refer to the following notice.

Notice for a New Employee

1 We are happy to announce that Thad Parker has decided to 2 join Kelman Law Firm as an associate attorney. Mr. Parker graduated *cum laude* from the Whittier University School of Law. 3A He studied patent law. 3C, 3D He also has a Bachelor of Science in chemical engineering from Tiva University in Brazil. While attending Whittier, he also interned at Petra Pharmaceuticals. Mr. Parker has an exceptional educational background and I am sure he will be a valuable asset to our team.

4 Please join us this Friday at 6 P.M. in the main conference room to welcome him to our firm.

주제 및 목적

1. What is announced in the notice? ➡ 공지에 발표된 내용은 무엇인가?

(A) A director will retire. ➡ 감독이 은퇴할 것이다.

(B) A scholarship will be awarded. ➡ 장학금이 수여될 것이다.

(C) A new member will join the team. ➡ 신입 직원이 팀에 합류할 것이다.

(D) Staff members will attend a professional conference. ➡ 직원들은 전문적인 회의에 참여할 것이다.

> **해설** 공지의 첫 문장에 Parker 씨가 Kelman Law Firm에 합류하기로 결정하게 된 사실을 알리고 있다. 이를 통해 정답이 (C)라는 것을 알 수 있다.

추론 문제

2. Who most likely are the readers? ➡ 독자는 누구인가?

(A) Law firm employees ➡ 법률 회사 직원

(B) Workshop organizers ➡ 워크숍 주최자

(C) Tiva University students ➡ Tiva 대학교 학생

(D) Art directors ➡ 미술 감독

> **해설** 첫 문장에서 "We are happy to ～ "라고 언급하여 공지를 쓴 사람과 독자가 같은 곳의 소속임을 알 수 있으며, 첫 문장의 뒷부분에 "join Kelman Law Firm"이라고 언급한 것을 보고 이 공지의 독자가 Kelman Law Firm의 직원임을 알 수 있다. 따라서 정답은 (A)이다.

해석 p.203

사실 확인

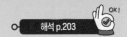

3. What is NOT mentioned about **Mr. Parker**?
➡ **Parker 씨에 대해 언급되지 않은 것은 무엇인가? [키워드: Mr. Parker]**

(A) His university major was patent law. ➡ **그의 대학 전공은 특허법이었다.**
(B) He has worked at a law firm before. ➡ **그는 전에 법률 회사에서 근무한 적이 있다.**
(C) He has knowledge in chemical engineering. ➡ **화학 공학에 대한 지식이 있다.**
(D) He studied in Brazil. ➡ **브라질에서 공부했다.**

[해설] 세 번째 문장에서 Parker 씨가 특허법을 공부하였다([3A])고 언급되어 있으며, 그 다음 문장에서는 브라질에 있는 Tiva 대학에서 화학을 전공하여 학사 학위가 있다([3C], [3D])는 것이 언급되어 있다. 하지만 법률회사에 일한 적이 있는지는 알 수 없다. 현재 새로 입사한 곳이 Kelman Law Firm이라는 법률회사라는 것만 알 수 있으므로 정답은 (B)이다.

요청 사항

4. What are employees **invited to do on Friday**?
➡ **직원들이 금요일에 하도록 요청 받은 것은 무엇인가? [키워드: invited to do on Friday]**

(A) Participate in a reception ➡ **환영회에 참가하는 것**
(B) Share the meeting agenda ➡ **회의 안건을 공유하는 것**
(C) Meet clients ➡ **고객을 만나는 것**
(D) Attend a training workshop ➡ **교육 워크숍에 참가하는 것**

[해설] 키워드가 '금요일에 하도록 요청 받은 것'이기 때문에 지문에서 "Friday"가 언급된 부분을 우선적으로 찾아본다. 맨 마지막 문장에 Please ~로 시작하는 문장이 있는데, 이 문장이 요청 사항이 언급되는 단서임을 파악하고, this Friday가 언급되어 있는 것도 확인한다. 그 문장은 '그를 환영하기 위해 메인 컨퍼런스룸으로 모이라'는 의미이므로, 이 내용을 다르게 표현한 (A)가 정답이다.

Word & Phrase

announce [동] 발표하다, 알리다 **decide** [동] 결정하다 **law firm** [명] 법률 회사 **associate** [형] (직함 앞에 쓰여) 준~, 보조~ **attorney** [명] 변호사, 법률 대리인 **graduate** [동] 졸업하다 **cum laude** [부] 우등으로 **patent** [명] 특허권 **bachelor** [명] 학사 학위 **chemical** [형] 화학의 **engineering** [명] 공학 기술 **attend** [동] 다니다, 참석하다 **intern** [동] 인턴으로 근무하다 **pharmaceuticals** [명] 제약 회사 **exceptional** [형] 특출한, 우수한 **educational background** [명] 학력 **valuable** [형] 가치 있는, 귀중한 **asset** [명] 자산 **welcome** [동] 환영하다 **director** [명] 감독, 이사, 책임자 **retire** [동] 은퇴하다 **scholarship** [명] 장학금 **award** [동] 시상하다, (상을) 수여하다 **professional** [형] 전문적인 **organizer** [명] 주최자, 기획자 **major** [명] 전공 **knowledge** [명] 지식 **participate in** ~에 참석하다 **reception** [명] 접대, 환영회, 연회 **share** [동] 공유하다 **meeting agenda** [명] 회의 안건 **training** [명] 훈련, 교육

Questions 1-2 refer to the following notice.

Attention Cross Farm Residents!

In an effort to be more environmentally friendly, the Cross Farm Neighborhood Newsletter will no longer be available in paper-form. We will offer it online instead. You can sign up for the e-mail newsletter at www.crossfarmapartments.com or simply download it from the site itself.

It will have all of the same great content that the old newsletter had, plus some additional material that we didn't have the resources to print out but now can via this new electronic format.

If you have any questions, please feel free to e-mail or call me.

Thanks,

Judy Alcon

Cross Farm Neighborhood Management

Tel: 555-4562 | E-mail: management@crossfarmapartment.com

---

1. What is announced in the notice?

(A) The company will launch a new Web site.

(B) The editors will resign next month.

(C) Customers will be charged for the delivery service.

(D) The service will be available online only.

2. According to the notice, why might readers contact Ms. Alcon?

(A) To inquire about the change

(B) To apply for a job opening

(C) To complain about the article

(D) To sign up for the mailing list

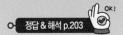
Questions 3-4 refer to the following notice.

The Foreign Film Society (FFS) is opening a local chapter in Peregrine Town in September. The group will meet on the first and third Saturday of every month at the Wheaton Library, 1567 Nixon Street, at 6:30 P.M. This is for film lovers of all ages and everyone is welcome.

If you plan on using public transportation to travel to the meetings, the green bus #896 stops at City Hall which is only 1 block away, or if you are willing to walk a little further, the bus #674 stops at the local ice cream shop at Monterrey and Williamsburg, which is only 3 blocks away. If you plan on driving, parking is free after 5 P.M. in the library's parking lot and on the streets nearby.

We have an exciting year planned, so we hope you'll be able to join us. For the list of movies that we will be seeing each month and to send us your suggestions, please visit us online at www.foreignfilmsociety.org.

Hope to see you soon!

3. What is purpose of the notice?
   (A) To give directions to a professional workshop
   (B) To promote the opening of a local branch
   (C) To offer a special sale on electronic equipment
   (D) To encourage residents to watch a newly-released movie

4. What is mentioned about the FFS chapter in Peregrine Town?
   (A) It will hold weekly gatherings.
   (B) It will open the meeting to only local residents.
   (C) It offers free parking on weekends.
   (D) It is located near City Hall.

Invoice / Receipt / Form

◉ Introduction

Invoice(운송장), receipt(영수증), form(양식) 유형의 지문은 적어도 매회 1개씩 출제됩니다. 다행히 이 지문들은 기사문이나 편지처럼 굉장한 독해력을 필요로 하지 않습니다. 완전한 문장이 쓰여진 것이 거의 없고 대부분 표나 항목으로 간략한 정보가 쓰여져 있기 때문이죠. 대신, 이러한 양식에 자주 등장하는 단어는 필수적으로 알아 두어야 합니다. Invoice / Receipt / Form은 단독 지문으로 출제되기도 하지만, 이중지문이나 삼중지문에 출제되어 지문 간의 연계문제로 출제되는 경우도 많습니다.

이러한 유형의 지문에서 추론 문제가 출제되면 도입부와 마지막에 언급되는 별첨(＊표시로 주의사항이나 특이사항이 기재되어 있는 부분)에서 정답의 단서가 나올 수 있기 때문에 처음부터 끝까지 꼼꼼하게 정보를 파악하는 것이 중요합니다. 특히 구매 물건 목록, 주문서에서는 어떤 종류의 매장에 관련된 내용인지, 물품의 수량과 가격, 할인 조건, 배달 조건 등이 어떠한 지 반드시 파악해야 합니다.

◉ Invoice / Receipt / Form 지문의 질문 예시

❶ 세부사항에 관한 질문

- **According to the form**, what will Boston Library staff do?
  양식에 따르면, Boston Library 직원은 무엇을 할 것인가?

- **According to the receipt**, how can customers get a discount?
  영수증에 따르면, 고객들은 어떻게 할인을 받을 수 있는가?

- **What will happen** at a meeting on October 10?
  10월 10일에 있을 회의에서 무슨 일이 일어날 것인가?

- **What** activity **occurs** only twice in July? 7월에 단 2회만 진행될 활동은 무엇인가?

- **What** session involves identifying goals? 목표를 확인하는 것을 포함하는 세션은 무엇인가?

❷ 언급된 키워드에 관한 정보를 추론하는 질문

- **What is implied about** Boston Library? Boston Library에 대해 암시되는 것은 무엇인가?

- **For whom is** the workshop **most likely intended**? 워크숍은 누구를 위해 의도된 것인가?

- **What kind** of store **most likely is** Jamie Store? Jamie Store는 어떤 종류의 매장인가?

❸ 언급되지 않은 정보를 찾는 질문

- **What is NOT indicated about** the workshop? 워크숍에 대해 알 수 있는 것이 아닌 것은?

- **What is NOT included** in the cost of the event? 행사 비용에 포함되지 않은 것은 무엇인가?

❹ 요청 사항에 관한 질문

- **What is** Mr. Kim **asked to do**? Kim 씨는 무엇을 하도록 요청 받는가?

Invoice / Receipt / Form 질문 공략하기

Key Point 1   세부사항에 관한 질문

- According to the form, what will **Boston Library** staff do?
- According to the receipt, **how** can customers **get a discount**?
- What will happen at **a meeting** on **October 10**?
- What activity occurs **only twice in July**?
- What session involves **identifying goals**?

세부 사항을 묻는 문제는 질문에 주어진 "키워드"(Keyword)에 집중한다. 질문의 핵심 키워드가 언급된 부분 근처에서 정답의 근거가 나오기 쉽다.

Key Point 2   언급된 키워드에 관한 정보를 추론하는 질문

- What is implied about **Boston Library**?
- **For whom** is **the workshop** most likely intended?
- What kind of store most likely is **Jamie Store**?

추론 문제의 정답 단서는 지문에 나와 있지만, 직접적으로 언급되어 있지는 않기 때문에 질문의 키워드와 관련된 모든 정보를 파악하는 것이 관건이다. 지문을 읽기 전에 추론 문제의 보기를 먼저 읽어서 지문에서 보기의 내용이 나올 때마다 정답/오답을 소거하는 방법으로 풀이한다.

Key Point 3   언급되지 않은 정보를 찾는 질문

- What is **NOT** indicated about **the workshop**?
- What is **NOT** included in **the cost of the event**?

언급되어 있지 "않은" 것을 찾아야 하는 문제는 보기를 하나씩 지워가면서 찾는다. 단, 보기를 먼저 읽고 시작해야 하며, 보기의 내용이 언급된 부분이 나오면 정답/오답을 판단하여 오답이면 소거한다. 정답의 근거가 한 문단에 모여 있지 않고 분산되어 있는 경우도 있다. 간혹 한 문제의 단서가 지문의 첫 부분과 마지막 부분에 나뉘어져 제시되는 경우도 있으니 처음부터 끝까지 놓치지 않고 읽어서 관련된 단서를 찾아야 한다.

Key Point 4   요청 사항에 관한 질문

- What is **Mr. Kim asked to do**?

가장 마지막 부분에 작은 글씨로 되어있는 별첨 안내 부분에 정답의 단서가 제시되는 경우가 많다. 요청사항은 please로 시작하는 명령문이나 if(만약 ~하는 경우), be required to do의 표현으로 제시된다.

Questions 1-2 refer to the following receipt.

The Taj Elephant

1674 South Kyoto Road

Los Angeles, CA, 78209

(210) 555-0983

Date: Jan 29, 2017   **Time**: 09:53 PM

Server: Nick Li   **# Guest**: 3

Bill: 0121   **Table**: X6

1	1 Roti Prata	$3.50
1	1 Roti Telur	$5.95
1	1 Green Curry Vegetables	$9.50
1	1 Rendang Beef	$10.50
	Subtotal	$29.45
	Sales Tax	$2.06
	TOTAL	**$31.51**

2 Receive a free drink with your next meal by sharing your opinion:

Visit www.tajelephant.com/survey

and use ID #980965

1 Thank you for dining with us today!

추론 문제

1. What kind of store most likely is The Taj Elephant? ➡ Taj Elephant는 어떤 종류의 매장인가?

    (A) A food manufacturer ➡ 식품 제조업체

    (b) A food supplier ➡ 식품 공급업체

    (C) A restaurant ➡ 식당

    (D) A catering company ➡ 출장 요리 업체

    해설 영수증에 나와 있는 구매 항목이 모두 음식 종류이고, 맨 마지막에 Thank you for dining with us라고 나와 있으므로 이 매장은 식당임을 알 수 있다. 따라서 정답은 (C)이다.

해석 p.204

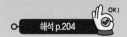

세부사항

2. According to the receipt, how can customers get a free beverage?
➡ 영수증에 따르면, 고객들은 어떻게 무료 음료를 얻을 수 있는가? [키워드: a free beverage]

(A) By making a reservation ➡ **예약을 함으로써**
(B) By submitting a complaint letter ➡ **불만 편지를 제출함으로써**
(C) By paying in cash ➡ **현금으로 결제함으로써**
(D) By completing a survey ➡ **설문조사를 완료함으로써**

[해설] 영수증의 맨 아래에 www.tajelephant.com/survey에 가서 의견을 공유하면 무료 음료를 얻을 수 있다는 내용이 있다. 해당 주소에 survey라는 단어가 있는 것이 결정적인 단서이다. 따라서 정답은 (D)이다.

Word & Phrase

server [명] (식당의) 테이블 담당 직원, 웨이터 **bill** [명] 계산서 **free** [형] 무료의 **meal** [명] 식사 **share** [동] 공유하다 **dine** [동] 식사하다 **manufacturer** [명] 제조업체 **supplier** [명] 공급업체 **catering** [명] 출장 요리, 음식 공급 **make a reservation** 예약하다 **submit** [동] 제출하다 **complaint** [명] 불만, 불평 **pay** [동] 지불하다 **cash** [명] 현금 **complete** [동] 완성하다, 완료하다 **survey** [명] 설문조사

Questions 1-3 refer to the following invoice.

The Beagle Hotel

3845 Maltese Road

Los Feliz, CA, 95676

Date: October 21

Invoice Number: 816

Bill to:

Lauryn Hill

Party Hearty LLC

643 S. Back Street

Santa Babara, CA, 95676

Invoice for a one-day event to be held on November 1 by Party Hearty LLC.

Item	Rate	Total
Cranston Room	$550.00/day	$550.00
Party Event (50 Guests)		

Hotel Services

Rental A/V Equipment	$200.00/day	$200.00
2 wide screen TVs	$50.00/day	$50.00
Bartending services (5 P.M. to 12 A.M.)	$500.00/day	$500.00
Dinner Buffet Services (5 P.M. to 7 P.M.)	$30.00/person	$1500.00
Catering (7 P.M. to 12 A.M.)	$20.00/person	$1000.00

Subtotal	$3800.00
Tax	$575.88
Total	$4375.88*

* Please send this amount by October 23 to reserve all the listed services.

1. What is suggested about Party Hearty
    LLC?

    (A) Its headquarters is located in Los
        Feliz.
    (B) It will offer flights for all participants.
    (C) It will post a video on the website.
    (D) It will hold a one–day function in
        November.

2. What is NOT included in the cost of the
    event?

    (A) A hotel stay
    (B) A beverage service
    (C) A meal
    (D) A conference room rental

3. What will happen by October 23?

    (A) An event will be held.
    (B) A reservation will be canceled.
    (C) A vehicle will be reserved.
    (D) A payment will be made.

● Introduction

이중지문은 토익 시험에서 176~185번에 해당하며, 총 2세트, 10문제로 출제됩니다. 단일지문과의 차이점은 두 개의 지문에 5개 문제가 출제되며, 그 중 1문제는 두 지문에 제시된 각각의 단서를 연계하여 풀어야 하는 문제가 반드시 포함되어 있다는 것입니다. 나머지는 첫 번째 지문에 관련된 2문제, 두 번째 지문에 관련된 2문제로 구성됩니다. 200번까지 있는 RC 문제에서 이중지문은 거의 마지막 부분에 위치해 있기 때문에 Part 7을 번호 순서대로 풀 경우, 시간을 얼마 남겨두지 않은 시점에서 조급한 마음으로 풀게 되어 정답을 찾는 데 어려움을 겪게 되는 지문입니다. 이중지문의 빈출 질문 유형은 세부사항 묻기, 글의 목적, 추론, 동의어 찾기 순으로 구성됩니다.

● 이중지문의 질문 예시

❶ 세부사항에 관한 질문

- **According to the article, what is Mr. Hardy's goal?**
  기사에 따르면, Hardy 씨의 목표는 무엇인가?
- **What information on the receipt is incorrect?** 영수증에 있는 정보 중 잘못된 것은 무엇인가?
- **What is stated about the reservation?** 예약에 대해 언급된 것은 무엇인가?
- **What is the cause of the problem that Mr. Kim is having?**
  Kim 씨가 가진 문제의 원인은 무엇인가?

❷ 글의 목적에 관한 질문

- **What is the purpose of the first e-mail?** 첫 번째 이메일의 목적은 무엇인가?
- **What does the article discuss?** 기사에서 논의하는 것은 무엇인가?
- **Why did Ms. Bronte send the e-mail?** Bronte 씨가 이메일을 보낸 이유는 무엇인가?
- **Who most likely is Mr. Stevens?** Stevens 씨는 누구인가?

❸ 추론할 수 있는 것에 관한 질문

- **What is suggested about the meeting in July?**
  7월에 있을 회의에 대해 알 수 있는 것은 무엇인가?
- **What is indicated about Ashton Community Center?**
  Ashton Community Center에 대해 알 수 있는 것은 무엇인가?

❹ 동의어에 관한 질문

- **In the second e-mail, the word "issue" in paragraph 2, line 1 is closest in meaning to?**
  두 번째 이메일에서, 2번째 단락 1번째 줄에 있는 단어 issue와 가장 의미가 가까운 것은?
- **In the memo, the word "critical" in paragraph 1, line 1 is closest in meaning to?**
  메모에서, 1번째 단락 1번째 줄에 있는 단어 critical과 가장 의미가 가까운 것은?

이중지문 질문 공략하기

Key Point 1 **세부사항에 관한 질문**

- According to the article, what is **Mr. Hardy's goal**?
- What information **on the receipt** is **incorrect**?
- What is stated about **the reservation**?
- What is **the cause of the problem** that Mr. Kim is having?

세부 사항을 묻는 문제는 질문에 주어진 "키워드"(Keyword)에 집중한다. 질문의 핵심 키워드가 언급된 부분 근처에서 정답의 근거가 나오기 쉽다. 특히 정답의 근거가 2개의 지문 중 이디에 등장할 시 모르니 처음부터 끝까지 찬찬히 독해해야 한다.

Key Point 2 **글의 목적에 관한 질문**

- What is the **purpose** of the first e-mail?
- **What** does **the article discuss**?
- **Why** did **Ms. Bronte send** the e-mail?
- **Who most likely** is **Mr. Stevens**?

주제는 글의 제목과 첫 번째 문단의 내용을 보고 파악할 수 있다. 특히, 글의 목적에 관련된 문제는 절대 연계문제가 아니라는 점을 유념해야 한다.

Key Point 3 **추론할 수 있는 것에 관한 질문**

- What is suggested about **the meeting in July**?
- What is indicated about **Ashton Community Center**?

질문에 suggested, indicate, most likely가 언급되어 있다면 그것은 '추론할 수 있는 것'에 대한 질문이다. 추론 문제의 단서는 지문에 직접적으로 언급되어 있지 않기 때문에, 질문에 주어진 키워드와 직/간접적으로 관련된 모든 근거를 파악하는 것이 중요하다. 게다가, 추론 문제는 이중지문에서 연계문제로 가장 많이 출제되는 유형이다.

Key Point 4 **동의어에 관한 질문**

- In the second e-mail, the word **"issue"** in paragraph 2, line 1 is closest in meaning to?
- In the memo, the word **"critical"** in paragraph 1, line 1 is closest in meaning to?

문맥상 비슷한 어휘 뜻 찾기 문제는 해당 단어의 사전적 의미를 기반으로 "문맥"을 파악하는 것이 관건이다.

Key Point 5 **연계 문제**

이중지문에서 연계 문제는 1~2개 정도로, 첫 번째 지문과 두 번째 지문에서 각각 정답의 근거가 제시되며, 두 근거를 종합하여 알 수 있는 사실을 정답으로 고르면 된다. 그래서 연계 문제는 두 지문 간의 연결고리가 반드시 존재한다는 점을 유념하여 독해를 해야 한다. 문제와 지문을 읽기 전에는 절대 어떤 문제가 연계 문제인지 알 수 없다. 하지만, 빅데이터에 따르면 5개 문제 중에 3번째, 또는 4번째 문제가 연계 문제인 경우가 많다.

Questions 1-5 refer to the following notice and e-mail.

Matsuyama Autos | [1] Product Recall

August 14

Affected Cars: Satsuma 2014 Vehicle Model

Dear Valued Matsuyama Customer,

This notice is being sent to you in accordance with the requirements of the National Traffic and Motor Vehicle Safety Act. Matsuyama Autos, Inc. has been notified of a potential risk associated with the Satsuma 2014 vehicle model sold in North America.

What is the condition?

There is a defect in the rear wheels that can make them lock up, causing the driver to lose control. It has been found that oil can leak from the rear differential. This could damage components and cause the differential to lock-up and inhibit the wheels from rotating. A differential allows the wheels to travel at different speeds while a vehicle is turning a corner.

What will Matsuyama Autos do?

Authorized Matsuyama Autos dealers will be available to inspect and service the vehicles. If no leaks are found, fasteners will be tightened. If there is a leak, a gasket will be replaced and new fasteners installed. Matsuyama Autos will also replace any damaged differential parts.

What should you do?

This is an important Safety Recall

[5] **Please contact your authorized Matsuyama Autos dealership** to make an appointment to have these important repairs performed on your vehicle as soon as possible.

The process will take approximately 1 hour. However, depending upon the dealer's work schedule, it may be necessary to make your vehicle available for a longer period of time.

Until these important repairs are completed, [3] **we request that you refrain from using your vehicle.**

[2] * **Spanish Translation on the back side.** Traducción al español en el reverso.

FROM: ④ stephan_brau@coolmail.com

TO: ⑤ jimmy_meyer@seasidematsuyama.com

DATE: August 16

SUBJECT: Satsuma Recall

Hi Mr. Meyer,

④ I just received this safety recall notice in the mail. It makes me really nervous. I was wondering if you could give me more information about it and if I could schedule an appointment?

What percentage of the vehicles sold have been found to have the defect? What should I do if my brakes seize up? Will I be held liable if I drive my vehicle and get in an accident after receiving this notice?

Please call me so that I can schedule an appointment ASAP.

Sincerely,

④ Stephan Brau

Tel 831-555-9846

주제 및 목적

1. What is announced in the notice? ➡ 공지에서 알려지는 것은 무엇인가?

(A) A necessary service for faulty cars ➡ 결함이 있는 차량에 필요한 서비스

(B) A new car rental facility ➡ 새로운 차량 대여 시설

(C) A recent inspection policy change ➡ 최근 점검 정책 변화

(D) An updated fee structure ➡ 갱신된 요금 구성

> **해설** Product Recall이 제목이므로 결함 있는 제품에 대한 리콜을 하여 수리 작업을 공지한다는 것을 알 수 있다. 따라서 정답은 (A)이다.

2. According to the notice, what is available on the back of the page?

➡ 공지에 따르면, 이 페이지의 뒷면에서 이용가능한 것은 무엇인가? [키워드: the back of the page]

(A) A repair application form ➡ 수리 신청서

(B) A meeting itinerary ➡ 회의 일정

(D) A membership fee receipt ➡ 회원권 영수증

(D) A translated message ➡ 번역된 메시지

> **해설** 질문에 언급된 the back of the page에 관련된 내용은 첫 번째 지문 맨 마지막에 있는 별첨 메시지에 Spanish Translation on the back side에서 찾을 수 있다. 이 내용에 따르면 뒷 페이지(the back of the page)에서 스페인어 번역이 되어 있다고 한다. 따라서 정답은 (D)이다.

3. What are recipients of the notice asked to do?

➡ 공지를 받는 사람이 요청 받은 일은 무엇인가? [키워드: recipients, asked to do]

(A) Avoid driving the car ➡ 자동차를 운전하지 않는 것

(B) Contact the closest car repair center ➡ 가장 가까운 자동차 수리 센터에 연락하는 것

(C) Wait until further notice ➡ 추후 통보가 있을 때까지 기다리는 것

(D) Cancel any appointments ➡ 약속을 취소하는 것

> **해설** 공지의 마지막 부분에서 we request that ~ 이라는 문장에서 요청사항을 확인할 수 있다. 그 내용은 차량 이용을 삼가라는 것이므로 이것과 같은 의미인 (A)가 정답이다.

4. What is suggested about Mr. Brau? ➡ Brau 씨에 대해 알 수 있는 것은 무엇인가? [키워드: Mr. Brau]

(A) He needs to postpone an appointment. ➡ 그는 약속을 연기해야 한다.

(B) He wants a full refund for the car. ➡ 그는 자동차에 대한 전액 환불을 원한다.

(C) He owns a Satsuma 2014 vehicle model. ➡ 그는 Satsuma 2014형 모델을 소유하고 있다.

(D) He will go abroad next month. ➡ 그는 다음 달에 해외로 갈 것이다.

> **해설** 이메일에서 Brau 씨는 차량 리콜에 대한 공지를 받고 이메일을 쓰고 있다고 밝혔으므로 공지에서 말한 리콜의 대상이 되는 차량을 소유하고 있음을 알 수 있다. 따라서 정답은 (C)이다.

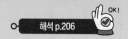

세부사항

5. Who is **Mr. Meyer**? ➡ Meyer 씨는 누구인가? [키워드: Mr. Meyer]

(A) A mechanic ➡ 정비공

(B) An automobile dealer ➡ 자동차 영업사원

(C) The CEO of Matsuyama Autos ➡ Matsuyama Autos의 CEO

(D) A journalist ➡ 기자

> **해설** 공지에서 Matsuyama의 자동차 영업점(dealership)에 연락하라고 하였는데, 차량의 소유주인 Brau 씨가 Jimmy Meyer에게 이메일을 보낸 것으로 보아 Jimmy Meyer가 Matsuyama 사의 영업사원 임을 알 수 있다. 따라서 정답은 (B)이다.

Word & Phrase

product recall 제품 회수, 리콜 **affected** (형) 영향을 받은, 해당하는 **vehicle** (명) 차량 **valued** (형) 소중한, 귀중한 **in accordance with** ~에 따라서 **requirement** (명) 필요조건 **national** (형) 국내의, 나라의 **traffic** (명) 교통 **motor** (명) 자동차, 승용차 **safety** (명) 안전 **act** (명) 법률 **notify** 사람 **of**: 사람에게 ~을 통보하다 **associated with** ~와 연관된 **condition** (명) 상태 **defect** (명) 결함 **rear** (형) 뒤쪽의 **wheel** (명) 바퀴 **lock up** 고정되다, 잠그다 **lose control** 통제력을 잃다, 제어가 되지 않다 **leak** (동) 새어나가다, (명) 유출 **differential** (명) (차량의) 차동 장치 **damage** (동) 손상을 주다, 피해를 입히다 **component** (명) 부품 **inhibit A from ~ing**: A가 ~하지 못하게 억제하다/저해하다 **rotate** (동) 회전하다 **travel** (동) 이동하다, 가다 **turn a corner** 모 퉁이를 돌다 **authorized** (형) 인가된, 허가된 **dealer** (명) 중개인 **available** (형) 시간이 있는, 이용할 수 있는 **inspect** (동) 점검하 다, 검사하다 **service** (동) (차량을) 점검하다, 정비하다 **fastener** (명) 잠금장치 **tighten** (동) 조여 매다, 조이다 **gasket** (명) 개스킷, 마개 **replace** (동) 교체하다 **install** (동) 설치하다 **contact** (동) 연락하다 **make/schedule an appointment** 예약하다 **repair** (명) 수리, 정비 **perform** (동) 수행하다 **as soon as possible** (=ASAP) 가능한 빨리 **process** (명) 과정, 공정 **approximately** (부) 대략 **depend upon** ~에 따라 달려 있다 **period of time** 기간 **complete** (동) 완료하다 **request** (동) 요청하다 **refrain from ~ing**: ~하는 것을 삼가다 **Spanish** (명) 스페인어 **translation** (명) 번역 **back side** 뒷면 **nervous** (형) 긴장되는, 초조 한 **wonder if** ~인지 궁금하다 **brake** (명) 브레이크, 제동 장치 **seize up** 멈추다, 작동하지 않다 **liable** (형) 법적 책임이 있 는 **get in an accident** 사고가 나다 **so that** ~하기 위해서, ~하도록 **rental** (명) 대여 **facility** (명) 시설 **recent** (형) 최근의 **inspection** (명) 점검 **policy** (명) 정책 **updated** (형) 업데이트 된 **fee** (명) 요금 **structure** (명) 구조, 구성 **application** (명) 지 원, 신청 **itinerary** (명) 일정표 **translated** (형) 번역된 **recipient** (명) 수령인, 수취자 **until further notice** 추후 통지가 있을 때 까지 **cancel** (동) 취소하다 **postpone** (동) 연기하다, 미루다 **full refund** 전액 환불 **own** (동) 소유하다 **go abroad** 해외로 가다 **mechanic** (명) 정비공 **journalist** (명) 기자, 언론인

Questions 1-5 refer to the following e-mails.

FROM: Stephen Kelman <advertising@cookiedigest.com>

TO: Jim Keener <j.keener@doughboy.com>

DATE: September 22

SUBJECT: Cookie Digest Advertising Opportunity

Dear Mr. Keener,

Thank you for joining our subscription mailing list. As a thank you, we wanted to let you be one of the first to hear about our latest offering. For a limited time, Cookie Digest is offering discounted pricing on ad space. Only those who never advertised in our magazine can take advantage of this offer.

When you advertise with Cookie Digest, you can reach a targeted audience of over 1 million baking professionals and amateur baking enthusiasts in print and online. Why would you miss this opportunity?

Our current offers for first-time advertisers, valid until October 10, are outlined below. To request more information or ask us questions, please reply to this e-mail or call us at 1-800-555-0103.

Additional information for advertisements is also available at www.cookiedigest.com/ads

Package	Format	Price per month
1	One full-page print ad plus a 6" x 1" Web site ad	$750
2	One half-page print ad plus a 4" x 5" Web site ad	$555
3	One half-page print ad plus a 3" x 3" Web site ad	$475
4	One quarter-page print ad plus 3" x 3" Web site ad	$375

Sincerely,

Stephen Kelman,

Marketing Coordinator

Cookie Digest

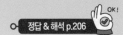

FROM: Jim Keener <j.keener@doughboy.com >
TO: Stephen Kelman <advertising@cookiedigest.com>
DATE: September 29
SUBJECT: RE: Cookie Digest Advertising Opportunity

Dear Mr. Kelman,

I received your e-mail and am interested in placing an ad in Cookie Digest. I do have questions that I need answered first though. I reviewed the specifications on your website, but I'm still confused about a few things. First, exactly where would my ad be placed, and what other kind of ads would be placed near mine? Second, I'm concerned about brand consistency. I would like my brand image style to be the same throughout all our ads, so is it possible to send over a ready-made advertisement? I am interested in a full-page advertisement, and I wonder if I can pay with a company credit card.

As soon as I hear from you, I'll e-mail you the advertisement for print and online along with the payment details.

Cheers,
Jim Keener
CEO, Dough Boy Inc.

1. According to the e-mails, what can be inferred about Dough Boy Inc.?

(A) It hasn't advertised Cookie Digest before.
(B) Stephen Kelman has been Dough Boy's CEO for the last 2 years.
(C) It is offering discounted price for a limited time.
(D) It has several store locations.

2. Why did Mr. Kelman write an e-mail to Mr. Keener?

(A) To invite him to a product launching party
(B) To promote a new magazine
(C) To ask him make a payment
(D) To inform him of a promotion

3. Why is Mr. Keener writing the e-mail?

(A) To respond to a question
(B) To offer advice to a new employee
(C) To inquire about a suggestion
(D) To give instructions on placing an advertisement

4. Which advertisement package is Mr. Keener interested in?

(A) 1
(B) 2
(C) 3
(D) 4

5. What is Mr. Keener's consideration about the advertisement?

(A) How the advertisement designer should be recruited
(B) What advertisement will be placed nearby
(C) What color scheme should be selected
(D) When the advertisement should be submitted

❯ Introduction

흔히들 학생들이 "어떤 문제가 출제되었는지 보지도 못하고 왔어요"라고 하는 부분이 바로 삼중지문이죠. 삼중지문은 한 세트에 3개의 지문, 5개 문제로 이루어져 있으며, 총 3세트가 출제가 됩니다. 많은 학생들이 Part 5, 6, 7 순서로 풀다가 186번~200번에 해당하는 삼중지문은 시간이 모자라서 문제조차 읽지 못하고 포기하고 맙니다. 삼중지문은 응시생들의 정답률이 꽤 낮기 때문에, RC에서 눈에 띄는 점수 향상을 노린다면 반드시 풀어야 하는 유형이기도 합니다.

입문자의 입장에서 삼중지문을 보면 "대체 이 지문은 여기에 왜?"라는 생각이 들 것입니다. 하지만 겁먹지 말고 가장 먼저 생각해야 하는 것은 3개의 지문이 반드시 하나의 공통된 주제로 엮어져 있다는 사실입니다. 그래서 삼중지문을 읽을 때에는 3개의 지문을 연결시키는 키워드와 주제를 파악하는 것이 중요합니다. 또한 세 개의 지문을 편의상 각각 A, B, C 라고 한다면 A+B의 연계 문제, B+C의 연계 문제, 또는 A+C의 연계 문제가 출제되기 때문에 이중지문보다 연계 문제의 정답을 찾기가 더 어렵답니다.

❯ 삼중지문의 질문 예시

❶ 추론할 수 있는 것에 관한 질문

- **What does Ms. White indicate about the presentation?**
  White 씨가 발표에 대해 암시한 것은 무엇인가?
- **What is suggested about SWS LAB?** SWS LAB에 대해 알 수 있는 것은 무엇인가?
- **What is indicated about MCSE?** MSCE에 대해 알 수 있는 것은 무엇인가?
- **Who most likely is Ms. Fitzgerald?** Fitzgerald 씨는 누구일 것 같은가?

❷ 세부사항에 관한 질문

- **According to the customer review, what will Mr. Spencer most likely do next year?**
  고객 평가에 따르면, Spencer 씨가 내년에 할 일은 무엇인가?
- **According to Mr. Walda, what can his company do?**
  Walda 씨에 따르면, 그의 회사는 무슨 일을 하는가?
- **According to Ms. Roo, what conference activity was she unable to attend?**
  Roo 씨에 따르면, 그녀가 참석할 수 없었던 컨퍼런스 활동은 무엇인가?
- **What does Ms. Peterson mention about her move?**
  Peterson 씨가 그녀의 행동에 대해 언급한 것은 무엇인가?
- **What do all machines mentioned on the Web page have in common?**
  웹페이지에 언급된 모든 기계들이 가지고 있는 공통점은 무엇인가?
- **What does Ms. White want to present?** White 씨가 발표하기를 원하는 것은 무엇인가?

❸ 동의어에 관한 질문

- **In the report, the word "trail" in paragraph 3, line 2 is closest in meaning to?**
  보고서에서, 3번째 단락 2번째 줄에 있는 단어 trail과 가장 의미가 가까운 것은?
- **On the Web page, the word "insist" in paragraph 2, line 3 is closest in meaning to?**
  웹페이지에서, 2번째 단락 3번째 줄에 있는 단어 insist와 가장 의미가 가까운 것은?

삼중지문 질문 공략하기

Key Point 1 추론할 수 있는 것에 관한 질문

- What does **Ms. White** indicate *about the presentation*?
- What is suggested about **SWS LAB**?
- What is indicated about **MCSE**?
- **Who** most likely is **Ms. Fitzgerald**?

질문에 suggested, indicate, most likely 가 언급되어 있다면 그것은 '추론할 수 있는 것'에 대한 질문이다. 추론 문제의 단서는 지문에 직접적으로 언급되어 있지 않기 때문에, 질문에 주어진 키워드와 직/간접적으로 관련된 모든 근거를 파악하는 것이 중요하다. 게다가, 추론 문제는 이중지문에서 연계 문제로 가장 많이 출제되는 유형이다.

Key Point 2 세부사항에 관한 질문

- According to the customer review, what will **Mr. Spencer** most likely *do next year*?
- According to **Mr. Walda**, what can **his company do**?
- According to Ms. Roo, **what conference** activity was **she unable to attend**?
- What does **Ms. Peterson** mention about **her move**?
- What do **all machines** mentioned on the Web page **have in common**?
- What does **Ms. White want to present**?

According to로 시작하는 문제는 절대 연계 문제가 아니다! According to 부분이 있는 지문만 읽으면 정답을 찾을 수 있기 때문에 수월한 편에 속하는 문제이다. 세부사항을 묻는 문제는 질문에 주어진 "키워드"(Keyword)에 집중한다. 질문의 핵심 키워드가 언급된 부분 근처에서 정답의 근거가 나오기 쉽다. 특히 정답의 근거가 2개의 지문 중 어디에 등장할 지 모르니 처음부터 끝까지 차근차근 독해해야 한다.

Key Point 3 동의어에 관한 질문

- In the report, the word "**trail**" in paragraph 3, line 2 is closest in meaning to?
- On the Web page, the word "**insist**" in paragraph 2, line 3 is closest in meaning to?

문맥상 비슷한 어휘 뜻 찾기 문제는 해당 단어의 사전적 의미보다는 "문맥"을 파악하는 것이 관건이다.

Key Point 4 연계 문제

삼중지문에서는 연계 문제가 무려 3개까지 나올 수도 있다!
① 첫 번째 지문 + 두 번째 지문
② 두 번째 지문 + 세 번째 지문
③ 첫 번째 지문 + 세 번째 지문
이 세 가지의 경우의 수에 대비하며 지문을 읽어야한다. 특히 연계 문제는 추론이나 세부사항 질문에 많이 출제된다. 정답의 근거가 지문에 분산되어 있으므로 세 개의 지문을 관통하는 연결고리를 반드시 파악하면서 읽을 것!

Questions 1-5 refer to the following agenda and e-mails.

Trevia Technology Inc.
1B Committee Meeting on Marketing
Thursday, June 15, 2017 09:30 A.M. – 11:30 A.M.
1C Place: Conference Room 2

AGENDA

1. REVIEW OF THE CURRENT STRATEGY	Amanda Sheffield
2. GOALS FOR NEW STRATEGY	1A Ben Swenson
3. FOCUS GROUPS	Chance Pueschel
4. POTENTIAL PROJECTS	Clayton Roberts
5. PLANS FOR THE YEAR	4-1 Colin Campbell

FROM: Ashley Dawe <adawe@treviatechnology.com>

TO: Ben Swenson <bswenson@treviatechnology.com>

DATE: June 16

SUBJECT: Committee Meeting

Hi Ben,

I'm just checking in about the meeting that the company had on marketing yesterday. I'm sorry to have missed it. 2 There was a problem at the new branch in Ventura that I had to attend to, so I had to extend my business trip. I'd like to hear your thoughts about how the meeting went.

I'm especially concerned about the potential projects in which our company may invest in the coming year. 3 How do you feel about that section and the new hire, Clayton? He wasn't my pick for the job, and I have a feeling that he promises too much and delivers too little.

Sincerely,
Ashely Dawe, CEO of Trevia Technology

FROM:	Ben Swenson <bswenson@treviatechnology.com>
TO:	Ashley Dawe <adawe@treviatechnology.com>
DATE:	June 17
SUBJECT:	RE: Committee Meeting – June 15

Hi Ashley,

Nothing really was accomplished—there were serious problems with the entire meeting. We started on time, but Amanda wasn't there, so we had to begin with the second agenda item. Then, 15 minutes after we began, Amanda arrived and gave her presentation. 4-2 **Colin was missing from the meeting.** Later on, we found out that he had a family emergency, but it did mean that his topic was never discussed. Chance tried to explain his topic, but it was confusing (I think he prepared at the last minute—he's been out sick for the past week or so).

Concerning Clayton, his presentation went very smoothly, although his projected numbers seem overly optimistic. We may need to really press him about how he produced them. I agree with you: he does seem to put a lot of spin on his data instead of presenting unvarnished facts.

When will you be returning from your business trip? I think things will run much more smoothly with you here.

Best,
1A **Ben Swenson, VP of Trevia Technology**

사실 확인

1. What is **NOT** mentioned **in the agenda**? ➡ 안건에 언급되지 않은 것은 무엇인가?

(A) The vice president of the company attended the meeting. ➡ 회사의 부사장은 회의에 참석하였다.

(B) All presenters work in the same company. ➡ 모든 발표자는 같은 회사에서 일한다.

(C) The meeting was held in conference room 2. ➡ 회의는 2회의실에서 열렸다.

(D) Three topics were supposed to be discussed. ➡ 세 개의 주제가 논의될 예정이었다.

> **해설** 안건(agenda)에는 총 5개의 주제가 나열되어 있으므로 정답은 (D)이다. 세번째 지문인 이메일의 발신자가 Ben Swenson인데 마지막 부분에 VP(=vice president)라고 직책이 언급되어 있는 것과, 첫번째 지문의 2번 주제의 발의하는 사람이 Ben Swenson이므로 (A)는 사실이다. (B)는 마케팅에 대한 임원회의이므로 같은 회사의 임직원이 참석한다는 것을 알 수 있으므로 사실이다. (C) 또한 첫번째 지문 첫 부분에서 확인할 수 있다.

세부사항

2. According to the first e-mail, why was Ms. Dawe **unable to attend the meeting**?
➡ 첫 번째 이메일에 따르면, Dawe 씨가 회의에 참석할 수 없었던 이유는 무엇인가? [키워드: unable to attend the meeting]

(A) She was unable to reserve a flight. ➡ 비행기를 예약할 수 없었다.

(B) She needed to stay in Ventura longer than she planned.
➡ 계획했던 것보다 더 오래 Ventura에 머물러야 했다.

(C) She forgot about the meeting. ➡ 회의에 대해 잊고 있었다.

(D) She had to interview some candidates. ➡ 몇몇 지원자들의 면접을 봐야했다.

> **해설** Ventura에 문제가 생겨서 출장 기간을 연장해야 했다는 내용을 보고 (B)가 정답임을 알 수 있다.

세부사항

3. Which presenter was **Ms. Dawe concerned about**?
➡ 다음 중 Dawe 씨가 걱정했던 발표자는 누구인가? [키워드: Ms. Dawe concerned about]

(A) Amanda Sheffield

(B) Ben Swenson

(C) Chance Pueschel

(D) Clayton Roberts

> **해설** 첫 번째 이메일의 마지막 부분에 How do you feel about ~ Clayton?이라고 언급하였으며, 그가 많은 것을 이야기하지만 전달하는 내용은 적다는 말을 하였다. 이를 통해 정답은 (D)라는 것을 알 수 있다.

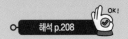

세부사항

4. Why was the 5th topic on the agenda never discussed?
➡ 안건에서 5번째 주제가 논의되지 않은 이유는 무엇인가? [키워드: 5th topic on the agenda]

(A) The project was out of order. ➡ 프로젝트는 정리가 되어 있지 않았다.
(B) The conference room was not booked. ➡ 회의실이 예약되어 있지 않았다.
(C) The presenter was not able to participate. ➡ 발표자가 참석할 수 없었다.
(D) The data was overly estimated. ➡ 데이터가 과대평가되어 있었다.

> (해설) 첫 번째 지문인 안건에서 5번째 주제의 발표자가 Colin Campbell인 것을 확인한 후 이 이름이 언급된 세 번째 지문에서 그 내용을 확인해야 한다. 세 번째 지문에서 Colin was missing from the meeting. 이라고 언급되어 있으므로 5번째 주제는 발표자가 참석하지 않아서 논의되지 않았음을 알 수 있다. 따라서 정답은 (C)이다.

동의어 문제

5. In the second e-mail, the word "optimistic" in paragraph 2, line 2 is closest in meaning to
➡ 두번째 이메일에서, 2번째 단락 2번째 줄에 있는 단어 optimistic과 가장 의미가 가까운 것은

(A) aggressive ➡ 공격적인, 적극적인
(B) content ➡ 만족하는
(C) disappointed ➡ 실망한
(D) positive ➡ 긍정적인

> (해설) 그가 말한 수치가 optimistic이라고 언급하였으므로, optimistic이 가지고 있는 원래의 의미, '낙관적인'이라는 의미를 문맥에 맞게 해석하면 '긍정적인'이라는 의미와 상통한다는 것을 알 수 있다. 따라서 정답은 (D)이다.

Word & Phrase

technology 명 기술 committee 명 위원회 review 명 검토 current 형 현재의 strategy 명 전략 goal 명 목표 focus group 명 포커스 그룹, 대표계층 그룹 potential 형 잠재적인 project 명 프로젝트, 과업 miss 동 놓치다 branch 명 지점, 지사 attend to ~을 처리하다, 돌보다 extend 동 연장하다 business trip 명 출장 especially 부 특히 be concerned about ~에 대해 걱정하다 invest 동 투자하다 coming 형 다가오는 hire 명 신입 사원 pick 명 선택 promise 동 약속하다 deliver 동 결과를 내놓다, 산출하다 accomplish 동 달성하다 serious 형 심각한 entire 형 전체의 on time 시간에 맞게 begin with ~로 시작하다 agenda 형 회의의 안건 later on 그 후로 chance 명 ~가 발생할 확률 explain 동 설명하다 topic 명 주제 confusing 형 혼란스러운 prepare 동 준비하다 be out sick 아파서 결석/결근하다 or so ~정도 concerning 전 ~에 관한 smoothly 부 부드럽게, 순조롭게 overly 부 너무, 몹시 optimistic 형 낙관적인 press 동 압박을 가하다, 강조하다 agree with ~와 동의하다 put a spin on ~을 왜곡하다 instead of ~대신에 present 동 제시하다, 보여주다 unvarnished 형 꾸밈 없는, 있는 그대로의 return 동 돌아오다 vice president (=VP) 부회장 attend 동 참석하다 be supposed to ~하기로 되어 있다, ~하기로 예정되어 있다 unable to do ~ 할 수 없는 reserve 동 예약하다 flight 명 비행기, 항공편 candidate 명 후보자, 지원자 presenter 명 발표자 out of order 정리되지 않은, 뒤죽박죽의 book 동 예약하다 estimate 동 견적을 내다, 어림잡아 계산하다

Questions 1-5 refer to the following advertisement and e-mails.

Estate Auction

An auction for the estate of Raul Gonzalez

will be held on

Saturday, October 5, at 11:00 A.M.

(The preview starts 10:00 A.M.)

Location: 623 S. Olive Street

Details:	**Terms and conditions:**
An antique dealer's 5,000 square foot home filled with a number of treasures! Some of the items to be auctioned • Antiques • Jewelry • Collectibles	We take cash, credit card, and checks with the proper identification. All items are sold as is with no refunds. You must bring help for your own large items. You cannot bring large bags or purses.

Questions? Please call or e-mail Sandy's Estate Liquidations at 555-778-0999 (between 10 A.M. and 5 P.M.) or customer_service@sandysauctions.com.

FROM:	Edith Deschanel <edeschanel@labrinth.com>
TO:	Customer Service <customer_service@sandysauctions.com>
DATE:	October 3
SUBJECT:	Questions about the estate

Hi!

I'm an avid collector of anything from the 1920s—especially porcelain figurines. I was inquiring about the time period that most of the items in the sale are from. I also wanted to know if you do sign-up sheets, and how will entry to the real estate sale be handled?

Cheers,

Edith Deschanel

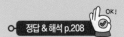

FROM: Customer Service <customer_service@sandysauctions.com>

TO: Edith Deschanel <edeschanel@labrinth.com>

DATE: October 4

SUBJECT: RE: Questions about the estate

Dear Edith,

From a cursory inspection, this collection appears to be fairly eclectic—mostly focusing on film collectibles from the 1940s. However, there do appear to be a few porcelain collections; from which time period I have no ideas as I'm not an expert.

As for your other questions, we do not do sign-up sheets and generally let everyone in at the same time.

Sincerely,
Mitchell, Sandy's Estate Liquidations

1. What should auction participants bring?

(A) Jewelry
(B) Identification
(C) Large Purses
(D) Antiques

2. What is the purpose of the first e-mail?

(A) To inquire about an event on October 5th
(B) To request volunteers for a charity event
(C) To share the timetable of a function
(D) To announce a new business plan

3. What is indicated about the auction?

(A) Advance registration is required.
(B) Many of the items are related to film.
(C) Only items from 1940's will be sold.
(D) Special delivery service is available.

4. In the second e-mail, the word "fairly" in paragraph 1, line 1 is closest meaning to

(A) equitably
(B) legitimately
(C) quite
(D) promptly

5. Who most likely is Ms. Deschanel?

(A) A customer representative
(B) A journalist
(C) A craftswoman
(D) A potential bidder

"한 권으로 끝내는"

시원스쿨 처음토익.

PART 7

정답 및 해설

01 빅데이터 빈출 질문 유형별 전략

Lesson 01 세부사항 – What 유형

유형 연습하기

정답
1. (B) **2.** (A)

[1] 정보

저희는 적절한 신분증과 함께 현금, 신용 카드, 그리고 수표를 받습니다. 모든 물품은 현재의 상태대로 판매되며, 환불은 없습니다. 여러분은 대형 물품을 운반하기 위해 도움이 될 것을 가지고 오셔야 합니다.

[2] 정보

만약 당신이 회의에 가기 위해 대중 교통을 이용하실 계획이시라면, 녹색 버스 896번이 시청에 정차합니다. 시청은 1블럭 떨어져 있습니다. 만약 당신이 기꺼이 조금 더 멀리 걸어가시려 한다면, 674번 버스가 3블록 떨어져 있는 Monterrey와 Williamsburg에 있는 현지의 아이스크림 가게에 정차합니다.

토익 맛보기

정답
1. (C) **2.** (B) **3.** (A)

[1-3] 정보

Kooky Kites
환불 정책

– 상품은 구매 2주 이내에 현금이나 매장 크레딧으로 환불됩니다. 현금을 위해서는, 원본영수증과 상품이 동봉되어야 합니다. 매장 포인트를 위해서는, 영수증이 필요하지 않습니다.
– 환불되는 상품은 사용하지 않은 상태이어야 합니다
– 모든 할인상품은 최종할인입니다. — 환불이나 반품이 되지 않습니다.(상품에 하자가 있다면, 매장 크레딧으로 제공됩니다.)

토익 기출 맛보기

정답
1. (C) **2.** (B) **3.** (D)

[1-3] 편지

3월 5일

Bernard Scholes
Retonax 창업주이자 전 회장님
1125 Villa Road,
Dartford, Kent DA1 3EY
Scholes 전 회장님께,

저희 Retonax Manufacturing 사의 이사진이 심도 있는 논의를 거친 끝에, 4월에 Maria Senna 씨가 퇴직하면 현 상임 운영이사인 Matthias Voller 씨가 유럽 지역 영업 이사를 맡는 것으로 결론이 내려졌습니다. Voller 씨의 승진 결정은 유럽 전역에서 수요가 증가하는 현상에 맞춰서 내려진 것이며, 독일, 프랑스, 그리고 오스트리아 소매시장의 점유율 증가를 달성하려는 저희 Retonax의 노력을 총괄할 것입니다.

Voller 씨가 그 직책에 가장 적임자라는 것에 대해 만장일치로 합의가 되었습니다. Voller 씨는 도르트문트 소재 Westfalen 대학을 수석으로 졸업하고, 뮌헨 소재 Nukem 그룹에서 다년간 근무하다가, 약 15년 전에 퇴사하면서 저희 Retonax에 입사하였습니다. 노련한 영업사원이라는 것 외에도, 그분은 마케팅 전략 기획, 계약 협상 및 예산 측정에 매우 탁월한 능력을 지니고 있습니다. 저희 Retonax에서는 암스테르담 지사로 옮기기 전까지 브뤼셀 지사에서 근무하였으며, 그 후에 이곳 런던의 본사로 전근하였습니다. 그분의 뛰어난 관리 능력과 다양한 시장에 대한 지식이 우리를 이끌어 앞으로 나아가게 하고 시장 점유율을 높이는 데 도움이 될 것입니다.

마지막으로, Senna 씨가 저희 Retonax에서 근무하는 동안 얼마나 중대한 역할을 맡아오셨는지는 아무리 말씀 드려도 지나치지 않으며, 회사에서는 그분의 노고를 치하하기 위해 연회를 개최할 것입니다. 연회는 3월 26일 금요일, 본사 건물에서 그리 멀지 않은 곳에 있는 Opal 호텔에서 열릴 것이며, 시간은 저녁 7시에서 10시까지입니다. 만찬에 대해 더 상세히 알고 싶으시거나, 또는 경영진 개편에 관해 궁금한 점이 있으시다면 내선전화 732번으로 인사부장 Gina Cross 씨께 연락하시기 바랍니다.

Rachel McNicoll,
대표이사, Retonax Manufacturing

founder 명 창업자 **former** 형 이전의 **president** 명 사장, 회장 **following** 전 ~후에 **board member** 명 이사회 임원 **senior** 형 선임의, 상임의 **operations manager** 운영이사 **take over** 떠맡다 **retire** 동 퇴직하다 **coincide with** ~와 동시에 일어나다 **region** 명 지역 **oversee** 동 ~을 감독하다 **attain** 동 ~을 달성하다 **a larger presence in** ~에서의 활동[존재감] 증가 **retail market** 명 소매시장 **unanimously** 부 만장일치로 **suitable for** ~에 적합한 **candidate** 명 후보 **eventually** 부 결국, 마침내 **approximately** 부 약, 대략 **in addition to** ~에 덧붙여 **skilled** 형 노련한, 능숙한 **adept at** ~에 정통하다 **devise** 동 ~을 고안하다 **strategy** 명 전략 **negotiate** 동 협상하다 **contract** 명 계약(서) **forecast** 동 ~을 예측하다 **budget** 명 예산 **head office** 명 본사 **carry A forward**: A를 이끌고 나아가다 **market share** 명 시장 점유(율) **overstate** 동 과언하다 **crucial** 형 중대한 **play a role** 역할을 하다 **organize** 동 ~을 기획하다, 조직하다 **banquet** 명 연회 **acknowledge** 동 인정하다, 치하하다 **achievement** 명 공로 **details** 명 세부사항 **query** 명 문의 **regarding** 전 ~에 대한 **reshuffle** 명 개편 **personnel manager** 인사부장 **extension** 명 내선 번호

1. Senna 씨는 무슨 직책에서 퇴직하는가?
(A) 상임 운영이사
(B) 회사의 이사장
(C) 유럽 담당 영업 이사
(D) 인사부장

어휘 **chairwoman** 명 (여성) 의장, 이사장

해설 Senna라는 이름이 처음 등장하는 부분을 찾아보면 첫 문단에서 will take over as Director of Regional Sales for Europe when Maria Senna retires in April라고 나온다. 후임자가 맡을 자리가

전임자인 Senna 씨가 퇴임하는 자리이므로 (C)가 정답이다.

2. Voller 씨에 대해 알 수 있는 것은 무엇인가?
(A) 뮌헨에서 15년 정도 근무했다.
(B) 폭넓은 비즈니스 능력을 지니고 있다
(C) 도르트문트에서 표창을 받았다.
(D) Retonax에 입사하기 위해 브뤼셀에 있는 회사를 그만두었다.

어휘 around 튀 약, 대략 a wide range of 아주 다양한 be presented with ~을 받다

해설 Voller 씨와 관련된 세부사항을 묻는 문제이므로 보기의 내용과 지문의 정보를 비교해 하나씩 소거해 나가야 하는 문제이다. 둘째 문단에서 Voller 씨의 근무 이력을 소개하면서 In addition to being a skilled salesman, he is highly adept at devising marketing strategies, negotiating contracts, and forecasting budgets.라고 일리고 있다. 즉 다양한 비즈니스 능력을 지니고 있다는 뜻이므로 이를 한 문장으로 요약한 (B)가 정답이다.

3. 3월 26일에 있을 행사의 목적은 무엇인가?
(A) 제품을 잠재고객에게 시연하는 것
(B) Senna 씨가 맡던 자리를 맡을 후보자를 면접 보는 것
(C) Retonax의 유럽 시장 확장에 대한 진척 상황을 보고하는 것
(D) Retonax에서 근무한 Senna 씨의 노고를 치하하는 것

어휘 demonstrate 동 ~을 시연하다 potential 형 잠재적인 client 명 고객 progress 명 진척 상황 expansion 명 확장 recognize 동 ~을 인정하다, 치하하다

해설 3월 26일이 등장하는 부분을 확인해 보면, 셋째 문단에서 we have organized a banquet to acknowledge her achievements. It will take place on Friday, March 26라고 나와 있다. 이 내용과 일치하는 보기는 (D)이다.

Lesson 02 세부사항

유형 연습하기

정답
1. (C) **2.** (A)

---

[1] 광고

Strength in Numbers Company
Bolton Abbey, Skipton, North Yorkshire, BD23 6AS
555-0552
www.strengthinnumbers.co.uk

다음 번에 사내 야유회나 팀 빌딩 행사를 기획하실 때, 저희 Strength in Numbers에게 행사를 기획하고 진행하도록 맡겨 주시면 성공적인 하루가 될 수 있도록 해 드리겠습니다. 여러분의 직원들을 위한 즐거운 프로그램을 준비해 드리며, 50가지 이상의 다양한 활동 중에서 선택하실 수 있습니다. 모든 장비들을 제공해 드리며, 각 활동들은 열정적인 저희 강사들에 의해 진행됩니다.

모든 그룹 활동 및 비용에 대한 목록을 보시려면, 저희 웹사이트를 방문하십시오. 저희가 제공하는 서비스는 온라인 또는 전화로 예약하실 수 있습니다. 맞춤 프로그램을 위해 5가지 또는 그 이상의 활동들을 통합해 활용하길 원하시는 모든 분들께는 10퍼센트 비용 할인이 적용됩니다. 모든 서비스는 반드시 행사 당일로부터 최소 72시간 전에 예약해야 합니다.

---

[2] 정보

John Chang 대표와 함께 하는 특별 경영 세미나!
5월 15일 다운타운 엑스포 센터

Whynot.com의 설립자이자 비즈니스 전문가인 John Chang 대표가 5월 15일에 특별히 하루 종일 개최되는 경영 세미나를 엽니다. Chang 대표의 사업 및 경영에 관한 혁신적인 접근법은 그의 회사를 금융 업계의 선두주자로 만들었습니다. 티켓은 일인당 100달러이며, 특별 단체 요금도 가능하오니 행사에 직장 동료와 함께 오실 수 있습니다. 이 행사가 분명 유용한 정보와 영감으로 가득한 놀랄만한 하루를 만들어 드릴 것입니다. 놓치지 마세요! 행사장은 8시에 개장합니다. 세미나는 오전 9시에 오전 일정을 시작해 90분간의 휴식 시간 후에 오후 1시부터 오후 일정이 시작됩니다.

토익 맛보기

정답
1. (B) **2.** (C) **3.** (D)

[1-3] 이메일

수신 Jack Weaver ⟨jweaver@hotelcleancrew.co.uk⟩
발신 Paula Newman ⟨pnewman@joycleaning.ca⟩
제목 프레젠테이션
날짜 7월 13일

Weaver 씨에게

저는 영국에 도착하였고, 공항에서 당신에게 연락을 합니다. 음, 제 체크무늬의 수화물이 분실되어 이것이 내일 있을 저의 발표에 영향을 미칠 것 같습니다. 발표의 대부분이 제가 아직 가지고 있는 기내용 가방에 있음에도 불구하고, 제가 꼭 보여드리고 싶었던 유기농 천연 청소세제 샘플이 그 분실된 가방에 있었습니다. 3일 내에 제 가방을 찾아서 저에게 준다는 이야기를 들었습니다. 발표를 며칠 미루는 것이 가능할까요?

안녕히 계세요,

Paula Newman

토익 기출 맛보기

정답
1. (B) **2.** (B) **3.** (A) **4.** (C)

[1-4] 편지

Swift씨 부부께,

6월 24일부터 30일까지 남대서양으로 떠나는 고객님의 유람선 여행에 대한 선금 1,000달러를 받았습니다. 선금을 받자마자, 바로 고객님의 여행을 예약했습니다.

고객님께서는 6월 24일 정오에 캐러비안 프린세스호에 승선하여 밀턴항을 출발할 것입니다. 고객님은 킹 사이즈 침대가 갖춰져 있고 바다를 내려다 볼 수 있는 발코니를 비롯해 샤워 및 욕조가 완비된 상층의 2인실에 예약되셨습니다. 제가 고객님의 여행 첫날 저녁을 위해 메인 식당에 저녁 식사 예약을 해 놓았으며, 이것은 모든 승객들께 해드리는 전통입니다. 다음날부터 저녁 식사는 고객님께서 원하시는 것으로 선택하실 수 있습니다.

예약에 대한 잔금 결제는 6월 1일 전까지 아무 때나 해주시면 됩니다. 만약 6월 10일 전에 여행을 취소하신다면, 선금과 더불어 전액 환불 받으실 것입니다. 출항 전 2주 이내에 취소하시면, 75%의 금액을 환불 받으시게 됩니다.

여행 일정표 및 여러 도착지에 대한 안내책자를 동봉해 드렸습니다. 궁금하신 점이 있으시면, 언제든지 800-999-7575번으로 제게 바로 전화 주십시오. Worldwide 여행사를 이용해 주셔서 감사합니다. 멋진 휴가 보내시기 바랍니다.

안녕히 계십시오.

Mary Jones
여행사 에이전트
Worldwide 여행사

---

deposit 똉 선금, 보증금, 예치금 **cruise** 똉 유람선 여행 **the South Atlantic** 똉 남대서양 **go ahead** 즉시 ~하다 **reservation** 똉 예약 **depart from** ~에서 출발하다 **aboard** 똇 ~을 타고 **upper-level** 똉 상층의 **room for two** 2인실 **balcony** 똉 발코니 **overlooking** 똉 ~을 내려다보는 **bath** 똉 욕탕 **dining room** 똉 식당 **traditional** 똉 전통적인 **passenger** 똉 승객 **make whatever arrangements you choose** 무엇이든 원하는 것으로 예약하다 **following** 똉 다음의 **balance** 똉 잔금, 부족액 **booking** 똉 예약 **due** 똉 하기로 되어 있는 **prior to** ~이전에 **full refund** 똉 전액 환불 **including** 똇 ~을 포함해 **sailing date** 똉 출항일 **refund** 똥 ~에게 환불해주다 **fee** 똉 요금, 수수료 **enclose** 똥 ~을 동봉하다 **itinerary** 똉 일정표 **brochure** 똉 소책자 **various** 똉 다양한 **destination** 똉 목적지 **directly** 똇 바로, 직접 **at any time** 언제든 **vacation** 똉 휴가

---

1. Swift씨 부부가 전액 환불을 받으려면 언제까지 취소해야 하는가?
(A) 출발 전 아무 때나
(B) 여행 시작 전 최소 2주전
(C) 잔액을 결제하기 전
(D) 출발 일정이 잡히기 한 달 전

어휘 **departure** 똉 출발 **at least** 적어도, 최소한 **remaining balance** 똉 잔금

해설 환불 조건에 대해 묻는 내용이므로 해당 정보가 등장하는 부분을 보기의 내용과 비교해 봐야 한다. 우선 전액 환불 시기에 대해 알려주는 If you choose to cancel prior to June 10th, you will receive a full refund에서 6월 10일(June 10th)이 전액 환불을 받을 수 있는 마지막 시점이라는 것을 알 수 있다. 그런데 여행 날짜를 확인해 보면, 출발 날짜가 6월 24일이므로 6월 10일에 대해 달리 표현한 (B)가 정답이다.

2. 여행사 직원은 Swift 부부를 위해 저녁 식사를 언제로 예약해 놓았는가?
(A) 유람선 여행 기간의 모든 저녁
(B) 6월 24일
(C) 6월 24일과 30일
(D) 6월 25일

어휘 **travel agent** 똉 여행사 직원

해설 저녁 식사 예약에 대한 정보는 둘째 문단에 나온다. I have made your dinner reservations in the main dining room for the first night of the cruise라고 말하는 부분에서 여행 첫날 저녁 식사를 예약했다는 것을 알 수 있는데, 여행 첫날은 6월 24일이므로 (B)가 정답이다.

3. Swift 부부가 다음으로 해야 할 일은 무엇인가?
(A) 남은 유람선 여행 비용 지불하기
(B) 저녁 식사 예약하기
(C) Worldwide 여행사 웹사이트 가입하기
(D) Worldwide 여행사 사무실로 1,000달러 보내기.

어휘 **remaining** 똉 남아 있는 **cost** 똉 비용 **register** 똥 등록하다

해설 이 편지는 크게 여행 예약 상황과 함께 여행을 떠나기 전에 비용과 관련된 사항을 안내하는 내용으로 구성되어 있다. 글쓴이는 여행을 떠나기에 앞서 Swift 부부가 지불해야 할 비용과 관련해 셋째 문단에서 The balance for the booking is due any time before June 1st.라고 언급하고 있으므로 앞으로 잔금을 지불해야 함을 알 수 있다.

4. 이 편지와 함께 보내진 것은 무엇인가?
(A) 영수증
(B) 신청서
(C) 여행 책자
(D) 회원 카드

어휘 **receipt** 똉 영수증 **application form** 똉 신청서 **publication** 똉 발행물, 간행물

해설 문제에 언급된 send with는 보통 지문에서 동사 enclose를 이용해 표현된다. 마지막 문단에서 I have enclosed a trip itinerary and brochures for various destinations라고 말한 내용 중에 brochures for various destinations를 다르게 표현한 보기 (C)가 정답이다.

 **Lesson 03** 추론유형 I

유형 연습하기

정답
1. (B)　　　　**2.** (B)

[1] 기사

Bullet Coffee 프랜차이즈의 소유주 Jose Hilario 씨는 Balsawood Lane 671번지에 그의 세 번째 커피숍을 위한 계약서에 막 서명하였다. 그 건물은 State Theater의 옆에 있으며, Gangne Bank 맞은편에 있다. Hilario 씨의 새로운 장소는 Bellet Coffee Tres라고 불릴 것이며, 3월에 가개업식을 가지고, 4월에 정식 개업을 할 것이다. 그의 부속 제과점이 3월 중순까지 끝나지 않을 것이기 때문에 처음에 그 커피숍은 그의 시그너처 커피 혼합음료만을 제공할 것이다.

[2] 편지

Lendaro 씨에게,
저는 웹사이트에 있는 자료에 접근하는 것에 관해 질문이 있습니다. 불행히도, 저는 그 자료를 찾을 수 없는 것 같습니다. 그 자료들에 대한 다이렉트 링크를 보내주시는 게 가능하실까요? 또한 저희가 계약직으로 일하고 있는 몇 명의 프리랜서들이 있습니다만, 그들은 엄밀히 말하자면 Happy Penguin 직원이 아닙니다. 그들이 의사소통 규범에 대한 단기 재교육을 수강하는 것이 필요한가요?

토익 맛보기

정답
1. (D)　　　　**2.** (A)　　　　**3.** (B)

[1-3] 공지문

지역거주자 & 방문객
Big Sur 보드워크, 부두, & 해안

다음 사항에 관해 다음 며칠 후에 공사가 시작 될 것입니다

- 부두의 전면에 돌담
- 부두 전면에 낮은 데크 추가
- 부두의 데크와 말뚝 교체

이 기간 동안 정보 센터의 동쪽 전체 부두와 해변지역이 대중에게 폐쇄될 것입니다. 저희는 7월 말까지 공사가 지속될 것으로 예상합니다.

추가로, 해파리 그물은 공사로 인해 설치되지 않을 것입니다.

불편드려 죄송합니다. 그러나 이 수리는 구조물 자체에 대한 것으로 부두를 사용하는 사람들에게 더 안전하게 해 줄 것입니다.

3월 22일

토익 기출 맛보기

정답
1. (B)　　　　**2.** (C)　　　　**3.** (D)

[1-3] 공지

공지

다음주부터 아파트의 페인팅 작업이 시작된다는 것을 알아두시기 바랍니다. 이 작업은 복도, 주차장, 메인 로비뿐 아니라 건물 외부도 포함합니다. 아파트 내부를 페인트 작업 하고 싶으신 분들 저에게 연락주십시오. 저희가 서로에게 편한 시간을 정할 수 있습니다. 이 기간 동안 아파트 주차동에 주차하실 수 없습니다. 노상주차공간이 비좁기 때문에, 필요하다면 주차비용을 청구하실 수 있습니다. 이것은 개별적으로 승인될 것입니다. 이번 달 말까지 공공구역 페인트 작업이 마무리 될 것입니다. 협조에 요청 드리며 불편에 대해 미리 사과 드립니다.

안녕히 계세요.

건물 관리자
Archibald Leach

---

be aware that ~ ~라는 것을 알아 두세요 **include** (동) 포함하다 **exterior** (명) 외부 **as well as** ~뿐만 아니라 ~도 **hallway** (명) 복도 **parking garage** (명) 차고 **interior** (명) 내부 **arrange** (동) 마련하다, 준비하다 **mutually** (부) 상호적으로, 서로에게 **convenient** (형) 편리한 **limited** (형) 제한된 **necessary** (형) 필요한, 필수적인 **apply for** ~을 신청하다 **reimbursement** (명) 변제, 환급 **paid** (형) 유료의, 지불한 **approve** (동) 승인하다, 인정하다 **on a case-by-case basis** 개개의 사례에 따라, 개별적으로 **ask for** ~을 요청하다 **cooperation** (명) 협동, 협조 **apologize** (동) 사과하다 **in advance** 미리, 사전에 **inconvenience** (명) 불편 **cause** (동) 야기하다, 발생시키다

1. 이 공지는 누구를 위한 것인가?
(A) 호텔 투숙객
(B) 아파트 세입자
(C) 건설 인부
(D) 시청 공무원

어휘 **notice** (명) 공지 **intended** (형) ~위한 **guest** (명) 투숙객 **apartment** (명) 아파트 **tenants** (명) 세입자 **construction** (명) 건설 **crew** (명) 인부 **city officials** (명) 시청 공무원

해설 painting of the apartment will begin 라는 부분에서 이 공지는 아파트 세입자들을 위한 것이라는 것을 알 수 있다. 따라서 정답은 (B)이다.

2. 누가 Leach 씨에게 연락해야 하는가?
(A) 주차증을 신청하려는 사람
(B) 전기세를 지불하려는 사람
(C) 자신의 아파트에 페인트칠을 하고 싶은 사람
(D) 이사비용을 환급받고 싶은 사람

어휘 **contact** (동) 연락하다 **apply** (동) 신청하다 **parking permit** (명) 주차증 **electricity bill** (명) 전기세 **paint** (동) 페인트 칠하다 **apartment** (명) 아파트 **reimbursement** (명) 환급

[해설] Anyone who would also like the interior of their apartment to be painted also should contact me 라는 부분에서 아파트 내부를 페인트 칠하고 싶은 사람이 Leach 씨에게 연락해야 한다는 것이 언급되었다. 따라서 정답은 (C)이다.

3. 주차비용 환급에 대해 추론 할 수 있는 것은?
(A) 이번 달 말까지 제출되어야 한다
(B) 선착순이다
(C) 모든 세입자에게 주어진다
(D) 승인이 필요하다

[어휘] **be submitted** [동] 제출되다 **first-come first-served** [명] 선착순 **tenant** [명] 세입자 **require** [동] 필요하다 **approval** [명] 승인

[해설] This will be approved on a case by case basis. 부분에서 주차비용 환급에 승인이 필요하다는 것을 추론할 수 있다. 따라서 정답은 (D)이다.

Lesson 04 추론유형 II

유형 연습하기

정답
1. (C) **2.** (C)

[1] 공지

서울 자원봉사 협회가 2월 15일에서 2월 19일까지 반포 한강공원에서 제 3회 연례 자선 시장을 개최한다.

올해의 행사에는 다음이 포함된다:
- 등록된 참가자들로부터 수제품과 중고품의 판매
- 지역의 식당들에 의해 운영되는 음식 부스
- 행사 1일 차에 있을 개회식
- 행사 1~3일차 동안 다양한 음악가들이 특별 출연하는 음악 무대
- 행사의 마지막 날 저녁, 협회에 크나큰 기여를 한 사람들을 위한 시상식

[2] 이메일

수신 Customer Service Center 〈customerservices@galveson.com〉
발신 Caroline King 〈cking@quickmail.com〉
날짜 2월 10일
제목 점검

저는 일주일 전에 제 Galveson Gas 보일러 관리 제도를 Standard Plan에서 SureProtect Plan으로 변경하였습니다. 제가 SureProtect Plan에 등록할 때, 고객 서비스 담당자가 저에게 2개월 마다 있는 점검으로 매달 10달러가 추가 비용으로 들 것이라고 말해주었습니다. 제가 장기 고객이기 때문에 저는 첫 번째 점검을 무료로 제공받았습니다. 하지만, 저는 SureProtect Plan의 첫 요금으로 25달러는 이미 지불하였다는 것을 깨달았습니다. 그래서 저의 무료 점검을 다음 번 4월에 받을 수 있을가요? 만약 가능하다면, 엔지니어가 언제 오실 계획인지를 알려주세요.

감사합니다.
Caroline King

토익 맛보기

정답
1. (B) **2.** (A) **3.** (D)

[1-3] 광고

Jane London
Workout UK

첫 번째로, "고통 없이 얻는 것도 없다"는 말은 잊어버리세요. 그건 옛날 얘기입니다. Workout UK는 재미있고, 도전적이며, 안전한 특별히 디자인된 운동프로그램입니다. 그리고 자신의 개인적인 운동레벨에 최고의 운동을 얻기 위해서 이 프로그램을 맞춤형으로 활용할 수 있습니다.

건강해지세요!
격렬하지만 충격이 적은 Workout UK는 정말 효과가 있습니다. 저도 몇 파운드나 빠졌다니까요! 제 골반, 허벅지, 엉덩이가 훨씬 단단해졌고 제 팔과 종아리는 더 단련되었고, 제 복근이 강화된걸 느낀답니다

느껴보세요!
Workout UK는 신나고 에너지가 넘칩니다! 운동이 재미없다고 누가 그러던가요? 저는 절대 아니던걸요. 당신은 심장이 뛰고 박수를 치고 즐거운 시간을 가질 거에요.

체중을 줄이세요!
Work UK와 함께하면 훨씬 기분도 좋아지고, 건강한 자아상을 갖게 될 거고 운동 레벨도 올릴 수 있어요! 제가 그랬으니까요. 만약 제가 할 수 있다면 누구든지 할 수 있어요!
–Jane London

Workout UK DVD 가격: £29

토익 기출 맛보기

정답
1. (A) **2.** (D) **3.** (C)

[1-3] 이메일

수신 Simon Gonzalez 〈sgonzalez@swcorp.com〉
발신 Speedy Delivery Company—Express 〈customer_center@sdcexpress.com〉
날짜 8월 4일
제목 SDC 특급배송

= SDC 특급배송 =
당신의 물건이 배송 중입니다

Simon Gonzalez 씨에게

www.stationeryandbeyond.com 으로부터 운송장 번호 4140331857의 SDC 특급배송이 배송 중이며 당신의 서명을 필요로 할 것입니다.

현재 예정된 배송일은 8월 4일 (목요일)입니다.

배송품과 연락처 정보를 확인하세요. 만약 변경을 원하시거나, 배송 조회를 해 보고 싶으시면 고객센터 616-556-2319로 전화주세요.

배송 정보	
운송장 번호	4140331857
배송 주소	154 Raythorn Drive, Little Oaks, CA 95554
배송 날짜	8월 4일
배송 시간	배송일 내에
내용 (수량)	복사 용지 (1박스)

연락처	
전화번호	+1831-555-8743
이메일 주소	sgonazalez@swcorp.com

SDC Express Delivery를 이용해주셔서 감사합니다.

express delivery [명] 특급 배송 **shipment** [명] 배송품 **on one's way** 가는 중인 **waybill** [명] 화물 운송장 **require** [동] 필요로 하다, 요구하다 **signature** [명] 서명 **current** [형] 현재의 **scheduled** [형] 예정되어 있는 **contact detail** [명] 연락처 정보 **below** [부] 아래에 **make a change** 변경하다 **track** [동] 추적하다 **content** [명] 내용(물) **quantity** [명] 수량

1. 이메일의 목적은 무엇인가?
(A) 배송 세부사항을 확인하는 것
(B) 할인 쿠폰을 보내는 것
(C) 예약하는 것
(D) 추가 도움이 필요한지 물어보는 것

[어휘] **purpose** [명] 목적 **confirm** [동] 확인하다 **delivery** [명] 배송 **details** [명] 세부사항 **discount** [명] 할인 **coupon** [명] 쿠폰 **reservation** [명] 예약 **additional** [형] 추가

[해설] Your shipment is on its way와 Please check your shipment and contact details below에서 이메일이 상품 배송과 관련된 것임을 알 수 있다. 따라서 정답은 (A)이다.

2. Gonzalez 씨는 왜 SDC 고객 센터에 연락해야 하는가?
(A) 월간 뉴스레터를 구독하려고
(B) 문제의 원인을 찾으려고
(C) 청구서 문제를 수정하기 위해서
(D) 배송 날짜를 바꾸기 위해서

[어휘] **contact** [동] 연락하다 **customer center** [명] 고객 센터 **subscribe** [동] 구독하다 **monthly** [형] 월간 **newsletter** [명] 뉴스레터 **identify** [동] 찾다 **cause** [명] 원인 **problem** [명] 문제 **correct** [동] 수정하다 **billing** [명] 청구서 **error** [명] 문제 **date** [명] 날짜 **delivery** [명] 배송

[해설] If you need to make a change or track your shipment, call our customer center 부분에서 배송과 관련해서 변경사항이 있을 때는 고객센터로 전화하라고 하였다. 따라서 정답은 (D)이다.

3. Gonzalez 씨에 대해 알 수 있는 것은 무엇인가?
(A) 8월 7일에 소포를 수령할 예정이다.
(B) 최근에 연락처를 업데이트 했다.
(C) 문구류를 구매했다.
(D) SDC Express를 몇 번 이용한 적이 있다.

[어휘] **suggested** [동] 추론하다 **receive** [동] 수령하다 **package** [명] 소포 **recently** [부] 최근에 **updated** [동] 업데이트 하다 **contact information** [명] 연락처 **purchased** [동] 구매하다 **stationary items** [명] 문구류

[해설] from www.stationeryandbeyond.com이라는 부분에서 웹사이트 주소와 배송 정보표에서 Contents (Quantity) 항목에 Copying paper를 보고 Gonzales 씨가 복사 용지를 주문하였다는 것을 알 수 있다. 따라서 문구류를 구매했다고 볼 수 있으므로 정답은 (C)이다.

Lesson 05 연계 유형

유형 연습하기

정답
1. (D) **2.** (A)

[1] 이메일과 비행 정보

뉴먼 씨에게,

이 메시지는 귀하의 수화물이 발견되었으며, 현재 귀하에게 가고 있다는 것을 알리기 위한 것입니다. 그것은 귀하가 명시해준 임시 주소로 배송될 것입니다. 예상 배송일은 7월 19일 오전 9시에서 오후 5시 사이입니다.
불편을 끼쳐드려 죄송합니다.

보고서 번호: LB1876S2
승객 성함: Paula Newman
이메일 주소: pnewman@joycleaning.ca

본 주소: 1515 Trudeau Street, Vancouver, ON, V5K 051 캐나다
임시 주소(7월 25일까지): Nottingham Hotel, Trafalgar Square, 551, Cheshire Town, 영국

항공기 번호	일자	출발지	목적지
ZE0619	7월 16일	밴쿠버	파리
KR0547	7월 17일	파리	런던

[2] 일정표와 문자 메시지

날짜	시간	행사
7월 20일	10시–20시	Fisherman's Wharf에서 열리는 Seafood Is Life 요리 대회
7월 21일	10시–16시	Waverly Park에서 열리는 가족 소풍
7월 22일	12시–18시	Fisherman's Wharf 근처 Posh Hotel에서의 와인과 식품의 접목
7월 23일	14시–20시	Fisherman's Wharf 근처 Posh Hotel에서 열리는 세계적인 요리사와 함께 하는 요리 설명

안녕, Jules!
혹시 네가 이 행사에 대해 들어봤는지 궁금해! 나는 축제가 시작하는 날에 있을 행사에 참가할 파트너를 찾고 있어. 내가 듣기로 주재료가 해산물이래. 그리고 많은 아마추어 요리사들이 참석할 거야. 나랑 함께 해보자!

Jake

정답

1. (C)　　**2.** (C)　　**3.** (D)　　**4.** (C)　　**5.** (A)

[1-5] 이메일

발신 Ragani Harris ⟨rharris@gotomail.com⟩
수신 Kimmy Jones ⟨kjones@messagetoyou.com⟩
날짜 11월 4일
제목 우리의 첫 번째 공연

Kimmy 에게,

당신을 12월 2일 캘리포니아 라스 마드레스의 그랜드 캐년 극장에서 있을 우리의 첫 번째 공연에 초대하게 되어 기쁩니다. 3시에 프로그램이 시작합니다. 간식은 엔터테인먼트의 저녁 전에 제공될 것입니다. 공연은 7시 정각부터 시작될 것입니다.

12월 1일까지 당신의 이름으로 티켓이 예매되어 있을 것입니다. 만약 참석할 수 없더라도, 이 이메일에 응답함으로써 참석여부를 회답해주시기 바랍니다.

직접 응답하시려면 전화를 하셔도 됩니다. 12월 1일전까지 참석하실 수 있는지 꼭 알려주세요

With love,
Ragani & William

수신 Kimmy Jones ⟨kjones@messagetoyou.com⟩
발신 Ragani Harris ⟨rharris@gotomail.com⟩
날짜 11월 14일
제목 답신: 우리의 첫 번째 공연

Ragani에게,

당연히 참석하지! 너의 첫 번째 공연이 정말 기다려지고, 너희 둘을 위해서 정말로 기뻐. 몇 가지 질문이 있어. 알다시피, 내가 채식주의자라서 채식식단이 있을지 아니면 내가 음식을 챙겨가야 할지. 그리고 요즘 내가 만나는 사람이 있는데, 진지한 사이라서, 한 명 더 데려가도 될지 궁금해!

다시 한번, 너희 둘에게 정말 잘 된 일이야.

애정을 담아,
Kimmy

정답

1. (D)　　**2.** (C)　　**3.** (B)　　**4.** (D)　　**5.** (D)

[1-4] 메모와 이메일

회람

수신: 모든 직원
발신: John Mason, MTech CEO
날짜: 5월 15일
제목: 출장

6월 15일부터 시행하여, 출장을 가는 모든 직원들은 가능한 가장 경제적인 방법을 사용해야 합니다. 6시간 미만 비행은 비즈니스 클래스로 예약할 수 없으며 비행시간과 관계없이 1등석은 예약이 금지됩니다. 6월 15일 전에 예약하였으나 그 이후 날짜에 출장 가는 사람은 승인이 필요하며, 개별로 승인될 것입니다. 질문이 있으시다면, ejuarez@MTech.com으로 Enrico Juarez에게 연락 주세요.

발신 Simon Gonzales ⟨sgonzales@mtech.com⟩
수신 Enrico Juarez ⟨ejuarez@mtech.com⟩
날짜 5월 16일
제목 출장에 대해서

안녕하세요, 엔리코.

새로운 출장규정에 관해 질문이 있어요. 저는 지난 달에 예약한 뉴질랜드행 비행편이 있는데 실제 비행은 7월이예요. 비행시간이 5시간 30분이고 비즈니스 클래스로 예약했어요. 비행기를 취소해야 할까요? 저는 제가 있는 지사의 인사부장인 Sheena Diaz에게 이것에 관해서 물어보려 했었어요. 그런데 그녀는 저에게 확실히 하기 위해서 본사에 직접 연락해야 한다고 제안했습니다.

안녕히 계세요,
Simon Gonzales, MTech 영업 관리자

발신 Enrico Juarez ⟨ejuarez@mtech.com⟩
수신 Simon Gonzales ⟨sgonzales@mtech.com⟩
날짜 5월 16일
제목 답변: 출장에 대해서

안녕하세요 Simon,

7월에 뉴질랜드로 가는 당신의 비행기에 대해서는, 비즈니스 클래스로 유지해도 됩니다. 6시간 비행에 관한 규칙은 일종의 가이드라인입니다. 우리의 새로운 시스템에서 6시간 미만인 비즈니스 클래스를 예약하면, 월말까지 당신의 비용보고서를 CEO에게 확인 받도록 신호기를 울리는 겁니다.

당신의 질문에 대답이 되었길 바랍니다. 그리고 당신의 인내와 이해에 미리 감사드립니다.

안녕히 계세요,
Enrico Juarez, MTech 비용 관리자

company travel [명] 회사 출장 effective [형] 시행되는, 발효되는 personnel [명] 인원 economical [형] 경제적인 means [명] 방법, 수단 book [동] 예약하다 approval [명] 승인 on a case-by-case basis 개개의 사례에 따라, 개별적으로 regarding [전] ~에 관하여 upcoming [형] 다가오는 actually [부] 실제로 cancel [동] 취소하다 as for ~에 관해서는 guideline [명] 가이드라인, 지침 set off (경보 장치를) 울리다, 유발하다 flag [명] 신호기 expense report [명] 비용 보고서 verify [동] 확인하다, 입증하다 in advance 미리, 사전에 patience [명] 인내 understanding [명] 이해

1. 메모의 목적은 무엇인가?
(A) 채용권고를 하는 것
(B) 재정지원을 요청하는 것
(C) 계약서 조건을 협상하는 것
(D) 회사 규정의 변경을 발표하는 것

[어휘] **memo** [명] 메모 **hiring** [명] 채용 **recommendation** [명] 권고 **request** [동] 요청하다 **financial** [형] 재정적인 **support** [명] 지원 **negotiate** [동] 협상하다 **terms** [명] 조건 **contract** [명] 계약서 **announce** [동] 발표하다 **company** [명] 회사 **policy** [명] 규정 **change** [명] 변경

[해설] Effective June 15th all personnel traveling on company business must use the most economical means possible 부분에서 6월 15일부터 변경되는 회사규정에 관한 안내를 하고 있으므로 정답은 (D)가 된다.

2. 메모의 1번째 문단 2번째 줄의 "means" 라는 단어는 다음 중 어떤 것과 가장 가까운 뜻인가
(A) 경험
(B) 아이디어
(C) 방법
(D) 이유

[어휘] **experience** [명] 경험 **idea** [명] 아이디어 **way** [명] 방법

[해설] use the most economical means 에서 means 는 수단, 방법이라는 뜻이라는 것을 문맥상 알 수 있다.

3. Gonzales 씨에 관해 알 수 있는 것은?
(A) 비행기를 취소할 것이다.
(B) 4월에 그의 비행기를 예약했다.
(C) 1등석으로 이동할 예정이다.
(D) 3주 이상 출장을 갈 것이다.

[어휘] **cancel** [동] 취소하다 **flight** [명] 비행기 **first class** [명] 1등석 **out of town** [형] 도시를 떠나서, 출장을 떠난

[해설] 두 번째 이메일에서 I have a coming flight to New Zealand that I booked last month 라고 하였으므로 Gonzales 씨는 4월에 이미 비행기를 예약했다는 것을 알 수 있다. 따라서 정답은 (B)이다.

4. Juarez 씨에 대해 알 수 있는 것은 무엇인가?
(A) 해외로 출장갈 계획을 하고 있다.
(B) 3년 전 MTech에 입사했다.
(C) 회사규정변경을 발표하는 것을 담당하고 있다.
(D) Gonzales 씨와 같은 회사에서 근무한다.

[어휘] **join** [동] 입사하다 **announce** [동] 발표하다 **company** [명] 회사 **policy** [명] 규정 **change** [명] 변경 **same** [형] 같은

[해설] 사내 메모에 대해 Gonzales 씨가 Juarez 씨에게 문의하는 이메일을 보냈고 Juarez 씨도 답변 메일을 보낸 것과, Juarez 씨와 Gonzales 씨 모두 이메일의 가장 하단에 MTech라는 회사명이 기재되어 있으므로 같은 회사에서 근무한다는 것을 알 수 있다.

5. 월별 비용 보고서를 검토하는 것을 담당하는 사람은 누구인가?
(A) Gonzales 씨
(B) Suarez 씨
(C) Diaz 씨
(D) Mason 씨

[어휘] **be responsible for** ~을 담당하다, ~에 대한 책임이 있다 **review** [동] 검토하다 **monthly** [형] 월별의, 매월의

[해설] 세번째 지문에서 for your expense report to be checked and verified by our CEO at the end of the month라는 부분을 통해 비용 보고서가 월말에 CEO에 의해서 확인된다는 것을 알 수 있다. 이를 통해 월별 비용 보고서의 검토는 CEO가 담당하는 일인데, 첫번째 지문에서 CEO의 이름이 John Mason이라는 것을 확인 할 수 있으므로 정답은 (D)이다.

Lesson 06 주제 및 목적 유형

유형 연습하기

정답
1. (C) **2.** (A)

[1] 정보

로버트 웰링턴 3세
Sherwood에 있는 삼나무를 덮은 눈
사진
200 cm x 100 cm

이 작품은 지난 20년 동안 미스터리로 숨겨져 왔던 로버트 웰링턴의 Sleeping Death 시리즈의 마지막 작품입니다. 이 작품들은 화가가 식도암으로 죽어가고 말할 수 있는 능력을 상실해 있는 동안 만들어 졌습니다. 그것이 화가로 하여금 자연스럽게 죽음의 본성에 대해 더욱 사색적으로 만들었고, 더욱 은둔하게 만들었습니다.

[2] 문자 메시지

발신: Amir Haddid
수신: Andy Riegel

Andy, 내 폰의 배터리가 거의 다 되었어. 그리고 난 지금 교통 체증에 갇혀 있어. 난 충전기를 사무실 책상에 두고 왔어. 부디 네가 Rogers 씨에게 내가 20분 정도 늦을 거라고 말해 줄래? 그리고 내 충전기를 내가 가져다 줄 수 있을까? 나는 Wintergrove 7854번지에서 다음 주택을 보여주고 있을거야. 고마워!

토익 맛보기

정답

1. (B) **2**. (C) **3**. (D)

[1-3] 이메일

발신 Ingrid Rossellini <ingridR@roadrunneremail.com>
수신 Michael Rader <mrader@zenochtheater.org>
날짜 2월 6일
제목 티켓

Rader 씨에게,

저는 오랫동안 Zenoch 극장의 후원자였고, 이제까지 보아온 멋진 공연에 대해 언제나 감사해왔습니다. 저는 지난 달에 무료 티켓 4장을 받았습니다만, 저는 그것들을 사용하지 않았습니다. 이번 달에 그것을 사용할 수 있을지 궁금합니다. 저를 방문하는 가족들이 있어서 멋진 공연을 함께 보고 싶어서요. 만약에 안 된다면, Downtown Angles 티켓을 4장 주문해서 5월 20일에 4 좌석을 예매하고 싶습니다. 제 신용카드 정보를 갖고 계실 테니, 필요하다면 추가 티켓에 대한 결제를 해주세요.

안녕히 계세요.
Ingrid Rossellini

토익 기출 맛보기

정답

1. (A) **2**. (A) **3**. (B) **4**. (D)

[1-4] 편지

Mike Pascual 씨
1476 El Caminito Drive
Compadre Grove, CA, 96578

Pascual 씨에게

Hasker 마케팅사는 당신에게 고객관리 부서의 부과장직책을 제안하게 되어 기쁩니다. 당신의 기술과 경험은 저희 고객서비스부서에 이상적으로 적합합니다. 논의했던 것처럼, 근무시작일은 2월 16일입니다. 저희 회사 직원복리후생제도를 통해 가족의료보험이 제공될 것이며 3월 1일부터 유효할 것입니다. 치아보험 또한 가능합니다. Hasker는 유동적인 유급병가, 유급개인사정월차, 유급휴가를 제공합니다.

이 취업제의를 수락하신다면, 이 편지의 2번째 장에 서명을 하시고 최대한 빨리 저에게 보내주시기 바랍니다. 당신의 답신이 수신되면, 직원복지 양식과 함께 개인퇴직금과 복리후생제도를 설명하는 안내서를 발송해드리겠습니다.

당신을 Hasker Team 에서 환영해드리고자 기대하고 있습니다. 질문이 있으시거나 추가 정보가 필요하시면 저에게 연락주세요

안녕히 계세요.

Vitor Belim
이사, 인사과
The Hasker Company

be please to 동사원형: ~하게 되어 기쁘다 **offer** [동] 제안하다, 제공하다 **position** [명] 직무, 자리 **skill** [명] 기술, 능력 **ideal** [형] 이상적인 **fit** [명] 적합, 조화 **discuss** [동] 논의하다 **medical coverage** 의료 보험 **provide** [동] 제공하다 **benefit plan** 복리후생 제도 **effective** [형] 시행되는, 발효되는 **dental insurance** 치아 보험 **available** [형] 이용 가능한 **flexible** [형] 유동적인, 유연한 **paid** [형] 유급의, 유료의 **sick leave** [명] 병가 **choose** [동] 선택하다 **accept** [동] 받아들이다, 수락하다 **sign** [동] 서명하다 **return** [동] 돌려주다 **at an earliest convenience** 최대한 빠른 시간에 **acknowledgement** [명] 인정 **form** [명] 서류 양식 **detail** [동] 상세히 설명하다 **retirement** [명] 은퇴, 퇴직 **look forward to -ing** ~하기를 기대하다 **additional** [형] 추가의 **Human Resources** 인사부, 인사과

1. 이 편지가 씌어진 목적은 무엇인가?
(A) 복리 후생 제도를 설명하는 것
(B) 퇴직자 연금 제도를 제공하는 것
(C) 면접 일정을 정하는 것
(D) 허가를 요청하는 것

[어휘] **describe** [동] 설명하다 **provide** [동] 제공하다 **retirement plan** [명] 퇴직자 연금 제도 **schedule** [동] 일정을 정하다 **interview** [명] 면접 **permission** [명] 허가

[해설] 이 편지는 Pascual 씨에게 새로운 일자리를 제안하면서, 동시에 그에 관한 복리 후생 제도에 대해 알려주는 데 있다. 따라서 정답은 (A)이다.

2. Pascual 씨에 관해 알 수 있는 것은?
(A) 경험 많은 고객 응대원이다
(B) 상을 탔다
(C) 최근에 캘리포니아로 이사 왔다
(D) 작년에 고객서비스 부과장으로 승진했다

[어휘] **experienced** [형] 경험이 많은 **customer representative** [명] 고객응대원 **award** [명] 상 **recently** [부] 최근에 **moved** [동] 이사하다 **promoted** [동] 승진하다 **assistant director** [명] 부과장 **customer relations** [명] 고객서비스

[해설] Your skills and experience will be an ideal fit for our customer service department 부분에서 Pascual 씨가 고객서비스에 많은 경험이 있다는 것을 알 수 있으므로 정답은 (A)이다.

3. 직무의 장점으로 언급된 것이 아닌 것은?
(A) 치아보험
(B) 정기 직원 교육
(C) 유급 휴가
(D) 가족 의료보험

[어휘] **benefit** [명] 장점 **dental insurance** [명] 치아보험 **regular** [형] 정기적인 **employee** [명] 직원 **training** [명] 교육 **paid** [형] 유급의 **vacation** [명] 휴가 **medical care** [명] 의료보험

[해설] 첫 번째 문단의 가운데 부분에서 치아 보험과 가족 의료보험이 언급되었고, 첫 번째 문단 마지막 문장에서 유급 휴가가

언급되었다. 하지만 정기 직원 교육에 대해서는 언급된 바가 없다. 따라서 정답은 (B)이다.

4. Pascual 씨는 무엇을 하도록 요청 받았는가?
(A) 동료를 추천하는 것
(B) 웹사이트를 방문하는 것
(C) 임대 계약서에 서명을 하는 것
(D) 서류를 우편으로 보내는 것

[어휘] **recommend** [동] 추천하다 **colleague** [명] 동료 **visit** [동] 방문하다 **website** [명] 웹사이트 **sign** [동] 서명하다 **lease** [명] 임대 **contract** [명] 계약서 **mail** [동] 우편으로 보내다 **document** [명] 서류

[해설] second copy of this letter and return it to me at your earliest convenience 이 편지의 2번째 장에 '서명하시고 저에게 최대한 빨리 보내주세요' 라는 부분에서 정답이 (D)라는 것을 알 수 있다. 서명하라는 말은 있었지만 그것이 임대계약서가 아니라 편지의 두 번째 장이었기 때문에 (C)는 오답이다.

Lesson 07 문맥상 동의어 찾기 유형

유형 연습하기

정답
1. (C) **2.** (A)

[1] 기사

나의 목표는 정확히 무엇일까?

생활 방식의 변화에 대한 타당한 이유의 예로는 당신의 전반적인 건강을 증진시키는 것과 합리적인 체력 단련 목표를 달성하는 것, 그리고 당신의 삶에 더 많은 에너지를 얻는 것이 있다. 좋지 못한 이유의 예로는 짧은 시간에 당신의 외모를 향상시키는 것이 있다. 당신의 목표를 평가하고, 그 목표를 적어보고, 그리고 훗날 재평가해볼 시간을 가져보길 바란다.

[2] 메모

수신: 마케팅부
발신: Jenny Schultz, 영업 부회장
제목: 고객과의 연락을 위한 새로운 절차

우리는 이번 주부터 고객과의 연락을 유지하기 위한 절차를 변경하기로 결정했습니다. 지난 몇 년 간 고객들과 관련된 중요한 정보가 기록되지 않았을 때 몇몇의 사고가 있었습니다. 우리 고객들은 그들의 지난 구매품과 그들의 연간 예산, 그리고 향후 예상되는 필요한 것들에 대해 알고 있기를 기대합니다. 우리가 이 정보를 이용가능한 상태로 가지고 있지 않으면, 그들이 유용하다고 생각할 제품들을 제안하는 것이 더 어렵습니다.

우리는 또한 한번 이상으로 똑같은 문제를 처리하고 싶지 않습니다. 우리는 새로운 시스템으로 그러한 문제를 소거하고 우리의 능률을 증가시키기를 바랍니다.

토익 맛보기

정답
1. (D) **2.** (C) **3.** (A)

[1-3] 문자 메시지

Aly Walker [03:44]
안녕 Oswald. 이스트와 6번가 근처에 있는 Downing 부지 방문해 봤어?

Oswald Cobblepot [03:45]
응. 공간 자체는 우리 모든 직원과 건축가들을 수용할 수 있을 만큼 크던데, 주차에 관해서 고민이 돼. 전용 주차장이 없고, 근처가 비즈니스 구역이라서 노상 주차할 공간도 적더라고.

Aly Walker [03:47]
음, 우리의 새로운 대중 교통 계획(사람들이 대중교통을 사용하도록 부분적으로 자금을 대주는) 때문에 아마 더 적은 사람들이 회사에 운전해서 올 거야. 게다가 우리 건축가들이 대부분 현장에서 근무를 하잖아.

Oswald Cobblepot [03:52]
그건 좋네. 그럼 더 많은 사람들이 노상주차를 하지 않겠네. 그렇다면 그 부지는 우리에게 좋은 옵션이 될 것 같아.

토익 기출 맛보기

정답
1. (B) **2.** (D) **3.** (A)

[1-4] 메모

수신: Wentworth, Perth, Grant, 동료들과 보조 직원
발신: David Wentworth 사장
주제: 전체 직원 회의
날짜: 4월 20일

모든 직원들에게,

다음주 화요일, 4월 25일에 5 회의실에서 전체 직원 회의에 특별 객원 강사를 모실 예정입니다. Vera Smythe 씨는 국제 인권 변호사이며, 지난 2년간 독일 Geschalt Firm에서 일하였습니다.

그녀의 관심은 유럽정부가 여성을 보호하는 인권법률을 통과하도록 로비를 하는 것에 있습니다. 그녀는 국제 인권 커뮤니티에 의해 여러 번 인정받은 바 있으며, 최근 UN의 독일 대사로 임명되었습니다.

유럽에서 그녀가 유명해지기 전에, 그녀는 뉴욕시에 있는 ACLU에서 5년 간 근무했습니다. 거기에서 저는 그녀와 몇 개의 케이스로 함께 일할 기회가 있었습니다. Smythe 씨는 다음 주에 로스엔젤레스로 올 계획이며, 그녀의 국제적으로 호평 받고 있는 몇 건의 케이스에 관해 우리 회의에서 연설해주기로 하였습니다. 관심 있으신 분들은 모두 참석하시기를 추천합니다.

associate [명] 동료 senior partner [명] 사장 lecturer [명] 강사, 연설자 international [형] 국제적인 human rights [명] 인권 lawyer [명] 변호사 firm [명] 회사 past [형] 지난, 과거의 focus [명] 관심, 집중 lobby [동] 로비하다, 영향력을 행사하다 government [명] 정부 pass [동] 통과시키다 specialize in ~를 전문으로 하다 protection [명] 보호 recognize [동] (공로를) 인정하다 recently [부] 최근에 ambassador [명] 대사관 make a name for oneself 유명해지다 chance [명] 기회 agree to ~하기로 동의하다 give a talk 연설하다 internationally [부] 국제적으로 acclaimed [형] 호평 받는, 칭찬 받는 urge [동] 촉구하다, 추천하다 interested [형] 관심이 있는 attend [동] 참석하다

1. 메모의 목적은 무엇인가?
(A) 직원들을 시상식에 초대하는 것
(B) 다가오는 행사를 알리는 것
(C) 연례직원 워크샵을 발표하는 것
(D) 새로운 CEO 를 지명하는 것

[어휘] **purpose** [명] 목적 **invite** [동] 초대하다 **employees** [명] 직원들 **award ceremony** [명] 시상식 **remind** [동] 알리다 **upcoming** [형] 다가오는 **event** [명] 행사 **announce** [동] 발표하다 **annual** [형] 연례의 **workshop** [명] 워크샵 **appoint** [동] 지명하다

[해설] Next Tuesday, April 25, we will be having a special guest lecturer at our all-staff meeting in conference room 5. 라는 부분에서 전체 공지를 하는 이유가 다음주에 있을 강연 때문이라는 것을 알 수 있다. 따라서 정답은 (B)이다.

2. Smythe 씨에 대해 언급되지 않은 것은?
(A) 국제 인권 변호사로 2년 간 일했다
(B) 그녀와 Wentworth씨는 같은 회사에서 일했었다.
(C). 2년 전 독일로 이사 갔다.
(D) 몇 권의 책을 출간했다.

[어휘] **mentioned** [동] 언급된 **organization** [명] 조직, 단체 **publish** [동] 출간하다

[해설] An international human rights lawyer at the Geschalt Firm in Germany where she has worked for the past 2 years 부분에서 (A)가 언급되었고, Before making a name for herself in Europe, she spent 5 years working for the ACLU in New York City 부분에서 뉴욕에서 5년 간 근무한 후, 독일로 이사 갔으며, 독일에서 2년 간 근무했다고 하니 (C)가 언급된 것을 알 수 있다. It was there I had the chance to work with her there on several cases 부분에서 I, 즉 Wentworth씨가 그녀와 함께 근무했다는 것을 알 수 있어서 (B)도 언급이 되어있다. 하지만 그녀가 책을 집필했다는 얘기는 어디에도 없으므로 정답은 (D)이다.

3. 메모에서, 3번째 문단, 5번째 줄 urge 와 가장 가까운 뜻은
(A) 추천하다
(B) 금지하다
(C) 회수하다
(D) 고용하다

[어휘] **recommend** [동] 추천하다 **refrain** [동] 금지하다 **retrieve** [동] 회수하다 **recruit** [동] 고용하다

[해설] Smythe 씨에 관한 소개를 하고서 urge to attend 라고 하였으니 '참석을 추천한다, 또는 촉구한다'는 뜻으로 쓰였으므로 정답은 (A)이다.

Lesson 08 불일치 유형

유형 연습하기

정답
1. (D) **2.** (B)

[1] 기사

Pleasant Company의 대표는 회장이자 최고 기술 위원인 Megan A. Wilshire가 12월 22일에 사임할 것이라고 발표하였다. 이 발표는 세계 5위의 최대 스마트폰 부품 제조사가 몇 달 이내에 매각될 것이라는 추측을 더했다. 45세인 Wilshire 씨는 그녀의 가족과 더 많은 시간을 보내기 위해, 그리고 다른 가능성을 탐험해보기 위해 7년 이상의 시간이 지난 후 그 직책에서 사임할 것이다.

[2] 편지

브라우닝 씨에게,

캘리포니아의 라스팔마스에 있는 Bellagio 극장에 지속적인 애용에 감사드립니다. 불행히도, 저희는 이번 달의 상영작에 대해 당신의 만료된 티켓을 사용하시도록 할 수가 없습니다. 우리가 전화 상으로 했던 대화에 따라서, 저는 Downtown Angels를 상영하는 5월 20일의 추가 티켓을 동봉하였으며, 당신의 전체 인원을 위한 8개의 좌석을 예약하였습니다. 저희는 당신의 애용에 정말로 감사드리며, 그러한 마음을 보여드리기 위해, 저희는 또한 당신의 전체 인원을 위한 무료 음료와 기념품 티켓을 동봉하였습니다. 다음 달에 아주 인기 있는 뮤지컬이 상영될 것이라는 점을 알아주시기 바라며, 항상 눈여겨 보시기 바랍니다. 끝번호가 1578인 당신의 OrangePay 신용카드로 100 달러가 결제되었습니다.

Jane Kim
고객 서비스 직원

토익 맛보기

정답
1. (A) **2.** (C) **3.** (C)

[1-3] 메모

발신 Mark Aurelio
수신 Nancy Douglass, James R. Morgan, Michael Schulman
날짜 3월 1일
제목 새로운 지점을 위한 사무실 공간

팀 전체에게,

첫 번째로, Michael에게 이러한 선택 사항으로 좁혀주셔서 감사드리고 싶습니다. 지난번 회의가 굉장히 생산적이었던 것 같네요. 제가 지난 회의를 놓쳐서 정말 죄송합니다. 제가 참석할 수 있기를 바랬으나 긴급한 집안일이 생겼습니다. 제가 이 논의에 마지막으로 의견을 제시하는 사람 같은데, 기다려 주셔서 감사합니다.

Nancy, 오래된 빌딩으로 이사 들어가는 것에 예약하신 거 이해합니다만, 그 건물은 최근에 개조되었고 시내에 중심에 이상적으로 위치되어 있습니다.

또한 저는 Monterey 기술 박람회에 참석하자는 James의 아이디어에도 동의합니다. 시간이 나면 제가 좀 더 찾아보겠습니다. 또한 작년에 그 박람회에 참가했던 이전 동료와 점심을 먹으러 가는 길인데, 참석하는 것의 장점과 단점에 대해서 그에게 조언을 요청하겠습니다. 차후 제가 보고서로 제가 알아낸 것들을 알려드릴게요.

안녕히 계세요,
Mark Aurelio, BuzzTube Associates

토익 기출 맛보기

정답

1. (A)   **2.** (C)   **3.** (B)

[1-3] 온라인 채팅 대화

Carl Carabelli [12:49 P.M.]
Court 씨, 내일 일기예보에 따르면 이번 주 금요일 날 폭풍이 끝난다고 하니 그때 호텔 작업을 다시 시작할 수 있을 것 같아요.

Gary Court [12:50 P.M.]
좋은 소식이네요. 이 갑작스런 폭풍이 건설을 오래 지연시킬까봐 걱정했습니다.

Carl Carabelli [12:50 P.M.]
아직도 그럴지도 몰라요. 폭풍이 생각보다 강력해서 폭풍에 현재 구조물이 얼마나 피해를 입었는지 체크해봐야 해요. 제가 평가를 해보고 공사가 끝날 것 같은 예상 날짜와 금액을 드릴게요.

Gary Court [12:51 P.M.]
그건 실망스러운 소식이네요. 만약 비용이 너무 비싸거나 일정이 너무 미뤄지면 저는 다른 공사 회사를 고려해볼 거라는 거 이해하시죠?

Carl Carabelli [12:52 P.M.]
저희가 10년 이상이나 함께 일했는데 그런 말씀은 하실 필요가 없을 것 같아요. 제가 평가를 해 볼 때까지 기다려주세요.

Gary Court [5:54 P.M.]
그러네요.

weather 명 날씨 forecast 명 예보 storm 명 폭풍우, 태풍 get back 돌아가다 work on ~에 대해 작업하다 sudden 형 갑작스러운 delay 동 지연시키다, 미루다 construction 명 공사 a lot 부 많이 still 부 여전히, 그래도 exceptionally 부 특별히, 예외적으로 check 동 확인하다 damage 동 피해를 입히다 current 형 현재의 structure 명 구조물 assessment 명 평가 approximation 명 근사치 finish date 명 완료날짜 cost 명 비용 disappointing 형 실망스러운 consider 동 고려하다 hire 동 고용하다 contracting company 계약사

1. Carabelli 씨는 어떤 회사에서 근무하는가?
(A) 건설 회사
(B) 페인팅 회사

(C) 컨설팅 회사
(D) 카페트 회사

어휘 | company 명 회사 construction 명 건설 painting 명 페인팅 consulting 명 컨설팅 carpeting 명 카페트 설치

해설 | Carabelli 씨가 12시 49분에 get back to work on the hotel이라고 언급한 부분과 12시 50분 Court 씨의 sudden storm would delay the construction 이라는 부분에서 Carabelli 씨가 건설회사에 근무한다는 것을 알 수 있다.

2. 대화에서 알 수 있는 것이 아닌 것은?
(A) 갑작스러운 폭풍이 시설 개조공사를 연기시켰다.
(B) Carabelli 씨는 언제 공사가 끝날지 확신하지 못한다.
(C) Carabelli 씨는 본사를 옮겨야 한다.
(D) Carabelli 씨는 Court 씨와 오랜 기간 함께 일 했다.

어휘 | facility 명 시설 renovation 명 개조 공사 certain 형 확실한 construction 명 공사 finish 동 끝나다 move 동 옮기다 headquarters 명 본사

해설 | (A)는 12시 50분 Carabelli 씨가 how much the storm has damaged the current structure라고 말한 부분에서 실제로 폭풍 때문에 건설이 타격을 입었는지에 대해 언급하였으므로 정답이 될 수 없다. (B)도 또한 Carabelli 씨가 동일한 메시지에서 I will have to do an assessment and give you a new approximation for the build finish date and cost라고 하여 예상 공사완료 날짜와 비용을 다시 평가해보아야 한다고 했으므로 정답이 될 수 없다. (D)는 12시 52분 Carabelli 씨가 We've been working together for more than ten years라고 한 부분에서 두 사람이 10년 넘게 일을 해왔다는 사실이 드러나므로 정답이 될 수 없다. 하지만 지문에서 본사(headquarters)가 언급되지 않았기 때문에 (C)가 정답이다.

3. Carabelli 씨는 무엇을 할 예정인가?
(A) 계약서를 수정한다
(B) 현장을 방문한다
(C) 발표를 한다
(D) 공연을 본다

어휘 | revise 동 수정하다 contract 명 계약서 visit 동 방문하다 site 명 현장 presentation 명 발표 performance 명 공연

해설 | 앞으로 할 일에 대한 언급은 미래 시제로 표현되는 경우가 많다. Carabelli 씨는 12시 50분에 We will have to check to see how much the storm has damaged the current structure라고 언급하였고, I will have to do an assessment라고 하여 폭풍우에 의한 피해 상황을 파악하고 평가를 해보겠다는 말을 하였으므로 Carabelli 씨가 다음에 할 일은 현장을 방문하는 것이라고 볼 수 있다. 따라서 정답은 (B)이다.

Lesson 09 요청사항 유형

유형 연습하기

정답

1. (C)   **2.** (D)

[1] 편지

Prescott 씨에게,

저는 열렬한 원예 애호가이며, 최근에 은퇴한 사람입니다. 그래서 저는 여가 시간이 많습니다. 귀하의 소식지에 원예 자문 칼럼을 쓰는 것에 관심이 있을 것입니다. 그 일이 수반하는 것에 관한 정보를 좀 더 보내주실 수 있나요?

여러분들의 노력을 응원합니다.

안녕히 계세요.
Kelly Teigen

[2] 이메일

수신: Nathan West 〈nw100@wingmail.com〉
발신: Lori Spalding 〈lspalding@execcareer.com〉
날짜: 8월 1일
제목: 채용 박람회 입장

West 씨 귀하

8월 10일의 임원 채용 박람회에 대해 문의해주셔서 감사합니다. 어제부로 이 행사는 매진이 되었습니다. 저희는 더 이상 예약 등록을 제공하지 않습니다. 하지만, 항상 마지막 순간에 참석하지 못하는 사람들이 있게 마련이므로, 행사 당일 오전 11시까지 대기자용 자리를 열어두고 있습니다.

이 대기자 입장권을 받으시려면 행사 당일 9시에 오셔서 대기자 명단에 성함을 기재하셔야 합니다. 11시경에 귀하께서 채용 박람회 입장이 가능하신지 여부를 알려드릴 것입니다.

Lori Spalding, 행사 운영 책임자
Executive Career Fair

토익 맛보기

정답
1. (B)   **2.** (B)   **3.** (D)

[1-3] 메모

발신 David Nguyen 〈d_nguyen@flashmail.com〉
수신 Customer Service
　　　〈customer_service@mayclothing.com〉
날짜 4월 23일
제목 주차

고객 서비스 센터 직원들께

저는 토요일에 있을 귀사의 세일에 참석하는 것에 관심이 많습니다. 저는 열렬한 뜨개질 애호가이며, 제 가게를 열 예정입니다. 그래서 저는 귀사의 재고 중에 - 특히 전시품이나 판매장비 - 아주 많은 양을 구매하고 싶습니다. 혹시 제가 그 물품들을 살펴보기 위해서 4월 26일에 개인적으로 방문예약을 하고, 그리고 4월 29일에 그 물품들을 가지고 가도 될까요?

제가 그 지역은 잘 모릅니다. 매장으로 가는 길에 대한 정보를 좀 더 알려주실 수 있으신가요? 저는 또한 주차가 걱정됩니다. 제가 무거운 물품을 가지고 갈 것인데, 그래서 매장에서 가까운 곳에 주차를 하고 싶습니다.

안녕히 계세요.
David Nguyen

토익 기출 맛보기

정답
1. (A)   **2.** (B)   **3.** (D)   **4.** (C)   **5.** (D)

[1-3] 광고

Good Times Magazine

2008년부터 인쇄를 시작한 Good Times Magazine에서 음식 작가를 찾습니다! 이전 경험은 필요하지 않으며, 단지 모험심이 강한 정신과 음식과 글쓰기에 대한 애정만 있으면 됩니다!

Good Times Magazine에 대해서:
많은 캘리포니아 남부 지역의 주민들이 다른 인쇄 매체보다 음악, 스포츠, 여행, 음식, 등을 주제로 광범위하게 다루는 보도 범위로 Good Times Magazine으로 몸을 돌립니다. 약 50만의 판매부수로, Good Times Magazine은 뛰어난 명성을 가진 인쇄 매체입니다. 우리는 급여를 지불하거나, 많이 지불하지 않습니다. 그래서 만약 여러분이 우리와 함께 한다면 그것은 당신이 하고 있는 일을 사랑하기 때문입니다.

관심이 있으시다면 샘플 원고와 자신에 대한 간략한 정보를 5월 25일까지 food@goodtimesmagazine.com으로 보내주시면 당신이 지원한 것으로 생각하겠습니다.

---

in print 출간되는　**since** 젠 ~이후로　**look for** ~을 찾다
previous 형 이전의　**necessary** 형 필요한　**adventurous**
형 모험심이 강한, 모험적인　**spirit** 명 정신, 마음　**southern**
형 남부의　**turn** 동 돌리다　**publication** 명 출판물, 인쇄 매체
extensive 형 광범위한　**coverage** 명 보도 범위　**circulation**
명 판매부수　**million** 명 백만　**stellar** 형 뛰어난　**reputation** 명
명성　**either A or B** A이거나 B이거나 둘 중 하나　**interested** 형
관심이 있는　**writing sample** 샘플 원고　**consider** 동 고려하다,
생각하다　**add** 동 추가하다, 더하다　**application** 명 지원, 신청

1. 광고의 목적은 무엇인가?
　　(A) 직원을 모집하는 것
　　(B) 후원자를 홍보하는 것
　　(C) 곧 있을 변경사항을 발표하는 것
　　(D) 음식 저널리즘의 경향을 논의하는 것

어휘 recruit 동 채용 모집하다　staff 명 직원　promote 동 홍보하다
sponsor 명 스폰서, 후원사　announce 동 발표하다　upcoming
형 곧 있을, 다가오는　changes 변경사항　discuss 동 논의하다
trend 명 트렌드, 경향　journalism 명 저널리즘

해설 광고는 제목과 첫 문장에 목적이 드러난다. 첫 문장에서 Good Times Magazine, in print since 2008, is looking for food writers하였으므로, 작가를 모집하고 있다는 것을 알 수 있다. 따라서 정답은 (A)이다

2. Good Times Magazine에 관해 알 수 있는 것은 무엇인가?
(A) 30년 전에 설립되었다.
(B) 캘리포니아 거주민들 사이에서는 잘 알려진 잡지이다.
(C) 직원들은 상당한 급여를 받는다.
(D) 여러 지점들이 있다.

어휘 found ⑤ 설립하다 decade ⑥ 10년 well-known ⑥ 잘 알려진 among ⑦ ~중에, ~사이에 resident ⑥ 거주민 employee ⑥ 직원 receive ⑤ 받다 comparative ⑥ 상당한 salary ⑥ 급여 branch office ⑥ 지점, 지사

해설 More Southern Californians turn to Good Times Magazine이라고 언급된 부분과 With a circulation of about half a million를 보아 캘리포니아 남부에서 50만 부의 판매부수를 올리고 있다는 정보를 알 수 있다. 이를 통해 캘리포니아 주민들에게 잘 알려져 있다는 사실을 추론할 수 있으므로 정답은 (B)이다.

3. 관심 있는 사람은 무엇을 하도록 요청되는가?
(A) 세미나에 참석한다
(B) 설문조사를 완료한다
(C) 게시판에 참여한다
(D) 샘플을 제출한다

어휘 individual ⑥ 개인, 사람 attend ⑤ 참석하다 seminar ⑥ 세미나 complete ⑤ 완료하다 survey ⑥ 설문조사 participate ⑤ 참여하다 message board ⑥ 게시판 submit ⑤ 제출하다 sample ⑥ 샘플, 견본

해설 요청사항은 명령문으로 언급이 되는데, 지문의 마지막 부분에 If you're interested, please send a writing sample라고 하여 관심이 있으면 샘플 원고를 보내라고 되어 있다. 따라서 샘플을 제출하는 것이 요청사항이므로 정답은 (D)이다.

[4-5] 초청장

> Gladstone 대학의 동문이자 후원자로서 가장 큰 성공을 거둔 일부 졸업자들의 지속된 후원에 대한 공로를 인정하는 특별 기념 행사에 귀하를 초청하게 되어 기쁩니다.
>
> **8월 28일, 일요일**
> **Central 컨벤션 센터 내 Gathering Hall**
> **2460 Fremont Avenue**
> **West Falls**
>
> **오후 1시**
> 뷔페와 다양한 칵테일을 포함한 점심 식사
>
> **오후 2시 30분, 오락 및 게임**
> Dean Williams 씨의 사회로 진행되는 행사 참석자들을 위한 다양한 오락과 활동
>
> **오후 5시, 졸업한 동문의 공로 인정**
> 수년 간 우리 대학 및 학교의 대의를 후원해 온 졸업자들에 대한 감사의 뜻 전달
>
> 우리 대학은 미래의 세대들을 위한 가장 높은 수준의 교육을 실현하기 위해 기부를 받는 것에 대해 기쁘게 생각합니다. 기부금은 또한 대학 내 시설의 유지를 위해 사용될 것입니다.

www.gladstoneuniversity.edu를 방문하시어 귀하와 동행하시는 참석자 수를 포함해 이번 기념 행사에 참석할 의향이 있으신지 저희에게 알려 주시기 바랍니다.

어휘 be pleased to do: ~해서 기쁘다 invite ⑤ ~을 초청하다 alumnus ⑥ 남자 졸업생 (cf. 복수형 alumni) supporter ⑥ 후원자 celebration ⑥ 기념 행사 recognize ⑤ (공로 등) ~을 인정하다, 표창하다 continued ⑥ 지속된 successful ⑥ 성공한 graduate ⑥ 졸업자 including ⑦ ~을 포함해 a selection of 다양한, 선별된 fun ⑥ 오락, 놀이 entertainment ⑥ 오락, 유흥 activity ⑥ 활동 attendee ⑥ 참석자 hosted by ~에 의해 신행되는 recognition ⑥ (공로 등의) 인정, 표창 former ⑥ 이전의 grateful ⑥ 감사하는 acknowledgement ⑥ 답례(품), 감사의 표시 cause ⑥ 대의 throughout the years 수년 동안 accept ⑤ ~을 받아들이다 donation ⑥ 기부(금) ensure ⑤ ~을 보장하다, 확실히 하다 the highest level of 가장 높은 수준의 education ⑥ 교육 future generations 미래의 세대들 fund ⑥ 자금, 기금 upkeep ⑥ 유지 facility ⑥ 시설(물) inform A of B: A에게 B를 알리다 intention to do ~할 의향 attend ⑤ ~에 참석하다 party ⑥ 일행

4. 행사의 목적은 무엇인가?
(A) 교육 기관에서 공석을 채우기 위해 직원을 채용하는 것
(B) 지역 자선 재단을 위해 자금을 마련하는 것
(C) 한 대학에서 몇몇 과거의 학생들이었던 사람들에게 감사의 표시를 하는 것
(D) 잠재 학생들에게 강의에 등록하도록 권하는 것

어휘 recruit ⑤ ~을 채용하다 fill a position 공석을 채우다 educational institute ⑥ 교육 기관 raise money 자금을 마련하다 charitable foundation ⑥ 자선 재단 encourage A to do: A에게 ~하도록 권하다, 장려하다 potential ⑥ 잠재적인 enroll in ~에 등록하다

해설 이 지문은 초청장(invitation)이며, 지문의 시작 부분에 언급되어 있듯이 학교를 지속적으로 후원해 온 졸업자들을 대상으로 감사의 뜻을 전하기 위한 기념 행사에 초대한다는 것이 핵심이므로(a special celebration recognizing the continued support of some of our most successful graduates) 이에 대해 언급한 (C)가 행사의 목적으로 알맞다.

5. 행사에 참석하기를 바라는 사람들에게 요청되는 것은 무엇인가?
(A) 초청장을 되돌려 보내는 것
(B) 설문조사에 응하는 것
(C) 행사장에 연락하는 것
(D) 웹사이트를 방문하는 것

어휘 respond to ~에 응하다 survey 설문조사 venue (행사) 장소, 개최지

해설 행사 참가를 원하는 사람들에게 요청하는 사항이 무엇인지를 묻는 문제이므로 요청 표현이 제시된 부분을 파악해야 한다. 지문 맨 마지막 부분에 Please를 이용해 당부하는 표현이 있는데, 웹사이트를 방문해 행사 참석 의향 및 동행하는 사람들의 수를 알려달라고 말하고 있으므로(Please inform us of your intention to attend the celebration, including the number of people in your party, by visiting www.gladstoneuniversity.edu) (D)가 정답이다.

유형 연습하기

정답
1. (A) **2.** (B)

[1] 문자 메시지

Mary Keith [3:24 P.M.]
안녕, Julia. 웹사이트에 있는 자료에 접근하는 것에 대해 질문이 있어. 불행히도, 난 그 자료를 찾을 수 없는 것 같아. 나에게 다이렉트 링크를 보내는게 가능하겠니?

Julia Frank [3:25 P.M.]
물론이지!

Mary Keith [3:26 P.M.]
정말 고마워.

[2] 온라인 채팅 대화

ALISHA BOOTH　　　　　　　오후 4시 15분
Steve, 내가 이번주 토요일에 모든 업무용 컴퓨터에 새로운 소프트웨어를 설치하기 위해서 사무실에 갈거예요. 규모가 큰 작업이라서, 당신이 시간이 되는지 알고 싶네요.

STEVE FINNAN　　　　　　　오후 4시 18분
오.. 음, 제가 이번 주말에 약속이 있는지 확인해볼게요. 없으며, 저를 넣어주셔도 되요.

ALISHA BOOTH　　　　　　　오후 4시 20분
고마워요. 정말 안도가 되네요. 우리는 절반의 시간에 그 일을 할 수 있을 거예요.

STEVE FINNAN　　　　　　　오후 4시 22분
저에게는 아무것도 없네요. 몇 시에 시작하실 생각이신가요?

ALISHA BOOTH　　　　　　　오후 4시 23분
제가 여기에 오전 8시 정각에 도착할 겁니다. 우리가 점심시간까지 마무리 지을 수 있길 바래요.

토익 맛보기

정답
1. (C) **2.** (B)

[1-2] 문자 메시지

Tammy Wakefield [1:00PM]
안녕 Sookie. 저는 음식에 관련해서 긴급상황을 조치하려고 아직 출장 요리하는 곳에 있어요. 테이블 준비와 장식을 시작해줄래요? 디자인 계획이랑 지시사항은 이미 가지고 있죠, 그렇죠?

Sookie Crawford [1:02 PM]
당연하죠. 제가 가서 처리하겠습니다.

Tammy Wakefield [1:03 PM]
좋아요. 결혼식은 6시에 있을 것이지만, 피로연 장소는 일찍 준비해두고 싶어요.

Sookie Crawford [1:04 P.M.]
피로연은 정원에서 하는 것이 맞죠?

Tammy Wakefield [1:05 PM]
네. 그리고 예식은 헛간의 앞뜰을 개조한 곳에서 진행될 겁니다. 특별 장식이 회사 비품실에 있는데 아주 무거워요. 제 도움이 필요할 겁니다.

Sookie Crawford [1:06 P.M.]
사실은 Johnny가 사무실에 있어요. 제 생각에 저희가 처리할 수 있을 것 같아요. 제가 예식 장소로 그 특별장식을 가지고 갈까요?

Tammy Wakefield [1:07 PM]
그러면 좋을 것 같아요. 그렇게 하면 많은 문제가 해결되겠어요.

Sookie Crawford [1:08 P.M.]
제가 Johnny에게 가서 모든 일을 시작하겠습니다.

Tammy Wakefield [1:07 P.M.]
고마워요 나중에 봐요.

토익 기출 맛보기

정답
1. (A) **2.** (B) **3.** (D) **4.** (C)

[1-4] 문자 메시지

Jo Brand [5:49 P.M.]
안녕 Fred, 오늘 이메일 확인했어요? Stephen이 오늘 아침에 도서 집필이 어떻게 되고 있는지에 대해 최신 상황을 요청하는 이메일을 보냈다던데요? 아직까지 당신에게서 답변을 듣지 못했다고 하더라고요.

Fred Macaulay [5:50 P.M.]
오, 안돼. Jo, 제가 지난 몇 시간 동안 핸드폰을 보지 않았어요. 제가 아침에 전자제품 전원을 다 꺼두고 시간 보내는 거 좋아하는 거 아시잖아요. 지금 바로 Stephen에게 답변을 해야 할가요?

Jo Brand [5:50 P.M.]
아니요, 제가 처리할게요. 제가 그에게 알려줄게요. 그는 다음 Cheddar the Super Dog 시리즈의 다음 편이 예정대로 되고 있는지 확인하고 싶어 했어요. 당신의 팬들이 책이 연기된다고 하면 엄청 실망할 거예요.

Fred Macaulay [5:51 P.M.]
저의 지난 책과는 달리 잘 진행되고 있어요. 등장인물들이 전혀 예측 불가거든요. 이번 것은 지연될 일이 전혀 없어 보여요.

Jo Brand [5:52 P.M.]
좋아요. Stephen은 당신과 새로운 편집자가 어떻게 지내는지도 걱정하더라고요. 그는 이 분야에 경험이 많이 없잖아요.

Fred Macauley [5:54 P.M.]
네, 그렇더라고요. 하지만 좋은 쪽으로요. 일을 향한 그의 열정이 활기를 북돋아줍니다. 제 생각엔 그가 이 일을 오래 할 것 같더라고요. 그와 다시 일하는 것도 싫지 않아요.

Jo Brand [5:55 P.M.]
좋아요. 제가 Stephen에게 최근의 상황을 알려줄게요. 좋은 저녁 되세요, Fred!

check [동] 확인하다 **ask for** ~을 요청하다 **update** [명] 최신 정보, 최근의 동향 **wonder** [동] 궁금해 하다 **hear back** 답장을 받다, 응답을 받다 **past** [형] 지난, 과거의 **unplugged** [형] 전자기기를 사용하지 않는 **electronic** [형] 전자기기의 **reply** [동] 답장하다 **handle** [동] 다루다, 처리하다 **installment** [명] (연재물의) 1회분, 한 권 **series** [명] 연재물 **be on track** 예정대로 진행되다 **drastically** [부] 급격하게, 엄청나게 **unhappy** [형] 언짢은, 실망한 **delay** [동] 연기하다, 지연시키다 **come along** (원하는 대로) 나아가다 **unlike** [전] ~와는 달리 **last** [형] 지난 번의, 최근의 **character** [명] 등장인물 **unpredictable** [형] 예측불가한 **concerned** [형] 걱정하는, 염려하는 **editor** [명] 편집자 **field** [명] 분야 **enthusiasm** [명] 열정, 열의 **invigorating** [형] 기운나게 하는 **ahead of** ~의 앞에 **mind** [동] 꺼려하다

1. Stephen이 오늘 이른 시간에 한 일은 무엇인가?
(A) 이메일을 작성했다.
(B) 계약서를 수정했다.
(C) 추가 종이를 주문했다.
(D) 지원자를 인터뷰했다.

[어휘] **earlier** [형] 일찍, 조기에 **revise** [동] 수정하다 **agreement** [명] 계약서 **order** [동] 주문하다 **additional** [형] 추가 **interview** [동] 인터뷰를 하다 **candidate** [명] 지원자

[해설] 5시 49분 Jo Brand의 메시지 중 Stephen sent you an e-mail this morning 이라는 부분에서 Stephen이 아침에 Fred에게 이메일을 보냈다는 것을 알 수 있다. 따라서 정답은 (A)이다. 질문에서 earlier today라는 표현은 this morning을 다르게 표현한 것이다.

2. 오후 5시 50분에 Brand 씨가 "No, I can handle it"이라고 말하는 의미는 무엇인가?
(A) 인사과에 이메일을 보낼 것이다.
(B) Macauley 씨를 대신해서 Stephen 씨에게 연락할 것이다.
(C) Stephen 씨가 재고 정리하는 것을 도울 것이다.
(D) 신입직원 교육을 담당할 것이다.

[어휘] **handle** [동] 처리하다 **Human Resources Department** [명] 인사과 **contact** [동] 연락하다 **inventory** [명] 재고 **employee** [명] 직원 **training session** [명] 교육

[해설] Macaulay 씨가 Do I need to reply to Stephen right away? 라고 물어본 것에 대한 대답으로 No, I can handle it라고 말하였으므로, Brand 씨가 Macaulay 씨 대신 Stephen 씨에게 연락할 것이라는 것을 알 수 있다. 따라서 정답은 (B)이다.

3. Macauley 씨의 직업은 무엇인가?
(A) 편집자
(B) 회계사
(C) 건축가
(D) 작가

[어휘] **job** [명] 직업 **publisher** [명] 편집자 **accountant** [명] 회계사 **architect** [명] 건축가 **author** [명] 작가

[해설] 오후 5시 50분 Brand 씨의 메시지 중 How the book writing is going?과 오후 5시 50분 메시지에서 Your fans will get so drastically unhappy when your books are delayed라고 언급한 것에서 Macaulay 씨가 책을 쓰는 작가라는 것을 알 수 있다. 따라서 정답은 (D)이다.

4. Macauley 씨의 편집자에 대해 알 수 있는 것은 무엇인가?
(A) 최근에 휴가를 다녀왔다.
(B) 다른 나라에 살고 있다.
(C) 최근에 고용되었다.
(D) 상을 몇 개 받았다.

[어휘] **recently** [부] 최근에 **country** [명] 나라 **newly** [부] 최근에, 새로이 **hired** [동] 고용되다 **several** [형] (몇)몇의 **awards** [명] 상

[해설] He hasn't had much experience in this field. (이 분야에 경험이 많이 없다) 이라는 표현과 He'll have a long career ahead of him (앞으로 이 직업을 오래 가질 것이다)라는 데서 최근에 고용된 사람이라는 점을 알 수 있다. 따라서 정답은 (C)이다.

Lesson 11 문장 삽입 유형

유형 연습하기

정답
1. (C) **2.** (B)

[1] 공지

-[1]- 우리는 두 개의 거대 브랜드를 합병할 것입니다. -[2]- 이것은 각각의 브랜드가 가지고 있던 가장 큰 장점을 한 회사의 이름으로 제공하기 위해 유지하는 새로운 브랜드를 만들기 위함입니다.

-[3]- 이것이 최초의 브랜드명에서 변화를 나타내는 반면에, 우리가 제공하는 제품의 질은 변화하지 않습니다. 게다가, 우리는 똑같이 우수한 서비스를 계속해서 제공할 것을 약속합니다.

[2] 메모

수신: 연구부
발신: Jim Cooke, 자금 관리 이사
주제: 새로운 프린터, 복사기, 그리고 스캐너
날짜: 3월 8일 목요일

여러분들 중 몇몇은 이미 이 사안을 알고 있을지도 모르겠습니다만, 여러분들이 모르고 있을 경우에 대비해서, 연구부에서는 몇 대의 새로운 프린터와 복사기, 그리고 스캐너를 구입하였습니다. -[1]- 우리는 현재 우리가 가지고 있는 기기들의 문제로 인해 모든 사람들이 새로운 기기를 요청하는 것을 자세히 들었습니다. -[2]-

프린터는 화요일 아침까지 온라인으로 연결될 것이고, 여러분들은 그때 건물 내에 있는 모든 컴퓨터로부터 인쇄를 할 수 있을 것입니다. -[3]- 동쪽 부속 건물에 있는 오래된 컴퓨터에 몇 가지 호환성 문제가 있을지도 모르기 때문에, 인쇄하는데 어려움이 있다면 저희에게 알려주세요. -[4]-

정답

1. (B) 　　**2.** (C) 　　**3.** (B)

[1-3] 이메일

> **수신** Danielle Nguyen ⟨d_nguyen@flashmail.com⟩
> **발신** Customer Service ⟨customer_service@spinayarn.com⟩
> **날짜** 4월 24일
> RE: 주차
>
> Nguyen 씨에게,
>
> 당신을 위해 예외를 둘 수 없네요; 저희 직원들은 마지막 세일에 대비해서 굉장히 바쁩니다. 그 3일동안 모든 물건을 팔아야 하거든요. -[2]-. 당신이 하실 수 있는 것은 세일의 첫 번째 날 오셔서 관심이 있으신 상품을 보시고 결제하시고 나서, 소매 전시품같은 무거운 물품을 토요일에 가져가시는 겁니다.
>
> 오시는 길과 주차에 관한 질문에 대해서는, 저희 매장은 Las Buenos Dias 고등학교 근처 68번 고속도로 바로 근처에 위치해있습니다. 근처에 노상주차가 언제나 가능하니 주차는 별 문제가 되지 않을 것입니다.
>
> 안녕히 계세요,
> Miguel, Spin-A-Yan Escondido 지점 매니저

정답

1. (A) 　　**2.** (D) 　　**3.** (D)

[1-4] 메모

> **수신** Nancy Douglass, James R. Morgan, Mark Aurelio
> **발신** Michael Schulman
> **날짜** 2월 25일
> **제목** 새로운 지점을 위한 사무실
> **첨부** 부동산.TXT
>
> 모두들 안녕하세요,
>
> 어제 저녁을 먹으면서 모두를 보게 되어서 정말 좋았습니다. 우리가 가지는 회사의 행사는 모두 BuzzTube의 직원으로서 해야 할 부분입니다. -[1]- 저희의 아이디어와 열정을 회의실 밖에서 공유하는 것은 언제나 좋다고 생각합니다. 소셜미디어에서 업무에서 벗어난 여러분의 삶에 대해 듣는 것도 또한 좋았습니다. 가장 중요한 것은, 오늘 회의에서 저는 어제 밤 우리가 Sherman Oaks에 새로운 지점을 열게 된 것을 발표하게 되어서 정말 흥분되었습니다. -[2]-
>
> 고맙다는 말을 전하고 싶고, 저희 필요에 맞는 사무공간에 관해 우리가 논의했던 것에 진심으로 감사드립니다. 저희는 Bushwick 부동산 회사를 고용하여 저희 기준과 예산에 맞는 곳을 찾고 있습니다. -[3]- 비록 요즘 부동산 시장이 세입자에게 좋지 않지만 그들은 전문가들인 만큼 모두가 검토할 선택 목록을 제안해 왔습니다. 저는 그 선택 목록을 2개로 좁혔습니다. -[4]-
>
> 안녕히 계세요.
> Michael Schulman
> BuzzTube Associates

---

space 몡 공간 **branch** 몡 지점, 지사 **attachment** 몡 첨부된 것 **property** 몡 부동산, 자산 **employee** 몡 직원 **share** 동 공유하다 **enthusiasm** 몡 열의, 열정 **outside of** ~의 바깥에서 **be excited to** ~하게 되어 흥분되다 **announce** 동 발표하다 **truly** 閉 진심으로, 진정으로 **appreciate** 동 감사하다 **discussion** 몡 논의 **suit** 동 적합하다, 어울리다 **currently** 閉 현재 **realty** 몡 부동산 **search for** ~을 찾다 **meet** 동 충족시키다 **criteria** 몡 기준 **budget** 몡 예산 **professional** 몡 전문가 **come up with** 생각해내다 **option** 몡 선택 사항 **look over** 훑어보다, 검토하다 **renter** 몡 세입자, 임차인 **nowadays** 閉 요즘 **further** 閉 그 이상으로, 더 나아가 **narrow down** (범위를) 좁히다

---

1. 메모에 언급된 것은 무엇인가?
   (A) 회사가 새로운 지점을 열 것이다
   (B) 회사가 추가로 직원들을 고용할 것이다
   (C) 회사가 공장 개조 공사에 투자할 것이다
   (D) 회사가 새로운 상품을 출시할 것이다

어휘 release 동 출시하다 products 몡 상품 hire 동 고용하다 additional 몡 추가의, 추가적인 staff 몡 직원들 invest 동 투자하다 factory 몡 공장 renovation 몡 개조 공사

해설 첫 번째 문단의 마지막 부분에 있는 we are opening a new branch of our company in Sherman Oaks라는 문장에서 BuzzTube 사가 새로운 지점을 열 것이라는 내용을 확인할 수 있다. 따라서 정답은 (A)이다.

2. [1], [2], [3], 그리고 [4]로 표시된 지점 중 다음 문장이 들어가기에 가장 알맞은 곳은 어디인가?
   "첨부된 문서를 보고 당신의 의견을 답해주세요."
   (A) [1]
   (B) [2]
   (C) [3]
   (D) [4]

어휘 attached 몡 첨부된 document 몡 서류 respond 동 답변하다 comments 몡 의견

해설 첨부파일명이 PROPERTIES(부동산)이므로 두번째 문단 마지막에 언급된 Shulman 씨가 2개로 목록의 범위를 좁힌 부동산 파일임을 알 수 있다. 따라서 "첨부된 파일을 보고 의견을 달라"는 내용의 문장은 [4]에 들어가는 것이 가장 적절하므로 정답은 (D)이다.

3. Bushwick에 관해 언급된 것은 무엇인가?
   (A) 리서치 회사이다.
   (B) 다음달에 이전할 것이다.
   (C) 이 분야에서 선두적인 회사 중에 하나이다.
   (D) Buzz Associates을 위해서 부동산을 찾고 있다.

어휘 leading 몡 선두적인 company 몡 회사 field 몡 분야 plan 동 계획하다 relocate 동 이전하다 research 몡 리서치 firm 몡 회사 search 동 찾다 propert 몡 부동산

해설 키워드인 Bushwick이 언급된 두번째 문단의 We are currently using the realty company Bushwick to search for office suites라는 문장을 통해 Bushwick 회사가 Buzz Associates 회사가 새로운 사무실 공간을 찾도록 고용한 회사임을 알 수 있다. 따라서 정답은 (D)이다.

Lesson 12 E-mail

토익 맛보기

정답
1. (D)　　**2.** (A)　　**3.** (C)

[1-3] 이메일

> **수신** Selena Flores 〈selenaflores@editinghelp.com〉
> **발신** Anna Casey 〈annacasey@ktvuniv.ac.us〉
> **제목** 수정된 이력서와 장학금 신청서
> **날짜** 12월 22일
> **첨부** résumé_revised.doc, scholarship_application.doc
>
> 플로레스 씨에게,
>
> 제 이력서를 검토하고 피드백을 주시는 것으로 저를 도와 주셔서 감사합니다. 저는 피드백을 검토하고 그에 따라 제 이력서를 변경하였습니다. 제안하신 것처럼, 콩고에서의 제 자원봉사와 히긴스 교수님과의 연구실적을 강조하는 섹션을 추가하였습니다. 이 수정된 문서는 장학금 신청에 필요한 다른 문서와 함께 첨부되어 있습니다.
>
> 제 생각에는 장학금 신청을 위해 필요한 모든 서류를 완성한 것 같습니다. 제가 빠뜨린 것이 있다면, 제게 연락주세요.
>
> 도와주셔서 감사합니다!
>
> 안녕히 계세요,
> Anna Casey

토익 기출 맛보기

정답
1. (C)　　**2.** (D)　　**3.** (D)　　**4.** (C)

[1-4] 이메일

> **발신** Jemima Walters 〈jwalters@dperfumes.com〉
> **수신** Sohee Kim 〈skim@dperfumes.com〉
> **제목** 다이아몬드 향수—Devilish Angel 출시 기념 파티
> **날짜** 6월 20일
>
> 월터스 씨에게
>
> 저는 7월 5일에 부산의 Alcon Avery 호텔에서 열릴 Devilish Angel 향수 출시 행사를 위한 모든 세부사항들을 모두 준비하였습니다. 몇몇의 한국 유명 연예인들이 참석하기로 약속하였고, 광고 모음(지면과 온라인)이 상품 출시를 발표하기 위해 준비가 되어 있습니다. 게다가, 유명한 코미디언 Arthur Hayes 씨가 이벤트의 사회를 맡아주기로 했으므로, 이 행사는 확실히 세간의 이목을 끌 것입니다.

저희는 한국의 여러 대형 백화점에 이 상품이 주로 전시될 수 있도록 준비해두었습니다. 게다가, 유명 여자배우는 그녀의 다음 TV 프로그램에서 이 향수를 노출하는 조건으로 계약서에 서명하기 직전입니다. 저희는 행사 전에 주기적으로 보도자료를 발송할 것입니다. 일단 이것이 마무리되면 완성된 일정표를 보내드리겠습니다.

안녕히 계세요

Sohee Kim
한국 마케팅 이사
다이아몬드 향수

---

perfume 명 향수　**launch** 출시　**arrange** 동 준비하다　**particulars** 명 자세한 사항　**hold** 동 (행사를) 열다　**several** 형 몇몇의　**high-profile** 형 세간의 이목을 끄는, 유명한　**celebrity** 명 유명 인사　**promise** 동 약속하다　**attend** 동 참석하다　**assortment** 명 모음, 종합　**advertisement** 명 광고　**print** 명 인쇄물, 지면　**online** 명 온라인　**in place** 준비가 되어 있는　**announce** 동 발표하다　**product** 명 상품　**in addition** 게다가　**commit to** 동사원형 ~하기로 약속하다　**host** 동 (행사를) 주최하다, 진행하다　**definitely** 부 틀림없이　**draw** 동 끌다, 끌어오다　**present** 동 보여주다　**prominently** 부 두드러지게, 현저히, 눈에 잘 띄게　**department store** 명 백화점　**actress** 명 여배우　**sign** 동 서명하다　**representation contract** 표출(노출) 계약　**highlight** 동 강조하다, 돋보이게 하다　**press release** 명 보도 자료　**periodically** 부 주기적으로　**provide A with B:** A에게 B를 제공하다, 전달하다　**complete** 형 완전한　**once** 접 일단 ~하면　**finalize** 동 마무리 짓다, 완결하다

---

1. 이메일의 목적은 무엇인가?
(A) 신상품을 홍보하는 것
(B) 이전을 축하하는 것
(C) 행사의 세부사항에 대해 보고하는 것
(D) 상품 샘플을 요청하는 것

[어휘] **purpose** 명 목적　**promote** 동 홍보하다　**product** 명 상품　**celebrate** 동 축하하다　**relocation** 명 이전　**details** 명 세부사항　**event** 명 행사, 이벤트　**request** 동 요청하다　**sample** 명 샘플, 견본

[해설] 이메일의 제목이 Launching Party이고, 본문에서 I've arranged all of the particulars 라고 언급하여 행사의 자세한 상황(particulars=details)을 준비하였다고 알리고 있으므로 정답은 (C)이다.

2. 7월 5일에 있을 행사에 관해 언급된 것은 무엇인가?
(A) 야외에서 열릴 것이다.
(B) 참석자들은 오전 10시까지 도착하는 것이 기대된다.
(C) 등록비가 요구된다.
(D) 대중의 관심을 끌 것으로 예상된다.

[어휘] **outdoors** 부 야외에서　**attendee** 명 참석자　**be expected to** ~할 것으로 기대된다/요구된다　**arrive** 동 도착하다　**registration fee** 명 등록비　**require** 동 요구하다, 필요로 하다　**attract** 동

관심을 끌다 **public attention** [명] 대중의 관심

[해설] so it should definitely draw in the crowds라는 문장에서 대중의 관심을 끌 것(draw in the crowds)이라고 하였으므로, 정답은 (D)이다.

3. 이메일에서 알 수 있는 것은 무엇인가?
(A) Diamond Perfumes 사는 3개월 마다 상품 출시 기념 파티를 열 것이다.
(B) Diamond Perfumes 사는 환불을 보장할 것이다.
(C) Diamond Perfumes 사는 TV 프로그램에 투자할 것이다.
(D) Diamond Perfumes 사는 신상품을 온라인으로 홍보할 것이다.

[어휘] **product-launching party** [명] 상품 출시 기념 파티 **guarantee** [동] 보장하다 **refunds** [명] 환불 **invest** [동] 투자하다 **promote** [동] 홍보하다 **product** [명] 상품 **online** [부] 온라인으로

[해설] an assortment of advertisements (both print and online) is now in place 이라는 부분에서 상품의 광고가 지면과 온라인으로 진행된다는 것을 알 수 있다. 따라서 정답은 (D)이다.

4. Sohee Kim에 대해 사실이 아닌 것은?
(A) Walters 씨에게 다시 이메일을 보낼 것이다.
(B) 마케팅 부서에서 일한다.
(C) 지난 달에 부산을 다녀왔다.
(D) Walters 씨와 같은 회사에서 근무한다.

[어휘] **marketing** [명] 마케팅 **company** [명] 회사

[해설] I'll provide you a complete schedule once it's finalized에서 Kim 씨가 Walters 씨에게 이메일을 보낼 것이라는 것을 알 수 있기 때문에 (A)는 정답이 될 수 없다. 그리고 이메일의 마지막 부분에서 Kim 씨의 이름 아래에 Korean Marketing Director, Diamond Perfumes라고 되어 있으므로 그녀가 마케팅 부서에 있다는 것을 알 수 있다. 따라서 (B)도 정답이 될 수 없다. 그리고 수신자와 발신자 항목에서 Kim 씨와 Walters 씨의 이메일 주소의 서버명이 dperfumes.com으로 동일하므로 같은 회사를 다니는 것도 확인 할 수 있으므로 (D)도 정답이 아니다. 이메일에서 부산은 언급하였지만 출시 행사가 부산에서 열린다는 정보를 언급하기 위한 것이었으며, Kim 씨가 직접 부산에 갔다왔다는 내용은 없으므로 정답은 (C)이다.

Lesson 13 Chatting, Text Message

토익 맛보기

정답
1. (B) **2.** (D)

[1-2] 문자 메시지

발신: Jules LaPlace, 555-6509
수신: Ashwin Mangale, 555-1924

Ashwin, 제 차가 퍼져서 고속도로 갓길에 있어요. 저는 안전해요. 차를 세우고 저를 도와준 좋은 사람들 덕분에 제 차를 갓길로 밀 수 있었어요. 하지만, 이 말은 곧 제가 6시에 비행기를 탈 수 없다는 것을 의미합니다. 저를 7시의 다른 비행기로 예약해주시고, 제 차를 처리해줄 사람을 마련해주시겠어요? 저는 이미 공항으로 가는 길입니다.

토익 기출 맛보기

정답

1. (D)	**2.** (B)	**3.** (B)	**4.** (A)	**5.** (A)
6. (D)	**7.** (C)			

[1-3] 문자 메시지

Anderson Ferrari [오후 09:30]
헤이 Kevin, 너에게 부탁 좀 할 수 있을까?

Kevin Yun [오후 09:31]
응, 무슨 일이야?

Anderson Ferrari [오후 09:32]
Kelly가 방금 아프다고 전화가 와서, 그녀가 내일 가게를 열 수가 없대. 이게 엄청 불편한 건 알지만, 이걸 할 수 있을 만큼 충분히 믿는 사람은 너밖에 없어. 해 줄 수 있겠니?

Kevin Yun [오후 09:34]
내가 가게를 열 수는 있는데, 대학 수업이 오후 2시에 시작하고, 정시에 거기 도착하려면 1시에는 나가야 해.

Anderson Ferrari [오후 09:35]
그거면 괜찮을 거야. 내가 너를 대신하러 12시에는 거기 도착할 수 있을 거야. 정말 고마워, Kevin!

Kevin Yun [오후 09:36]
문제 없어, 내일 보자.

Anderson Ferrari [오후 09:37]
이따 보자, 다시 한번 고마워!

call in sick 전화로 병결을 알리다 **open up** 문을 열다 **huge** [형] 거대한, 엄청나게 큰 **inconvenience** [명] 불편 **reliable** [형] 믿을 수 있는, 의지하는 **in order to** ~하기 위해서 **on time** 제시간에 **take over** 인수하다, 넘겨받다 **appreciate** [동] 감사하다 **in a bit** 잠시 후에

1. Yun 씨는 누구인가?
(A) 마케팅 매니저
(B) 주차 요원
(C) 경비원
(D) 직장 동료

[어휘] **marketing** [명] 마케팅 **manager** [명] 매니저 **parking** [형] 주차 **attendant** [명] 요원 **security guard** [명] 경비원 **co-worker** [명] 직장 동료

[해설] 다른 직원인 Kelly 대신 가게를 열어줄 것을 부탁하는 것으로 미루어 보아 같은 가게에서 일하는 동료 직원임을 알 수 있다. 따라서 정답은 (D)이다.

2. Kelly에 대해 언급된 것은 무엇인가?
(A) 가족을 방문하기 위해 휴가를 갔다.
(B) 내일 가게를 열 예정이었다.
(C) 교통체증 때문에 정시에 도착할 수 없었다.
(D) 고객의 불만을 처리할 책임이 있다.

[어휘] **vacation** [명] 휴가 **visit** [동] 방문하다 **store** [명] 가게 **tomorrow** [명] 내일 **arrive** [동] 도착하다 **due** [형] ~ 때문에 **traffic** [명] 교통 **responsible** [형] 책임 **handle** [동] 처리하다 **customer** [명] 고객 **complaint** [명] 불만

[해설] 9시 32분에 Kelly가 아파서 가게를 열 수 없다고 전화를 했다(Kelly just called in sick, at the last minute, and she can't open up the store tomorrow)고 말한 것으로 보아 원래 Kelly가 가게를 열기로 되어 있었다는 것을 알 수 있다. 따라서 정답은 (B)이다.

3. Ferrari 씨는 내일 무엇을 할 것인가?
(A) 대학 수업에 참석할 것이다.
(B) 12시까지 가게에 도착할 것이다.
(C) 그는 Kelly가 재고조사를 하는 것을 도울 것이다.
(D) 그는 직원들이 실수를 적게 하도록 도울 것이다.

[어휘] **tomorrow** [명] 내일 **participate** [동] 참여하다 **university** [명] 대학 **class** [명] 수업 **arrive** [동] 도착하다 **store** [명] 가게 **assist** [동] 도와주다 **inventory** [명] 재고 **employees** [명] 직원들 **mistake** [명] 실수

[해설] 9시 35분에 Ferrari 씨는 그는 Kevin을 대신하기 위해 12시까지 가게에 도착할 것(I should be able to arrive there by 12 to take over for you)라고 말했다. 이를 통해 그가 12시까지 가게로 올 것이라는 것을 알 수 있으므로 정답은 (B)이다.

[4-7] 온라인 채팅 대화

Anna Robbiati [오전 11:02]
안녕하세요 Masir. 잠깐 시간 있어요? 저 당신에게 확인할 게 있어요.

Masir Hasic [오전 11:03]
네 물론이죠. 저 시간 있어요.

Anna Robbiati [오전 11:05]
제가 우리 사무용품을 확인하고 있었는데요, 평소보다 빠른 속도로 종이를 사용한 것으로 보이네요. 제가 더 주문해야 할까요?

Masir Hasic [오전 11:07]
아니요, 그럴 필요 없습니다. 저희 새로운 제지 공급 업체로 전환했어요. 그래서 아마 공급이 부족한가 봐요. 우리는 한 달 정도 공급업체들 사이에 끼어 있었어요. 지난 며칠 동안 당신이 아팠을 때 제가 종이 25상자를 추가 주문했어요. 그게 내일까지 도착할 거에요.

Anna Robbiati [오전 11:09]
알겠어요, 사전에 대처해주셔서 감사해요!

Masir Hasic [오전 11:12]
저도 도울 수 있어서 기뻐요. 또 화요일에는 마케팅 디렉터와 면담이 있을 예정이에요.

Anna Robbiati [오전 11:15]
와, 몰랐네요. 알려주셔서 감사해요.

Masir Hasic [오전 11:18]
물론, 천만에요. 그때 만나요!

have a second 잠깐 시간이 있다 **check** [동] 확인하다 **office supply** [명] 사무용품 **go through** 다 써버리다 **at a ~ rate** ~한 속도로 **than usual** 평소보다 **order** [동] 주문하다 **necessary** [형] 필요한 **switch** [동] 바꾸다, 전환하다 **supplier** [명] 공급업체 **in between** 사이에 끼어, 중간에 **or so** ~쯤, ~정도 **be out sick** 아파서 결근하다 **past** [형] 지난, 과거의 **proactive** [형] 상황을 앞서서 주도하는, 사전대비의 **be supposed to** ~하기로 되어 있다, ~할 예정이다 **heads-up** [명] 주의, 경고, 알림

4. 오전 11시 3분에, Hasic 씨가 "시간 있어요"라고 말했을 때 의미한 것은?
(A) Robbiati 씨와 이야기할 시간이 있다.
(B) 집에 가는 길이다.
(C) Robbiati 씨를 만나 기쁘다.
(D) Robbiati 씨가 요청한 일을 끝냈다.

[어휘] **on the way home** 집으로 가는 중인

[해설] Robbiati 씨가 그에게 잠시 확인할 것이 있다며 잠깐 시간이 있는지 물었을 때 시간이 있다고 대답한 것이므로 그녀와 이야기 할 시간이 있다는 것을 의미한다. 따라서 정답은 (A)이다.

5. Hasic 씨는 누구인가?
(A) 직장동료
(B) 클라이언트
(C) 회계사
(D) 의사

[어휘] **coworker** [명] 직장동료 **client** [명] 고객, 의뢰인 **accountant** [명] 회계사 **physician** [명] 의사

[해설] 이 둘은 같은 회사의 업무에 대한 이야기를 하고 있으므로 직장 동료이다.

6. Robbiati 씨에 대해 사실인 것은?
(A) 종이 25상자를 주문했다.
(B) 비품실 청소를 했다.
(C) 어제 배달을 받았다.
(D) 최근에 병가를 냈다.

[어휘] clean [동] 청소하다 received [동] 받았다 delivery [명] 배달 recently [부] 최근에 sick leave [명] 병가

[해설] 11시 7분에 Hasic 씨가 Robbiati 씨에게 말하면서 While you were out sick for the past few days라고 언급한 부분에서 Robbiati 씨가 지난 며칠 동안 아파서 결근을 했다는 사실을 알 수 있다. 따라서 정답은 (D)이다.

7. 화요일에 무슨 일이 일어날 것인가?
(A) Hasic 씨가 회의 안건을 준비할 것이다.
(B) Hasic 씨가 신입 직원들을 교육할 것이다.
(C) Robbiati 씨가 마케팅 매니저를 만날 것이다.
(D) Robbiati 씨가 회의록을 수정할 것이다.

[어휘] prepare [동] 준비하다 agenda [명] 안건 train [동] 교육시키다, 훈련시키다 revise [동] 수정하다 meeting minute [명] 회의록

[해설] 질문의 키워드인 Tuesday가 언급된 부분인 11시 12분 Hasic 씨의 메시지를 보면 Also, on Tuesday, we are supposed to have a meeting with a marketing manager라고 되어 있다. 이를 통해 Robbiati 씨는 화요일에 마케팅 매니저와 회의를 할 것이라는 사실을 알 수 있으므로 정답은 (C)이다.

Lesson 14 Article

토익 맛보기

정답
1. (C) **2.** (B) **3.** (C)

[1-3] 기사

Carmel City, 5 월 28 일 – Carmel Town은 지역 지원 및 지역 사회 참여를 가속화하기 위해 현지 예술가에게 최근에 개조된 보드워크(판자길) 옆에 있는 새로운 예술 벽에 대한 디자인 아이디어를 제출하도록 요청했다.

개선된 보드워크는 새로운 주차 단지를 이용하는 사람들이 Lover 's Point 및 Santa Miguel 부두 근처의 유명한 명소에 쉽게 접근 할 수 있도록 제작되었다. -[1]- 단지 자체가 부두 근처에 주차 혼잡을 완화하기 위해 지어졌다. 새로운 보드워크는 이제 반 마일 떨어진 곳에 새로 지어진 주차장에 연결된다. -[2]- 새로운 주차 단지는 논쟁이 없는 것은 아니다. 이 단지의 이웃들은 이 새 건물이 흉물스럽고 경관을 해친다고 불평했다. 대중의 소동을 달래기 위해 카멜 타운은 이 단지로부터 유명한 Santa Miguel 부두까지 새로운 인도를 건설했다.

그러나 다시금 여론은 콘크리트의 보기 흉한 본질 때문에 도시에 반대했다 - 대부분이 이 재료로 이것을 제작하려는 결정은 비용 때문이었다. -[3]- 이 예술 콘테스트는 상대적으로 저렴한 방식으로 대중의 승인을 얻기 위해 열리고 있다.

Becky O'Hara 시장은, "지역 사회의 재능을 과시 할 수 있는 좋은 방법입니다." 라고 말했다. -[4]- "그리고 이것이 보드워크 지역을 진정한 우리 지역의 랜드마크로 만들었습니다." 그녀는 이 예술 콘테스트의 주제는 자연과 마을의 역사를 중심으로 할 것이라고 덧붙였다.

토익 기출 맛보기

정답
1. (A) **2.** (D) **3.** (D) **4.** (A) **5.** (B)

[1-2] 기사

7월 20일 - Seaside 마을은 Samantha Jones 씨를 대신할 임시 노년층 건강 관리자를 고용할 계획을 하고 있으며, Samantha 씨는 11월 1일부터 출산 휴가를 떠날 것이다.

노령층 건강 관리자는 시장에게 보고를 하고, 마을에 있는 노령의 시민들의 복지를 관리할 책임을 진다. 이 직무는 다양한 능력을 필요로 하는데, 그 중에 현재 마을의 노령층의 보건 임무를 지원하는 많은 수의 정책들을 발전 및 향상시키는 것과 동시에 비용을 절감하고 일반 대중들과 좋은 관계를 유지하는 능력이 필요하다.

Keven Laney 시장에 의하면, 이 직무에 대한 면접이 8월 말에 시작될 것이라고 한다. 새로 임명된 사람은 8월 말일에 확정될 것이다. 직무는 11월 1일부터 시작될 것이며, 내년 11월에 종료된다.

plan [동] 계획하다 hire [동] 고용하다 temporary [형] 일시적인, 임시의 senior [형] 노령의, 고령자의 director [명] 책임자, 관리자 replace [동] 대신하다, 교체하다 maternity leave [명] 출산 휴가 report [동] 보고하다 mayor [명] 시장 be responsible for ~을 담당하다, ~을 책임지다 manage [동] 관리하다 citizen [명] 시민 welfare [명] 복지 position [명] 직무, 직급 require [동] 요구하다, 필요로 하다 a variety of 다양한 skill [명] 능력, 기술 mainly [부] 주로 ability [명] 능력 develop [동] 발전시키다 improve [동] 향상시키다, 개선하다 a number of 많은 수의 policy [명] 정책 support [동] 지지하다, 지원하다 current [형] 현재의 mission [명] 임무 simultaneously [부] 동시에 cut cost 비용을 절감하다 maintain [동] 유지하다 relation [명] 관계 general public [명] 일반 대중 interview [명] 면접 appointee [명] 임명된 사람 confirm [동] 확인하다, 확정하다 following year 내년

1. 이 기사는 무엇에 관한 것인가?
(A) 구인
(B) 병원 이전
(C) 지방 선거
(D) 의회 회의

[어휘] job opening [명] 구인, 직장의 빈 자리 relocation [명] 이전 local [형] 지역의, 지방의 election [명] 선거 council [명] 의회

[해설] 기사의 주제를 묻는 문제이므로 기사의 첫 부분에서 단서를 찾아본다. 첫 문장에서 The town of Seaside plans on hiring a temporary senior health director라고 언급되어 있는 것으로 보아 임시로 직원을 고용하는 것이 이 기사문의 목적이라는 것을 알 수 있다. 따라서 정답은 (A)이다.

2. 8월에는 무슨 일이 일어나는가?
(A) 발표가 있을 것이다.
(B) 본사가 이전될 것이다.
(C) 새로운 부서가 생길 것이다.
(D) 면접이 실시될 것이다.

[어휘] announcement [명] 발표, 알림 headquarters [명] 본사, 본부 relocate [동] 이전하다 department [명] 부서 conduct [동]

실시하다, 수행하다

[해설] 질문의 키워드인 8월이 언급된 부분을 찾아야 한다. 마지막 문단에서 interviews for the position will begin in late August라고 언급되어 있으므로 8월에는 면접이 진행될 것이라는 것을 알 수 있다. 따라서 정답은 (D)이다.

[3-5] 기사

정보 고속도로
온라인 상의 뉴스
Charlie Bower 작성

최근에 인기 웹사이트인 Planetnow.com에 게시된 글에서, Des Moines을 기반으로 활동하는 비즈니스 전문가 Mike Hutchinson을 올해 가장 영향력 있는 사업가로 투표를 통해 선정했다.

Planetnow.com에 올라온 기사에서, Mike Hutchinson은 자신의 비즈니스 이론을 의료복지와 교육에 성공적으로 적용했으며 경영진의 깨어 있는 사고가 사회와 직면한 중요한 문제들을 다루는 데 어떻게 이용될 수 있는지를 보여주었기 때문에 최고의 자리를 확고히 했다고 설명했다.

Cale 경영대학의 강사이자 The Innovative Solution을 비롯한 수많은 베스트셀러의 저자이기도 한 Hutchinson 씨는 많은 Planetnow.com 독자들에게 친숙한 이름이다. 그는 과거에 이 웹사이트에 글을 기고했었으며, 최근 기사에 소개되었다.

Planetnow.com으로부터 상을 받은 후, Hutchinson 씨는 이 웹사이트와 간략히 인터뷰를 가졌다. 그는 "제가 한 일에 대해 인정받게 되어 영광이며, Olga Kuznetzov 씨와 Christopher Taft 씨의 발자취를 따라갈 수 있게 되어 제게는 큰 의미입니다. 과거에 이 두 분은 각각 역개혁 이론과 다섯 가지 세력 모형에 다년간 공헌한 것에 대해 인정받을 자격이 충분했던 분들입니다."라고 밝혔다.

recent [형] 최근의 **posting** [명] 게시된 글 **popular** [형] 인기 있는 **vote** [동] 투표하다 **based** [형] ~를 기반으로 한 **expert** [명] 전문가 **influential** [형] 영향력 있는 **it is explained that**절: ~라고 설명되다 **secure** [동] ~을 확고히 하다 **top spot** [명] 최고의 자리 **successfully** [부] 성공적으로 **apply A to B**: A를 B에 적용하다 **theory** [명] 이론 **health care** [명] 의료복지 **education** [명] 교육 **enlightened** [형] 깨어 있는,열려 있는, 계발된 **management** [명] 경영진 **thinking** [명] 사고, 생각 **tackle** [명] (문제 등) ~을 다루다 **issue** [명] 문제 **face** [동] ~와 직면하다 **society** [명] 사회 **lecturer** [명] 강사, 강연자 **author** [명] 저자 **numerous** [형] 수많은 **including** [전] ~을 포함하여 **innovative** [형] 혁신적인 **solution** [명] 해결책 **familiar to** ~에 친숙한 **in the past** 과거에 **profile** [동] 인물을 소개하다 **be presented with** ~을 받다 **award** [명] 상 **give a brief interview to** ~와 간단히 인터뷰를 하다 **be honored to do** ~하게 되어 영광이다 **recognize A for B**: B에 대해 A를 인정하다, 표창하다 **follow** [동] ~을 따르다 **footstep** [명] 발자국 **very deserving of** ~에 대한 자격이 충분한 **honor** [명] 상, 명예, 영광 **contributions to** ~에 대한 공헌 **reverse innovation theory** 역개혁 이론 **five forces framework** 다섯 가지 세력 모형 **respectively** [부] 각각

3. Hutchinson 씨가 Planetnow.com에 의해 선정된 이유는 무엇인가?
(A) 혁신적인 사람들을 돕기 위해 고안된 단체를 설립했다.
(B) 인도주의적 성격의 단체에 자금을 기부해 왔다.
(C) 기업들이 이익을 최대화할 수 있게 해주는 이론을 개발했다.
(D) 사회에 유익한 영향을 미치는 아이디어들을 제안했다.

[어휘] **found** [동] ~을 설립하다 **organization** [명] 단체, 기관 **designed to do** ~하기 위해 고안된 **assist** [동] ~을 돕다 **innovator** [명] 혁신적인 사람 **contribute A to B**: A를 B에 기부하다 **funding** [명] 자금, 기금 **humanitarian** [형] 인도주의의 **association** [명] 단체, 협회 **propose** [동] ~을 제안하다 **beneficial** [형] 유익한 **effect on** ~에 대한 영향

[해설] Hutchinson 씨가 상을 받은 이유를 설명하는 두 번째 단락의 he has successfully applied his business theories to health care and education and shown how enlightened management thinking can be used to tackle important issues facing society에 제시된 두 가지 큰 이유 중에서 has successfully applied his business theories to health care에 해당하는 내용을 보기 (D)에서 다른 말로 바꿔 제시하고 있다.

4. Hutchinson 씨에 대해 알 수 있는 내용이 아닌 것은?
(A) 성공적인 기업을 소유하고 있다.
(B) 현재 Des Moines에 살고 있다.
(C) 대학교에서 근무하고 있다.
(D) 책을 출간한 저자이다.

[어휘] **own** [동] ~을 소유하다 **successful** [형] 성공적인 **currently** [부] 현재 **academic institution** 대학교

[해설] Hutchinson 씨와 관련된 정보를 찾는 문제이므로 보기의 내용을 지문에 제시된 정보와 비교해 풀어야 한다. (B)는 첫 단락의 Des Moines-based business expert에서, (C)는 셋째 단락의 a lecturer at Cale School of Business에서, (D) 역시 셋째 단락의 the author of numerous best-sellers에서 확인 가능하지만, (A)의 내용은 지문에서 확인할 수 없는 내용이다.

5. Taft에 대해 알 수 있는 내용은 무엇인가?
(A) 역개혁에 대한 이론을 개발하는 데 도움을 주었다.
(B) 과거에 상을 수상한 사람이다.
(C) Planetnow.com에 기사를 기고해 왔다.
(D) Hutchinson 씨와 공동으로 프로젝트 작업을 해 왔다.

[어휘] **develop** [동] ~을 개발하다 **recipient** [명] 수상자, 수령인 **collaborate** [동] 합작하다, 공동으로 작업하다

[해설] Taft 씨가 언급된 마지막 단락의 내용을 보면, Olga Kuznetzov and Christopher Taft, both of whom were very deserving of the honor라고 나타나 있는데 각자의 공헌에 대해 상(honor)을 받을 자격이 충분하다는 내용이므로 이를 바꿔 말한 (B)가 정답이다.

Lesson 15 Web Page

[1-3] 웹페이지

http://www.ktsrarbank.com/customer_service ▼   — □ X

| 홈 | 계좌 | 이체 | 고객 서비스 | FAQ |

다시 오신 것을 환영합니다, Eric Jennings! 이제 KT Star 은행에서 온라인 계정에 보다 쉽게 접속할 수 있습니다. 변경된 사항을 확인하세요!

다음의 내용이 마음에 드실 것입니다.
- 다시 디자인되고 더 높은 대비 색의 사용으로 더 쉬워진 웹사이트 탐색
- 스마트폰 이용을 위한 모바일 환경에 더 친화적인 탐색 디자인
- 고객님의 민감한 금융 데이터가 예전보다 더 안전하도록 업데이트된 암호화 기준으로 좀 더 안전한 은행 경험
- 추가된 고객 서비스 도구
- 가장 흔하게 문의되는 질문들에 대해 답변 드리기 위한 FAQ 섹션 신설

[1-2] 웹페이지

http://www.easybreezypayment.com ▼   — □ X

| 홈 | 저희에 대해서 | 이체 | 고객 서비스 | FAQ |

EASY BREEZY PAYMENT | EBP
전국 소매 기프트 카드와 상품권

Easy Breezy Payment는 전국 소매 기프트 카드 시작의 선구자입니다. 저희에게는 기업의 임원들부터 옆집의 이웃까지 모든 사람들이 저희 고객입니다! 저희가 여러분들을 모시는 방법을 알아봅시다!

Premier One Card가 사용되는 곳은 어디서든 사용가능합니다. 여러분의 개인정보는 저희에게 중요합니다.

national 형 전국의 **retail** 명 소매(업) **certificate** 명 상품권 **payment** 명 결제, 지불 **client** 명 고객 **from A to B** A에서 B까지 **executive** 명 중역, 간부, 임원 **next door** 명 옆집 **neighbor** 명 이웃 **serve** 통 봉사하다, 섬기다 **accept** 통 받아들이다, 수락하다 **privacy** 명 사생활, 개인정보

---

1. Easy Breezy Payment는 무엇인가?
(A) 출장 요리 서비스
(B) 상품권 서비스
(C) 배달 서비스
(D) 호텔 서비스

어휘 catering 명 출장 요리, 음식 공급 delivery 명 배달

해설 웹사이트의 메뉴 바 아래에 EASY BREEZY PAYMENT가 나와 있다. 그 아래에 National Retail Gift Cards & Certificate라고 부제가 적혀 있는데, 이것이 Easy Breezy Payment가 무엇인지 설명하는 것이다. 그것은 기프트 카드 겸 상품권을 뜻하므로 정답은 (B)이다.

2. Easay Breezy Payment에 대해 언급된 것은 무엇인가?
(A) 새로운 신용카드의 이름이다.
(B) 인가된 사람들에 의해서만 접근 가능하다.
(C) Premiere One Card가 사용되는 곳은 어디든 사용될 수 있다.
(D) 온라인 신청 시스템을 가지고 있다.

어휘 credit card 명 신용카드 accessible 형 접근 가능한 authorized 형 인정받은, 인가된 wherever 접 ~하는 곳은 어디든 application 명 지원, 신청

해설 Accepted everywhere where the Premiere One Card is accepted에서 Premiere One Card가 받아들여지는 곳이면 어디든 받아들여진다는 내용을 확인할 수 있다. 이것은 Premiere One Card가 사용되는 곳에서는 Easy Breezy Payment도 사용할 수 있다는 의미이므로 정답은 (C)이다.

[3-5] 웹페이지

http://info.steward.co.uk/20170327_01_en.html ▼   — □ X

| 홈 | 차 | 호텔 | 항공 | 항공 & 호텔 | Steward 멤버십 |

3월 27일   STEWARD TRAVEL, Inc.

합병 통지

STEWARD TRAVEL을 이용해 주셔서 대단히 감사합니다.

STEWARD, Inc., STEWARD TRAVEL, Inc., STEWARD CORPORATION, 및 STEWARD Tourism & Consulting, Inc.는 4개의 회사가 6월 현재 해당 당국의 사전 승인을 받아 합병 완료를 결정했음을 발표하며, 이는 6월 1일부로 효력이 발생합니다. 서비스는 4STEWARDS, Inc. 이름으로 계속 제공될 것입니다.

STEWARD TRAVEL, Inc.의 이용 약관 및 계약은 5월 31일까지 예약에 적용되지만 STEWARD, Inc.의 약관 및 계약은 6월 1일 이후의 예약에 적용됩니다.

또한 고객은 현재 제공되는 웹 사이트의 URL, 회원 웹 페이지, 전자 뉴스 레터, STEWARD 포인트 및 웹 쿠폰을 계속 이용할 수 있습니다.

고객은 7월 31일까지 이 합병을 반대할 수 있습니다.

우리는 계속해서 서비스 우수성에 대한 지속적인 추구에서 우리의 서비스를 더욱 강화하기 위해 모든 노력을 기울일 것입니다.

이 문제와 관련한 문의 사항은 다음 전자 메일 주소로 문의하십시오.
이메일: info@steward.co.uk
STWARD TRAVEL http://travel.steward.co.uk/

---

notice 명 공지, 통지 merger 명 합병 hereby 부 이로써, 이에 의하여 announce 동 발표하다, 알리다 resolve 동 의결하다 consummate 동 완료하다 based on ~을 기반으로 한 prescribed 형 규정된, 미리 정해진 approval 명 승인, 허가 authorities 명 관계자 effective 형 효력이 있는 as of 현재로 continuously 부 지속적으로 provide 동 제공하다 terms and conditions (계약 문서 상의) 조건 contract 명 계약 apply to ~에 적용되다, 해당되다 booking 명 예약 whereas 접 반면에 furthermore 부 더욱이, 게다가 acquired 형 습득된 object to ~에 반대하다 make every effort 모든 노력을 다하다 further 부 더 나아가, 그 이상으로 enhance 동 향상시키다 continuous 형 지속적인 pursuit 명 추구 excellence 명 우수함, 탁월함 inquiry 명 문의, 질문 regarding 전 ~에 관하여 matter 명 문제

---

3. STEWARDS Travel이 제공하는 서비스에 포함되지 않은 것은 무엇인가?
   (A) 자동차 렌트
   (B) 호텔 예약
   (C) 컨설팅
   (D) 항공편 예약

어휘 included 동 포함되다 provide 동 제공하다 rental car 명 렌터카 reservation 명 예약 consulting 명 컨설팅 flight 명 항공편

해설 위 글은 STEWARDS Travel에 의해 게시된 글이며, 웹페이지의 카테고리에 컨설팅 항목은 없다. 따라서 정답은 (C)이다.

4. 웹페이지에 나타나 있는 것은 무엇인가?
   (A) 동일한 서비스가 STEWARDS Inc. 의해 제공될 것이다.
   (B) STEWARDS 포인트는 더 이상 제공되지 않을 것이다.
   (C) 웹사이트가 곧 문을 닫을 것이다.
   (D) 고객들은 5월 31일까지 쿠폰을 사용해야 한다.

어휘 Web page 명 웹페이지 service 명 서비스 provided 동 제공되다 closed 동 닫다 soon 형 곧 customer 명 고객 coupon 명 쿠폰

해설 첫 번째 문단의 and the services will be continuously provided under STEWARDS, Inc.라는 문장에서 서비스가 STEWARDS Inc로 제공될 것이라는 점을 알 수 있다. 따라서 정답은 (A)이다.

5. 고객이 합병에 반대한다면 언제까지 회사에 연락 해야 하는가?
   (A) 3월 27일
   (B) 5월 31일
   (C) 6월 1일
   (D) 7월 31일

어휘 oppose 동 반대하다

해석 반대한다(oppse)는 내용이 언급된 부분을 찾아야 한다. 지문

후반부의 Customers can object to the merger by July 31라는 문장에서 고객들이 반대할 수 있다(can object)라는 내용이 나오고 그 일자가 7월 31일까지라는 것을 볼 수 있다. 따라서 정답은 (D)이다.

Lesson 16 Advertisement

[1-3] 광고

게시글 제목:	가격:	장소:
Holly 기화기 4160 시리즈 4V 6000 CFM	200 달러	호놀룰루, 하와이

게시글:
온라인으로 작년에 구입. 350 달러 지불했음. 2년 보증서 있음. 이 기화기 모델은 클래식 1964-1973년도 머스탱을 복원하는데 필요합니다. 제가 아는 한 이것은 작동하지만, 이것을 차에 설치해본 적은 아직 없습니다. (요청하면 사진 가능)

제안은 기꺼이 받아들이지만, 가격을 너무 낮게 부르는 제안은 딱 질러서 거절합니다.

저는 이 아이템을 배송해드릴 수 있으나, 배송비는 최종 금액에 추가될 것입니다.

답변은 555-1976으로 문자 주세요.

[1-2] 광고

채용 모집 직책: 행정직 보조
직종: 직원/간부(행정직 지원)
부서: Cain and Spiel 예술 학교 학과장실
개요: 본 학교의 사명은 창의적 인재를 양성하고 차세대 예술가와 전문가가 창의적이고 학술적 세계에 기여해야 할 통찰력과 기술을 심어주는 것입니다. 이 학교는 댄스, 영화 제작, 음악, 연극 및 시각 예술 분야의 학부 및 대학원 학위를 제공합니다.

주요 의무
– 부서의 기술 운영, 온라인 수업전달 및 등록 관리 과정 준비에 대한 지원합니다.
– 데이터베이스를 관리하고 인증, 학생 인구 통계 및 인증 및 비즈니스 운영을 위한 강사 데이터에 대한 보고서를 준비합니다.
– 요청에 따라 다른 직무를 수행합니다.

직무 형태: 정규직

자격 요건: 최소한의 학사 학위, 그리고 요구되는 능력에 대한 입증된 능숙도를 겸한 사무직 경력 1년

---

recruitment 몡 채용 모집 title 몡 직책, 직함 administrative 톙 관리직의, 행정직의 assistant 몡 보조, 조수 category 몡 종류, 범주 staff 몡 직원 executive 몡 간부, 임원 support 몡 지원, 후원 department 몡 부서 dean 몡 학과장 overview 몡 개요 mission 몡 임무, 사명 nurture 동 양육하다, 기르다 creative 톙 창의적인 talent 몡 재능 instill 동 심어주다 insight 몡 통찰력 skill 몡 능력, 기술 generation 몡 세대 artist 몡 예술가 professional 몡 전문가 contribute 동 기여하다, 이바지하다 scholarly 톙 학문의, 학술적인 undergraduate 톙 학부의 graduate 톙 대학원의 theater 몡 연극 visual art 몡 시각 예술 summary 몡 요약 key 톙 핵심의, 주요한 duty 몡 의무, 해야 할 일 assist 동 보조하다, 도와주다 technical 톙 기술적인 operation 몡 운영 division 몡 부서, ~국, 분과 preparation 몡 준비 delivery 몡 강연 enrollment 몡 등록 management 몡 관리 manage 동 관리하다 demographics 몡 인구 통계 instructor 몡 강사 accreditation 몡 승인, 인가 as requested 요청되는대로 status 몡 형태, 상태, 지위 full-time 톙 정규직 qualification 몡 자격 a minimum of 최소한의 bachelor 몡 학사 degree 몡 학위 office-environment experience 사무직 경력 demonstrated 톙 입증된 competency 몡 능숙도 required 톙 요구되는, 필요한

---

1. 광고에 따르면 요구 사항 중 하나는 무엇인가?
(A) 대학 학위
(B) 운전 면허
(C) 6년 이상의 경력
(D) 포트폴리오

어휘 college degree 몡 대학 학위 driving license 몡 운전 면허 portfolio 몡 포트폴리오, 작품집

해설 requirement는 자격 요건을 의미하며, 이것은 qualification과 동의어이다. 이 항목에서 학사 학위(A minimum of a bachelor's degree)를 언급하였으므로 정답은 (A)이다.

2. Cain and Spiel School of the Arts에 대해 알 수 있는 것은 무엇인가?
(A) 시간제 근로자를 찾고 있다
(B) 온라인 수업을 제공한다.
(C) 그것은 도시의 중심부에 위치하고 있다.
(D) 대학원 학위만 제공한다.

어휘 part-time 톙 시간제의 be located in ~에 위치해 있다 center 몡 중심

해설 Key Duties에 나와 있는 것 중에 preparation of the courses for online delivery(온라인 강연을 위한 수업 준비)가 언급되어 있다.

이를 통해 이 학교에서 온라인 수업을 제공하고 있다는 것을 알 수 있다. 따라서 정답은 (B)이다.

[3-6] 광고

일생의 카페인이 함유된 모험

'카페인이 함유된 라이프스타일(CFS)'는 열렬한 커피 팬들에게 Seattle의 최고의 커피 바리스타가 제공해야 하는 것을 경험할 기회를 제공하는 데에 초점을 맞추고 있습니다. 8월부터 11월까지 매주 토요일과 일요일에 손님들은 가이드가 동반되는 최고의 지역 커피숍 걷기 투어를 제공받고, 그들의 커피를 맛볼 수 있습니다. 우리와 관련된 모든 커피숍은 저명한 Starling's Foodie Guide to the Northwest에 실렸습니다.

투어에서 손님들은:
– Seattle 도심에서 가이드가 동반된 도보 투어를 할 것입니다.
– 각각 도보 거리에 있는 6곳의 커피숍에서 맛있는 대표적인 커피 관련 간식과 음식을 즐길 것입니다.
– 손님을 가르쳐주는 바리스타 중 한 명으로부터 1시간짜리 자신만의 거품 기술 수업을 받을 것입니다.
– 투어가 시작할 때 CFS 토트백을 받고, 투어 중에 방문한 각 장소로부터 쿠폰과 상품권, 레시피 카드와 특별한 선물을 그 가방에 채울 수 있습니다.

토요일 투어는 75달러, 일요일 투어는 65달러입니다. 투어는 12시부터 6시까지 운영됩니다. 각각의 투어는 최소 15명, 최대 30명을 필요로 합니다. 손님들은 여유로운 속도로 최대 2시간 동안 걷는 것에 준비해야 합니다.

커피숍에 참여하는 것에 대한 추가 정보나 예약을 원하시면 웹사이트 www.cfs.com을 방문하십시오.

---

caffeinated 톙 카페인이 함유된 adventure 몡 모험 lifetime 몡 일생, 생애 focus on ~에 집중하다, ~에 초점을 맞추다 provide 동 제공하다 avid 톙 열렬한, 열심인 chance 몡 기회 offer 동 제공하다 guided 톙 안내원이 동반되는 local 톙 지역의, 현지의 test 동 시험해보다 ware 몡 물건, 상품 be affiliated with ~와 제휴를 맺다 feature 동 특징으로 내보이다 esteemed 톙 저명한, 호평 받는 downtown 몡 시내의, 중심가의 treat 몡 특별한 선물/접대 within 전 ~내에 walking distance 몡 도보 거리 foam 몡 거품 art 몡 기술 lesson 몡 강습, 수업 guest 몡 객원 tote bag 몡 손가방 beginning 몡 시작 fill with ~으로 채우다 voucher 몡 상품권 recipe 몡 조리법 spot 몡 장소 cost 몡 비용 run 동 운영되다 require 동 필요로 하다 a minimum of 최소한의 a maximum of 최대한의 prepare for ~을 준비하다 up to 최대 ~까지 leisurely 톙 여유로운, 느긋한 pace 몡 속도 participate 동 참가하다 make a reservation 예약하다

---

3. 무엇이 광고되고 있는가?
(A) 지역 커피 농장
(B) 무료 바리스타 클래스
(C) 가이드 투어
(D) 커피 시음 행사

어휘 advertised 동 광고되다 local 톙 지역 coffee 몡 커피 farm 몡 농장 free 톙 무료 barista 몡 바리스타 class 몡 수업 guided tour 몡 가이드 투어 tasting 몡 시음

[해설] 두번째 문장의 guests will take a guided walking tour of the best local coffee shops 라는 부분에서 안내원이 동반된 도보 투어를 할 것이라는 내용이 나온다. 이를 통해서 이 광고가 가이드 투어에 관련된 것임을 알 수 있다. 따라서 정답은 (C)이다.

4. 투어에 대해 언급된 것은 무엇인가?
(A) 참가자들은 하루에 8개의 상점을 방문할 것이다.
(B) 이것은 약 3시간 동안 지속된다.
(C) 이것은 매일 제공된다.
(D) 참가자는 각 장소에서 다양한 선물을 받을 것이다.

[어휘] **participant** [명] 참가자 **visit** [동] 방문하다 **shop** [명] 상점 **approximately** [부] 대략 **a variety of** 다양한 **gift** [명] 선물 **location** [명] 장소, 위치

[해설] Receive a CFS tote bag at the beginning of the tour and you will get coupons, vouchers, recipe cards, and treats from each spot we visit on the tour에서 투어 중 방문하는 커피숍에서 많은 선물을 받는다는 것을 확인할 수 있다. 따라서 정답은 (D)이다.

5. 참가자들은 무엇을 해야 하는가?
(A) 간식을 준비한다
(B) 최소 2시간 전에 미리 도착한다
(C) 자신의 커피 원두 가져온다
(D) 걷기 편안한 신발을 착용한다

[어휘] **participant** [명] 참가자 **prepare** [동] 준비하다 **snacks** [명] 간식 **in advance** 미리, 사전에 **coffee beans** [명] 커피 원두 **comfortable** [형] 편안한 **shoes** [명] 신발

[해설] 지문의 후반부에서 Guests should be prepared for up to two hours of walking at a leisurely pace라는 문장에서 최대 2시간 동안 걷는 것에 대비해야 한다고 언급하고 있다. 따라서 참가자들은 걷기에 편한 신발을 신는 것이 필요할 것이다. 따라서 정답은 (D)이다.

6. 광고에 따르면 어떻게 독자들은 예약을 할 수 있는가?
(A) 웹사이트를 사용해서
(B) 호텔 직원한테 알려서
(C) CFS에 전화해서
(D) 커피숍 본점을 방문해서

[어휘] **reservation** [명] 예약 **inform** [동] 알리다 **staff** [명] 직원

[해설] 광고의 마지막에 For more information about participating coffee shops or to make a reservation, please visit the website: www.cfs.com라고 하여 참가 정보나 예약을 위해 웹사이트를 방문하라고 언급되어 있다. 다라서 정답은 (A)이다.

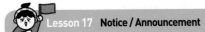

Lesson 17 Notice / Announcement

토익 맛보기

정답

1. (C) **2.** (A) **3.** (B) **4.** (A)

[1-4] 공지

신입 사원 공지

저희는 Thad Parker가 Kelman 법률 회사에 보조 변호사로 합류하기로 결정한 것을 알리게 되어 기쁩니다. Parker 씨는 Whittier 대학교 법대에서 우등으로 학위를 수여하였습니다. 그는 특허법을 공부하였습니다. 그는 또한 브라질에서 Tiva 대학교로부터 화학 공학의 학사 학위를 취득했습니다. Whittier를 다니면서 Petra 제약회사에서 인턴으로 일 했습니다. Parker씨는 탁월한 교육 배경을 보유하고 있으며, 저는 그가 우리 팀의 가치 있는 자산이 될 것이라 확신합니다.

이번 주 금요일 오후 6시에 메인 회의실에서 그가 우리 회사로 온 것을 환영히기 위해 저희와 함께해 주십시오.

토익 기출 맛보기

정답

1. (D) **2.** (A) **3.** (B) **4.** (D)

[1-2] 공지

Cross Farm 거주민들은 주목해 주세요!

보다 더 환경 친화적인 노력으로, Cross Farm Neighborhood 소식지는 지면 형태로 이용하실 수 없을 것입니다. 대신 저희는 그것을 온라인으로 제공할 것입니다. 여러분은 www.crossfarmapartments.com에서 이메일 뉴스 레터에 가입하시거나 간단히 사이트 자체에서 다운로드 할 수 있습니다.

예전 소식지와 동일한 멋진 모든 콘텐츠에다가, 인쇄할 원료가 없었던, 하지만 이제는 새로운 전자 형식을 통해 나타낼 수 있는 추가 자료를 포함할 것입니다.

질문이 있으시면 이메일이나 전화로 언제든지 연락 주시기 바랍니다.

감사합니다.
Judy Alcon
Cross Farm Neighborhood Management
전화: 555-4562 | 이메일: management@crossfarmapartment.com

in an effort to ~하기 위한 노력으로 **environmentally friendly** 친환경적인 **no longer** 더 이상 ~하지 않다 **available** [형] 이용할 수 있는 **paper-form** 지면 형태, 종이 형태 **instead** [부] 대신에 **sign up for** ~에 가입하다, 등록하다 **simply** [부] 단순히, 간단히 **content** [명] 내용, 컨텐츠 **additional** [형] 추가적인, 추가의 **material** [명] 자료 **resource** [명] 재료, 자원 **print out** 인쇄하다 **via** [전] ~을 통하여 **electronic** [형] 전자의 **format** [명] 형식 **feel free to** 언제든지 ~하다, 마음껏 ~하다

1. 공지에서 발표된 것은 무엇인가?
(A) 회사가 새로운 웹사이트를 개시할 것이다.
(B) 편집자들이 다음주에 사임할 것이다.
(C) 고객들에게 배달 서비스에 대해 요금이 청구될 것이다.
(D) 서비스가 온라인에서만 이용가능해질 것이다.

[어휘] launch [동] 출시하다, 개시하다 editor [명] 편집자 resign [명] 사임하다, 그만두다 charge [동] (요금을) 청구하다 delivery [명] 배달

[해설] 두 번째 문장과 세 번째 문장 the Cross Farm Neighborhood Newsletter will no longer be available in paper-form. We will offer it online instead에서 소식지가 종이 형태로 이용할 수 없고 온라인으로 제공할 것이라는 내용이 언급되었다. 따라서 정답은 (D)이다.

2. 공지에 따르면, 독자들이 Alcon 씨에게 연락할 이유는 무엇인가?
(A) 변경사항에 대해 문의하기 위해서
(B) 직원 모집에 지원하기 위해서
(C) 기사에 대한 불만을 제기하기 위해
(D) 메일링 리스트에 등록하기 위해

[어휘] reader [명] 독자 contact [동] 연락하다 inquire [동] 문의하다 apply for ~에 지원하다, 신청하다 job opening [명] 구인, 직원 모집 complain [동] 불만을 제기하다 mailing list [명] 정기 우편물 수신자 명단

[해설] Alcon 씨는 마지막에 If you have any questions, please feel free to e-mail or call me라고 하여, 질문이 있으면 이메일이나 전화를 하라고 하였다. 따라서 독자들은 문의를 하기 위해 Alcon 씨에게 연락할 수도 있다는 것을 알 수 있다. 따라서 정답은 (A)이다.

[3-4] 공지

외국 영화 협회(FFS)는 9월에 Peregrine Town 지부를 열 것입니다. 그룹은 오후 6시 30분에 1567 Nixon Street에 있는 Wheaton 도서관에서 매달 첫 번째, 세 번째 토요일에 만날 것입니다. 이것은 모든 연령층의 영화 애호가를 위한 것이며 누구나 환영합니다.

만일 당신이 대중교통을 이용하여 모임에 갈 계획이라면 녹색 버스 896번이 한 블록 떨어진 시청에서 정차합니다. 또는 당신이 좀 더 걸어가려면 674번 버스가 세 블록 떨어진 Monterrey와 Williamsburg에 있는 지역 아이스크림 가게에 정차합니다. 운전해서 오는 것을 계획한다면, 오후 5시 이후 도서관 주차장과 근처에 있는 거리에서 주차가 무료입니다.

저희가 흥미진진한 한 해를 계획했으니 당신이 우리와 함께 할 수 있기를 희망합니다. 매달 저희가 보게 될 영화 목록을 보고 저희에게 당신의 제안을 보내시려면 www.foreignfilmsociety.org를 방문하십시오.

곧 당신을 볼 수 있기를 바랍니다!

foreign [형] 외국의 society [명] 단체, 협회 local [형] 지역의 chapter [명] (협회의) 지부 plan on ~ing ~하는 것을 계획하다/의도하다 public transportation [명] 대중 교통 travel [동] 이동하다, 여행하다 meeting [명] 회의 be willing to 기꺼이 ~하려 하다 further [부] 더 멀리 local [형] 지역의 free [형] 무료의 library [명] 도서관 parking lot [명] 주차장, 주차 공간 nearby [형] 가까운, 인근의 exciting [형] 신나는, 흥미진진한 join [동] 가입하다, 함께 하다 suggestion [명] 제안

3. 공지의 목적이 무엇인가?
(A) 전문 워크숍에 대한 지침을 제공하는 것
(B) 지역 지부의 개소를 홍보하는 것
(C) 전자 장비에 대한 특별 할인을 제공하는 것
(D) 주민들이 새롭게 개봉한 영화를 보도록 장려하는 것

[어휘] directions [명] 지침 professional [형] 전문 workshop [명] 워크숍 promote [동] 홍보하다 local [형] 지역 branch [명] 지부 offer [동] 제공하다 special sale [명] 특별 (할인) 판매 electronic [형] 전자의 equipment [명] 장비 encourage [동] 장려하다 resident [명] 주민 released [형] 개봉한

[해설] 공지의 첫 문장에 FFS가 Peregrine Town에 지부를 열 것이며 모든 사람들이 참여하는 것을 환영한다고 말하는 것으로 보아, 이 글의 목적은 새 지부의 오픈을 홍보하기 위함이다. 따라서 정답은 (B)이다.

4. Peregrine Town에 FFS 지사에 관해 언급된 내용은 무엇인가?
(A) 매주 모임을 열 것이다.
(B) 지역 주민에게만 회의를 개방할 것이다.
(C) 주말에는 무료 주차를 제공할 것이다.
(D) 시청 근처에 위치해 있다.

[어휘] mentioned [동] 언급되다 gathering [명] 모임 local [형] 지역 residents [명] 주민 free [형] 무료 parking [명] 주차 weekend [명] 주말 be located in ~에 위치해 있다 near [형] 근처에

[해설] 대중교통을 이용할 경우, 한 버스가 한 블록 떨어진 시청역(City Hall which is only 1 block away)에서 정차한다는 내용으로 보아 지사는 시청 근처에 위치해있음을 알 수 있다. 따라서 정답은 (D)이다.

Lesson 18 Invoice / Receipt / Form

토익 맛보기

정답
1. (C) **2.** (D)

[1-2] 영수증

The Taj Elephant
1674 South Kyoto Road
Los Angeles, CA, 78209
(210) 555-0983

날짜: 2017년 1월 29일 **시간**: 오후 09:53
담당 서버: Nick Li **손님 수**: 3
청구: 0121 **테이블**: X6

1	로티 프라타	$3.50
1	로티 텔루어	$5.95
1	그린 커리 채소	$9.50
1	렌당 소고기	$10.50
	소계	$29.45
	판매세	$2.06
	합계	$31.51

당신의 의견을 공유하시고 다음 번 식사에 무료 음료를 받으세요:

www.tajelephant.com/survey 를 방문하시고
아이디 #980965를 사용하세요.

오늘 저희 가게에서 식사해주셔서 감사합니다.

토익 기출 맛보기

정답

1. (D) **2.** (A) **3.** (D)

[1-3] 청구서

The Beagle Hotel
3845 Maltese Road
Los Feliz, CA, 95676

날짜: 10월 21일
청구서 번호: 816

요금 청구 주소:
Lauryn Hill
Party Hearty LLC
643 S. Back Street
Santa Babara, CA, 95676

Party Hearty LLC에 의해 11월 1일에 열릴 1일 행사에 대한 청구서

품목	가격	합계
Cranston실	$550.00/1일	$550.00
파티 행사 (50 명)		

호텔 서비스

음향 및 영상 장비 대여	$200.00/1일	$200.00
와이드 스크린 티비 2대	$50.00/1일	$50.00
바텐딩 서비스 (오후 5시에서 오전 12시)	$500.00/1일	$500.00
저녁 뷔페 서비스 (오후 5시에서 오후 7시)	$30.00/1인	$1500.00
출장 요리 (오후 7시에서 오전 12시)	$20.00/1인	$1000.00

소계 $3800.00
세금 $575.88
합계 $4375.88*

* 모든 작성된 서비스를 예약하기 위해서는 10월 23일까지 이 총액을 보내주십시오.

invoice [명] 청구서, 송장 **Bill To** 요금 청구 주소 **item** [명] 물품, 상품 **rate** [명] 요금 **total** [명] 합계, 총합 **rental** [명] 대여 **A/V (=Audio / Video)** 음향 및 영상 **equipment** [명] 장비 **bartending** [명] 바에서 음료 제공 **catering** [명] 출장 요리 **subtotal** [명] 소계 **tax** [명] 세금 **amount** [명] 금액 **reserve** [동] 예약하다 **listed** [형] 나열된, 목록화 된

1. Party Hearty LLC에 관해 알 수 있는 것은 무엇인가?
(A) 본사는 Los Feliz에 위치해 있다.
(B) 모든 참여자들에게 항공편를 제공할 것이다.
(C) 웹사이트에 비디오를 게재할 것이다.
(D) 11월에 1일 행사를 개최할 것이다.

[어휘] **headquarters** [명] 본사 **flights** [명] 비행기표 **participant** [명] 참여자 **post** [동] 게재하다 **November** [명] 11월

[해설] Invoice for a one-day event 라는 부분에서 정답이 (D)라는 것을 유추할 수 있다.

2. 무엇이 행사의 가격에 포함되어 있지 않은 것은 무엇인가?
(A) 숙박
(B) 음료
(C) 식사
(D) 회의실 대여

[어휘] **included** [동] 포함되다 **cost** [명] 가격 **beverage** [명] 음료 **meal** [명] 식사 **conference room** [명] 회의실 **rental** [명] 대여

[해설] bartending에서 음료, catering 과 dinner buffet에서 음식, 즉 식사(a meal)을, Cranston Room은 파티 인원 50명을 수용하기 위한 장소이므로 회의실 대여로 보아야 한다. 따라서 숙박은 제공되지 않으므로 정답은 (A)이다.

3. 10월 23일에 무슨 일이 일어날 것인가?
(A) 행사가 개최될 것이다.
(B) 예약이 취소될 것이다.
(C) 차량이 예약될 것이다.
(D) 결제가 완료될 것이다.

[어휘] **reservation** [명] 예약 **cancel** [동] 취소하다 **vehicle** [명] 차량 **payment** [명] 결제

[해설] 질문에서 날짜가 언급이 되면 그 날짜가 바로 키워드이다. 지문에서 10월 23일이 언급된 곳을 찾으면 마지막 부분에 Please send this amount by October 23 to reserve all the listed services라고 언급된 것을 볼 수 있다. 이 문장에 따르면 상기 목록의 서비스를 예약하기 위해서 10월 23일까지 금액을 보내라고 되어 있으므로, 10월 23일에는 결제가 완료될 것이라는 것을 알 수 있다. 따라서 정답은 (D)이다.

[1-5] 공지와 이메일

Matsuyama Autos | 제품 리콜

8월 14일

관련 차량: Satsuma 2014 차량 모델

귀중한 Matsuyama 고객님께,

이 공지는 전국 교통 및 차량 안전 법률의 조건에 따라 귀하께 발송되었습니다. Matsuyama Autos, Inc.은 북아메리카에서 판매된 Satsuma 2014 차량 모델과 관련된 잠재적 위험을 통지 받았습니다.

조건이 무엇인가요?
후방 바퀴에 운전자가 통제를 잃도록 하는 잠재적 잠금이 있는 결함이 있습니다. 오일이 후방 차동 장치로부터 샐 수 있으며 이것이 부품을 손상시키고 차동 장치가 잠기고 바퀴가 움직이는 것을 멈추게 한다는 것이 발견되었습니다. 차동 장치는 바퀴로 하여금 차량이 코너를 돌 때 다양한 속도로 이동할 수 있게 해 줍니다.

Matsuyama Autos는 무엇을 할 것인가요?
인증받은 Matsuyama Autos 딜러들이 차량 검사를 할 것입니다. 만일 누수가 발견되지 않으면, 잠금 장치가 더 조여질 것입니다. 만일 누수가 있다면, 파이프 마개가 교체되고, 새로운 잠금 장치가 설치될 것입니다. Matsuyama Autos는 또한 모든 손상된 차동 장치 부품을 교체할 것입니다.

귀하께서는 무엇을 해야 하나요?

이것은 중요한 안전 리콜입니다.
인증받은 Matsuyama Autos 딜러에게 연락하여 이 중요한 수리가 이루어질 수 있도록 가능한 빨리 예약을 하시기 바랍니다.

이 과정은 대략 한 시간 가량이 소요됩니다. 그러나 딜러의 업무 일정에 따라 당신의 차량이 더 오랜 시간 동안 필요할 수 있습니다.

이 중요한 수리가 완료되기 전까지 귀하의 차량 사용을 자제해 주시기를 요청 드립니다.

* 스페인어 번역은 뒷면에 있습니다.

발신 stephan_brau@coolmail.com
수신 jimmy_meyer@seasidematsuyama.com
날짜 8월 16일
제목 Satsuma 리콜

안녕하세요 Meyer 씨,

저는 방금 이 안전 리콜 공지를 우편함에서 받았어요. 이것이 저를 굉장히 불안하게 만드는군요. 저는 당신이 제게 이것에 대해서 더 정보를 주고, 제가 예약을 할 수 있는지 궁금했어요.

판매된 차량에서 몇 퍼센트가 결함이 있다고 발견 되었나요? 제 브레이크가 작동을 멈추면 저는 무엇을 해야 하나요? 공지를 받고 난 후에 만일 제가 이 차량을 운전하고 사고가 나면 제가 법적 책임을 물어야 하나요?

제가 가능한 빨리 약속을 잡을 수 있도록 전화해주세요.

안녕히 계세요.
Stephan Brau
Tel. 831-555-9846

[1-5] 이메일

발신 Stephen Kelman ⟨advertising@cookiedigest.com⟩
수신 Jim Keener ⟨j.keener@doughboy.com⟩
날짜 9월 22일
제목 Cookie Digest 광고 기회

Keener 씨께

저희 구독 메일링 리스트에 가입해주셔서 감사합니다. 감사의 말씀으로, 저희는 귀하께서 저희의 최신 제품에 대해 처음 소식을 듣는 분들 중 한 분이 되기를 원했습니다. 제한된 기간 동안 Cookie Digest는 광고 공간에 대해 할인된 가격을 제공할 것입니다. 저희 잡지에 한 번도 광고하지 않은 분들만 이 제안을 이용하실 수 있습니다.

Cookie Digest에서 광고를 하시면 귀하는 인쇄 및 온라인으로 광고의 목표 대상인 백만 명이 넘는 베이킹 전문가 및 아마추어 베이킹 애호가에게 다가갈 수 있습니다. 왜 이 기회를 놓치시겠습니까?

10월 10일까지 유효한 첫 번째 광고주에 대한 현재 제안은 아래에 요약되어 있습니다. 추가 정보를 요청하거나 질문이 있으시면, 이 메일에 회신하시거나 1-800-555-0103으로 전화하십시오.
광고에 대한 추가 정보는 www.cookiedigest.com/ads에서 확인할 수 있습니다.

패키지	형식	월별 요금
1	전면 인쇄광고 + 6"x1" 웹사이트 광고	$750
2	반 페이지 인쇄광고 + 4"x5" 웹사이트 광고	$555
3	반 페이지 인쇄광고 + 3"x3" 웹사이트 광고	$475
4	1/4 페이지 인쇄광고 + 6"x1" 웹사이트 광고	$375

안녕히 계세요,
Stephen Kelman,
마케팅 담당자 올림
Cookie Digest

발신 Jim Keener 〈j.keener@cookies4everyone.com〉
수신 Stephen Kelman 〈advertising@cookiedigest.com〉
날짜 9월 29일
제목 회신: Cookie Digest 광고 기회

Kelman 씨께

저는 귀하의 이메일을 받았으며 Cookie Digest에 광고를 넣는 것에 관심이 있습니다. 그러나 저는 먼저 답변이 되어야 하는 질문들이 있습니다. 저는 귀하의 웹사이트에서 상세한 설명을 검토했지만, 몇 가지 사항에 대해서는 여전히 혼란스럽습니다. 첫째, 정확히 제 광고가 어디에 게재되며, 제 광고 주변에 어떤 다른 종류의 광고가 배치됩니까? 둘째, 브랜드 일관성에 대해 걱정입니다. 저는 전체적으로 제 브랜드 이미지 스타일이 같기를 바라는데요, 이미 만들어져 있는 광고를 보내도 됩니까? 저는 전면 광고에 관심이 있으며, 회사의 신용카드로 결제할 수 있는지 궁금합니다.

제가 당신으로부터 답변을 받자마자 제가 당신에게 결제 세부사항과 함께 인쇄와 온라인을 위한 광고를 보내겠습니다.

감사합니다.

Jim Keener
Dough Boy Inc. CEO

advertising [명] 광고 **opportunity** [명] 기회 **join** [동] 가입하다 **subscription** [명] 구독 **mail list** [명] 우편물 수신자 명단 **latest** [형] 최신의 **offering** [명] 제공된 것 **limited** [형] 제한된 **discounted** [형] 할인된 **ad space** 광고 공간 **those who** ~하는 사람들 **take advantage of** ~을 이용하다 **offer** [명] 제안 **advertise** [동] 광고하다 **reach** [동] 도달하다, 닿다 **targeted audience** 목표 대상, (광고의) 목표층 **professional** [명] 전문가 **amateur** [형] 아마추어의, 비전문가의 **enthusiast** [명] 애호가 **in print** 인쇄되어 있는 **miss** [동] 놓치다 **current** [형] 현재의 **valid** [형] 유효한 **outline** [동] 간략히 설명하다 **below** [부] 아래에 **request** [동] 요청하다 **reply to** ~에 응답하다, 대답하다 **additional** [형] 추가의, 추가적인 **available** [형] 이용할 수 있는 **format** [명] 형식 **price** [명] 가격 **per** [전] ~당, ~마다 **be interested in** ~에 관심이 있다 **place** [동] 놓다, 두다 **though** [접] 그렇지만, 하지만 **specification** [명] 설명서 **confused** [형] 혼란스러운 **near** [전] ~의 가까이에 **be concerned about** ~에 대해 걱정하다 **consistency** [명] 일관성 **throughout** [전] ~ 전체에 걸쳐 **ready-made** [형] 이미 만들어져 있는 **advertisement** [명] 광고 **credit card** [명] 신용 카드 **as soon as** [접] ~하자마자 **along with** ~에 덧붙여 **details** [명] 세부사항

1. 이메일에 의하면, Dog Boy Inc.에 대해 유추될 수 있는 것은 무엇인가?
(A) 이전에 Cookie Digest에 광고를 한 적이 없다.
(B) Stephen Kelman은 지난 2년 동안 Dong Boy의 CEO였다.
(C) 이 회사는 제한된 기간 동안 할인을 제공한다.
(D) 몇 군데의 지점이 있다.

[어휘] **according** [부] ~의하면 **infer** [동] 유추하다 **discounted price** [명] 할인 **store location** [명] 지점

[해설] 첫번째 이메일에서 Only those who never advertised in our magazine can take advantage of this offer라고 언급된 것을 통해 Cookie Digest에 한번도 광고하지 않은 사람들만 할인을 이용할 수 있다는 것을 알 수 있다. Dog Boy Inc.의 CEO인 Keener 씨가 이 광고에 회신하였으므로, 이 잡지에 광고를 한 적이 없다는 것을 유추할 수 있다. 따라서 정답은 (A)이다.

2. Kelman 씨가 Keener 씨에게 메일을 쓴 이유는 무엇인가?
(A) 제품 출시 기념 파티에 그를 초대하기 위해
(B) 새 잡지를 홍보하기 위해
(C) 그에게 지불 요청을 하기 위해
(D) 홍보에 대해 그에게 알려주기 위해

[어휘] **invite** [동] 초대하다 **product** [명] 제품 **launch** [동] 출시하다 **party** [명] 파티 **promote** [동] 홍보하다 **magazine** [명] 잡지 **payment** [명] 지불 **inform A of B** A에게 B를 알려주다 **promotion** [명] 홍보, 판촉 활동

[해설] 잡지 지면 광고 및 온라인 광고의 할인을 알리기 위해 발송한 메일이다. 첫 번째 단락 두 번째 문장 we wanted to let you be one of the first to hear about our latest offering에서 최근 할인에 대해 알려주기를 원한다고 언급하였으므로 정답은 (D)이다.

3. Keener 씨가 이메일을 작성한 이유는 무엇인가?
(A) 질문에 답변하기 위해서
(B) 신입 사원에게 조언해주기 위해서
(C) 제안에 대해 문의하기 위해서
(D) 광고를 게재하는 것에 대해 설명해주기 위해서

[어휘] **respond to** ~에 대답하다 **offer** [동] 제공하다 **advice** [명] 조언, 충고 **employee** [명] 직원 **inquire** [동] 문의하다 **suggestion** [명] 제안 **give instructions** 설명해주다

[해설] Keener 씨가 쓴 이메일인 두번째 지문을 보면, 첫 번째 문단의 두 번째 문장에서, I do have questions that I need answered first though라고 답변되기를 원하는 질문이 있다고 언급했다. 따라서 정답은 (C)이다.

4. Keener 씨는 어느 광고 패키지에 관심이 있는가?
(A) 1
(B) 2
(C) 3
(D) 4

[어휘] **advertisement** [명] 광고 **package** [명] 패키지 **interested** [형] 관심이 있는

[해설] 두번째 이메일에서 Keener 씨는 I am interested in a full-page advertisement라고 하여 전면 광고에 관심이 있다고 하였다. 첫번째 지문에서 전면광고를 제공하는 패키지는 1번 패키지밖에 없으므로 정답은 (A)이다.

5. 광고에 대한 Keener의 고려 사항은 무엇인가?
(A) 광고 디자이너들이 모집되어야
(B) 주변에 게재될 광고
(C) 선택되어야 하는 색상 조합
(D) 광고가 제출되어야 하는 시간

어휘 **consideration** 명 고려사항 **designer** 명 디자이너 **recruit** 동 모집하다 **nearby** 분 주변에 **color scheme** 명 색상 조합 **select** 동 선택하다 **submit** 동 제출하다

해설 두번째 이메일에서 Keener 씨는 두 가지 질문을 하는데, 첫번째로 광고의 위치와 주변에 어떤 광고가 자리잡게 되는지(where would my ad be placed, and what other kind of ads would be placed near mine)에 대해 질문하였다. 따라서 정답은 (B)이다.

Lesson 20 삼중지문

토익 맛보기

정답

1. (D)   **2.** (B)   **3.** (D)   **4.** (C)   **5.** (D)

[1-5] 안건목록과 이메일

Trevia Technology Inc.
마케팅에 대한 위원회 회의
2017년 6월 15일 목요일 오전 9:30 – 오전11:30
장소: 2회의실

의제

1. 현재 전략 검토	Amenda Seffield
2. 새로운 전략을 위한 목표	Ben Swenson
3. 집중 그룹	Chance Pueschel
4. 잠재적인 프로젝트	Clayton Roberts
5. 한 해를 위한 계획	Colin Campbell

발신 Asley Dawe 〈adawe@treviatechnology.com〉
수신 Ben Swenson 〈bswenson@treviatechnology.com〉
제목 위원회 회의 – 6월 15일

안녕하세요 Ben,

저는 어제 회사가 마케팅에 관해 했던 회의에 대해 확인하고 있어요. 제가 참석하지 못해서 죄송해요. Ventura의 새로운 지점에 제가 처리해야 했던 문제가 있어서, 출장을 연장해야 했어요. 저는 어떻게 회의가 진행되었는지 당신의 생각을 들어보고 싶어요.

저는 특히 우리 회사가 내년에 투자할지도 모르는 잠재적인 프로젝트에 대해 걱정이 됩니다. 그 섹션과 신입사원 Clayton에 대해 어떻게 생각하나요? 그는 그 일에 제가 고른 사람이 아니었고, 그는 너무 많은 것을 약속하는 반면에 성과로 가져오는 것은 너무 적다는 느낌이 듭니다.

안녕히 계세요.
Ashely Dawe
Trecia Technology CEO

발신 Ben Swenson 〈bswenson@treviatechnology.com〉
수신 Ashley Dawe 〈adawe@treviatechnology.com〉
제목 회신: 위원회 회의 – 6월 15일

안녕하세요, Ashley,

성취된 것은 없었습니다. 전체 회의에서 심각한 문제가 있었어요. 저희는 제 시간에 시작했지만, Amanda가 거기 없었기 때문에 저희는 두 번째 의제 항목부터 시작해야 했어요. 그 다음, 우리가 시작한 지 15분 후, Amanda가 도착해서 그녀의 발표를 했습니다. Colin은 회의에서 빠졌습니다. 나중에 우리는 그가 긴급한 집안일이 있었다는 것을 알았지만, 그의 주제가 논의되지 않았다는 것을 의미했습니다. Chance는 그의 주제에 대해 설명하려 했지만, 그것은 혼란스러웠어요. (제 생각엔 그가 막판에 준비를 한 것 같아요. 그는 지난 한 주 동안 아파서 결근을 했어요.)

Clayton에 대해서는, 비록 그의 계획된 숫자가 지나치게 낙관적인 것처럼 보이긴 하지만, 그의 발표는 매우 순조롭게 진행되었습니다. 우리는 그가 어떻게 그 숫자를 생산했는지 정말로 압박할 필요가 있을지도 모르겠네요. 저는 당신과 동의해요. 그는 변함없는 사실을 제시하는 대신 그의 데이터에 많은 왜곡하는 것처럼 보여요.

출장에서 언제 돌아오시나요? 제 생각엔 당신이 여기 있으면 일들이 훨씬 더 순조롭게 진행될 것 같아요.

안녕히 계세요.
Ben Swenson
Trevia Technology 부회장

토익 기출 맛보기

정답

1. (B)   **2.** (A)   **3.** (B)   **4.** (C)   **5.** (D)

[1-5] 광고와 이메일들

Estate Auction

Raul Gonzalez의 부동산 경매가
10월 5일 토요일 오전 11시에
열릴 것입니다.
(미리 보기는 오전 10시에 시작합니다.)
장소: 623 S. Olive Street

세부사항:	**약관 및 조건:**
골동품 딜러의 5,000평방 피트 규모의 많은 보물로 가득 찬 집! 그 중 경매 될 품목 • 골동품 • 보석 • 수집품	저희는 적절한 신분증과 함께 현금, 신용카드, 그리고 수표를 받습니다. 모든 품목은 환불이 없는 조건으로 판매됩니다. 자신의 대형 물품에 대한 도움이 될 것을 가져와야 하며, 위험을 각오하고 들어와야 합니다. 큰 가방이나 지갑은 가져올 수 없습니다.

질문이 있으신가요? Sandy's Estate Liquidations에555-778-0999로 전화하거나(오전 10시와 오후 5시 사이) customer_service@sandysauctions.com로 이메일 보내세요.

발신 Edith Deschanel 〈edeschanel@labrinth.com〉
수신 Customer Service 〈customer_service@sandysauctions.com〉
날짜 10월 3일
제목 부동산에 대한 질문

안녕하세요!

저는 1920년대의 모든 물건, 특히 도자기 인형의 열렬한 수집가 입니다. 저는 판매 항목의 대부분이 어느 시기의 것인지에 대해 묻고 싶습니다. 저는 또한 당신이 등록서를 작성하는지, 그리고 어떻게 부동산 판매 등록은 어떻게 처리될 것인지 알고 싶었습니다.

감사합니다.
Edith Deschanel

발신 Customer Service 〈customer_service@sandysauctions.com〉
수신 Edith Deschanel 〈edeschanel@labrinth.com〉
날짜 10월 4일
제목 회신: 부동산에 대한 질문

Edith에게

피상적인 검토에서, 이 컬렉션은 꽤 다방면에 걸친 것으로 보입니다 - 주로 1940년대의 영화 수집품에 초점을 맞추었습니다. 그러나, 몇 가지 도자기 컬렉션이 있는 것으로 보이는데, 제가 전문가가 아니므로 어느 시대의 것인지 저는 전혀 모릅니다.

다른 질문에 대해서는, 저희는 등록서를 작성하지 않고 일반적으로 모든 사람들이 동시에 참여하도록 하고 있습니다.

안녕히 계세요.
Mitchell, Sandy's Estate Liquidations

estate [명] 부동산, 사유지 **auction** [명] 경매, [동] 경매로 팔다 **hold** [동] (행사 등을) 열다, 개최하다 **preview** [명] 시사회, 미리 보기 **antique** [명] 골동품 **dealer** [명] 중개인 **square** [형] 평방의 **foot** [명] 1피트 (약 30cm) **filled with** ~로 가득 찬 **a number of** 수많은 **treasure** [명] 보물 **jewelry** [명] 보석류 **collectible** [명] 수집할 가치가 있는 것, 수집 물품 **terms and conditions** (계약서 상의) 약관 및 조건 **proper** [형] 적절한 **identification** [명] 신분증 **as is** 현재의 상태로 **refund** [명] 환불 **help** [명] 도움이 되는 것(사람) **purse** [명] 지갑 **liquidation** [명] 청산, (재산) 정리 **avid** [형] 열렬한, 열심인 **collector** [명] 수집가 **especially** [부] 특히 **porcelain** [명] 도자기 **figurine** [명] 인형, 작은 조각상 **period** [명] 기간, 시대 **do sign-up sheet** 가입서/등록서를 작성하다 **entry** [명] 등록 **real estate** [명] 부동산 **handle** [동] 처리하다, 다루다 **cursory** [형] 피상적인 **inspection** [명] 점검 **collection** [명] 수집품 **appear to** ~하는 것처럼 보이다 **fairly** [부] 꽤, 아주 **eclectic** [형] 절충적인, 다방면에 걸친 **mostly** [부] 주로, 일반적으로 **focus on** ~에 초점을 맞추다, ~에 집중하다 **film** [명] 영화 **expert** [명] 전문가 **generally** [부] 일반적으로 **at the same time** 동시에 **let ~ in** ~을 들어오게 하다

1. 경매 참가자들은 무엇을 가지고 와야 하는가?
(A) 보석
(B) 신분증
(C) 큰 가방
(D) 골동품
participant [명] 참가자

[해설] 첫 번째 광고에서 **with the proper identification**라고 했으므로 신분증을 지참해야 한다는 것을 알 수 있다. 따라서 정답은 **(B)**이다.

2. 첫 번째 이메일의 목적은 무엇인가?
(A) 10월 5일의 행사에 관해 문의하는 것
(B) 바자회의 자원봉사자를 요청하는 것
(C) 연회의 시간표를 공유하는 것
(D) 새로운 사업 계획을 발표하는 것

[어휘] **inquire** [동] 문의하다 **request** [동] 요청하다 **volunteers** [명] 지원봉사자 **charity** [명] 봉사 **timetable** [명] 시간표 **announce** [동] 발표하다 **business plan** [명] 사업 계획

[해설] 이메일 제목이 questions about estate이고, I was inquiring about the time period라고 언급되어 있으므로 10월 5일에 있을 경매에 대해 문의하기 위해 이메일을 썼다는 것을 알 수 있다. 따라서 정답은 (A)이다.

3. 경매에 관해 알 수 있는 것은 무엇인가?
(A) 미리 등록하는 것이 필요하다.
(B) 대부분의 물건은 영화와 관련되어있다
(C) 1940년대 물건들이 팔릴 것이다
(D) 특별 배송서비스가 가능하다

[어휘] **advance** [형] 사전의 **registration** [명] 등록 **require** [동] 요구하다, 필요로 하다 **be related to** ~에 관련되어 있다 **delivery** [명] 배송 **service** [명] 서비스 **available** [형] 이용할 수 있는

[해설] 두 번째 이메일에서 mostly focusing on film collectibles이라고 언급된 부분을 통해 경매의 붙여질 수집품들이 대부분 영화 관련 수집품임을 알 수 있다. 따라서 정답은 (B)이다.

4. 두 번째 이메일에서, 1번째 문단 1번째 줄의 "fairly" 은 다음 중 어떤 단어와 가장 가까운가?
(A) 공정하게
(B) 합법적으로
(C) 매우
(D) 즉각

[어휘] **equitably** [부] 공정하게 **legitimately** [부] 합법적으로 **quite** [부] 매우 **promptly** [부] 즉각

[해설] fairly는 형용사 eclectic을 수식하여 "꽤, 아주"라는 의미로 사용되었다. 따라서 정답은 (C)이다.

5. Deschanel 씨는 누구인가?
(A) 고객 담당자
(B) 기자
(C) 공예가
(D) 잠재적인 경매참여자

[어휘] **customer** [명] 고객 **representative** [명] 담당자 **journalist** [명] 기자 **craftswoman** [명] 조선업자 **potential** [형] 잠재적인 **bidder** [명] 경매참여자

[해설] Deschanel이라는 이름은 첫번째 이메일의 발신자 항목에서 확인할 수 있다. 첫 번째 이메일에서 Deschanel 씨는 "I am an avid collector"라고 하여 자신을 수집가라고 소개하였으며, 경매 물품이 어느 시기의 것인지 묻고 있는 것으로 보아 경매에 참가하려는 것으로 볼 수 있다. 따라서 정답은 (D)이다.

부록

PART 7 모의고사

[Part 7]

정답

147. (B)	**148**. (B)	**149**. (C)	**150**. (D)
151. (C)	**152**. (B)	**153**. (A)	**154**. (D)
155. (B)	**156**. (B)	**157**. (B)	**158**. (B)
159. (A)	**160**. (A)	**161**. (D)	**162**. (B)
163. (B)	**164**. (B)	**165**. (B)	**166**. (B)
167. (B)	**168**. (D)	**169**. (B)	**170**. (D)
171. (C)	**172**. (D)	**173**. (A)	**174**. (D)
175. (C)	**176**. (A)	**177**. (B)	**178**. (D)
179. (C)	**180**. (C)	**181**. (A)	**182**. (B)
183. (D)	**184**. (A)	**185**. (A)	**186**. (C)
187. (D)	**188**. (D)	**189**. (B)	**190**. (D)
191. (B)	**192**. (C)	**193**. (B)	**194**. (B)
195. (D)	**196**. (A)	**197**. (D)	**198**. (C)
199. (C)	**200**. (B)		

[147-148] 공지

지역 정수처리장 및 저수지 개선 작업에 관한 공지

Myers 시 수도국은 올 여름에 시작할 두 개의 새 프로젝트를 발표했다. Swift 강 입구에 있는 정수처리장은 장비 교체와 업그레이드를 위하여 8월 1일부터 약 한 달 동안 가동이 중단될 것이다. 이 처리장은 1987년부터 지속적으로 운영이 되어왔고, 많은 여과 장비들이 교체가 필요하거나 노후하였다. 수도는 이 정수처리장이 폐쇄되는 동안 지역의 다른 두 정수장으로 돌려질 것이다. 수도국은 개선작업 후 효율성이 30% 정도 증대될 것으로 기대하고 있다.

Hilltop 저수지 또한 대규모 보수 공사에 들어갔다. 7월부터 시 당국은 이 자리에 새로운 공원을 만들 수 있도록 전체 저수지의 물을 빼고 메울 것이다. 이 프로젝트는 완공까지 1년이 걸릴 것으로 예상된다. 새로운 공원은 거의 10에이커 면적이 될 것이며 농구 코트 및 배드민턴 코트가 포함될 것이다. 이 프로젝트는 이미 혼잡한 도심 지역에 새로운 녹지 공간을 만들 수 있는 보기 드문 기회이다. 두 프로젝트에 관한 더 자세한 내용은 수도국 웹사이트에서 볼 수 있다.

announce [동] 발표하다 **water treatment plant** 정수처리장 **at the mouth of** ~의 입구에 **shut down** ~을 폐쇄하다 **approximately** [부] 대략, 거의 **beginning** [전] ~부터 **equipment replacement** 장비 교체 **upgrade** [명] 업그레이드, 기능 강화 **plant** [명] 공장 **run** [동] 가동되다 **continuously** [부] 계속 **since** [전] ~이래로 **filtration equipment** [명] 필터 장비, 여과 장비 **in need of** ~를 필요로 하는 **obsolete** [형] 노후한 **be diverted to** ~로 돌려지다 **local** [형] 지역의 **shutdown** [명] 폐쇄 **improvement** [명] 향상, 개선, 강화 **efficiency** [명] 효율 **reservoir** [명] 저수지 **undergo** [동]~을 겪다 **major** [형] 대규모의, 주된 **renovation** [명] 혁신, 개선, 수리 **starting in + 월**: ~부터 **entire** [형] 전체의 **drain** [동] 배출시키다, 퍼내다 **fill in** ~을 메우다, 채우다 **allow A to do**: A가 ~할 수 있게 하다 **be expected to do** ~할 것이다 **take + 기간 + to do** ~하는 데 (기간)이 걸리다 **complete** [동] 완성되다 **cover** [동] ~만큼의 공간을 차지하다 **close to** 거의, ~에 달하는 **acre** [명] (면적 단위) 에이커 **include** [동] ~을 포함하다 **athletic field** [명] 경기장 **playground** [명] 놀이터 **rare** [형] 드문, 희귀한 **chance to do** ~할 기회 **green space** [명] 녹색 지대 **crowded** [형] 혼잡한 **urban** [형] 도시의 **available** [형] 이용 가능한

147. 정수처리장은 언제 다시 열릴 예정인가?
(A) 8월 초에
(B) 9월 초에
(C) 7월 말에
(D) 9월 말에

[어휘] **reopen** [동] 다시 문을 열다

[해설] 정수처리장에 대한 문제이므로 첫 문단에 주목한다. The water treatment plant at the mouth of the Swift River will be shut down for approximately one month, beginning August 1라고 하므로 8월 1일부터 약 한 달 후인 9월 초까지 공사가 진행될 것임을 알 수 있다. 즉 9월 초에 다시 문을 여는 것으로 생각할 수 있다.

148. 저수지를 대체할 것은 무엇인가?
(A) 커뮤니티 센터
(B) 여가 공간
(C) 스포츠 경기장
(D) 수도국 사무실

[어휘] **replace** [동] ~을 대체하다 **community center** [명] 커뮤니티센터, 주민회관 **recreation** [명] 여가, 휴식, 레크리에이션 **sports stadium** [명] 경기장

[해설] 저수지에 대한 질문이므로 둘째 단락을 보면 Starting in July, the entire reservoir will be drained and filled in, allowing the city to build a new park on the land 라고 나온다. 새로운 공원을 건설하기 위함이므로 (B)가 정답이다.

[149-150] 문제 메시지

Bert Young(오전 9시 38분)
안녕하세요, Rita. 아직 전송되지 않은 출장 비용 변제에 관련된 당신의 이메일을 방금 받았어요. 그게 다음주 말에는 당신에게 도착하길 바라고 있어요.

Rita Farmer(오전 9시 41분)
알겠습니다. 그런데, 이미 예상보다 2주가 늦었어요. 요즘 회계부에 인력이 모자란가요?

Bert Young(오전 9시 45분)
아니요…여기 일이 정말 밀려 있어요. 지난 달에 있었던 출장 횟수가 평소보다 훨씬 높았어요. 그래서 우리가 처리해야 할 게 너무 많네요.

Rita Farmer(오전 9시 47분)
이해됩니다. 그럼, 저한테 계속 진행상황을 알려주세요. 감사합니다.

concerning ⓟ ~에 관한 travel reimbursement 출장 비용 변제 have(has) yet to 아직 ~하지 않다 get ~ out to ~에게 ~을 전달하다 than expected 예상했던 것보다 short-staffed ⓗ 인력이 부족한 finance department ⓝ 회계부 these days 요즘 be backed up 뒤로 밀려 있다 the number of ~의 숫자 business trip ⓝ 업무상 출장 past ⓗ 지난, 과거의 than normal 평소보다 deal with 처리하다, 다루다 understandable ⓗ 이해할 수 있는 keep ~ informed 계속해서 ~에게 알려주다

149. Farmer 씨에 대해 알 수 있는 것은 무엇인가?
(A) 출장을 갈 준비를 하고 있다.
(B) 보통 주급으로 급여를 받는다.
(C) 대금을 받기를 기다리고 있다.
(D) Young 씨를 만나기를 원한다.

[어휘] prepare ⓥ 준비하다 go on a business trip 출장가다 normally ⓟ 보통, 평소에 be paid 급여를 받다 on a weekly basis 주 단위로, 주마다 receive a payment 대금을 받다 would like to ~하고 싶다

[해설] Young 씨의 9시 38분 메시지에서 received your e-mail concerning the travel reimbursement that has yet to be sent라고 하여 출장 비용 변제에 관해 Farmer 씨의 이메일을 받았다고 하였다. 그리고 그 이메일에서 출장 비용 변제가 아직 보내지지 않았다고 하였으므로, Farmer 씨는 출장을 다녀와서 그 비용에 대한 변제를 아직 받지 못한 상태라는 것을 알 수 있다. 따라서 '대금 받기를 기다리고 있다'는 내용의 (C)이다.

150. 오전 9시 45분에, Young 씨가 "Things are just really backed up here"이라고 말한 의미는 무엇인가?
(A) 몇몇 직원이 현재 휴가 중이다.
(B) 출장으로 이용 가능한 장소가 제한적이다.
(C) 어떤 장비가 제대로 작동하지 않는다.
(D) 회계부에 업무량이 많다.

[어휘] employee ⓝ 직원 currently ⓟ 현재 off work 휴가 중인, 휴무 중인 limited ⓗ 제한된 space ⓝ 자리, 공간 available ⓗ 이용 가능한 equipment ⓝ 장비, 기기 function ⓥ 작동하다 correctly ⓟ 제대로, 올바르게 workload ⓝ 업무량

[해설] 해당 문장의 뒤를 보면, The number of business trips in the past month has been much higher than normal, so we've had a lot to deal with라고 하여 지난 달보다 출장이 많아서 처리해야 할 것이 많다고 하였다. 이를 통해 Things are just really back up here는 문맥상 일이 너무 많아 밀려 있다는 의미를 나타낸다. 따라서 정답은 (D)이다.

[151-153] 서평

The Business Coach Handbook
Jane Myers 저

세상에는 비즈니스 코칭과 리더십에 관한 책이 말 그대로 수천 권이 존재한다. 대부분의 책들은 늘 똑같은 상투적인 문구를 반복하고 있고, 직원을 관리하고 더 높은 수준으로 업무를 수행하게 만드는 새로운 통찰력을 거의 제공하지 않고 있다.

Jane Myers는 그녀의 새 책 *The Business Coach Handbook*서 완전히 다른 접근 방식을 언급하고 있다. 그녀는 최고의 프로 여성 소프트볼 코치로서 25년간 일한 경험에서 우러나온 말 그대로 "코칭"의 측면에서 접근하고 있다. 스포츠 분야에서의 경험을 사무실 상황에 적용하고 훌륭한 통찰력을 제공하고 있다.

문제는 단순하지만 명확하다. 신뢰를 쌓고, 뛰어난 성과에 보상을 하고, 초과 근무를 하는 직원을 관리하는 등의 전략들은 소프트볼 필드에서 직접 가져온 것이다. 일반적인 지적 접근법 대신, Myers는 직장에서의 에너지와 노력을 강조하고 있다.

이것은 혁신적인 접근방식이어서 전통적인 비즈니스 분야에서는 일부 반대의견이 있을 수 있지만, 자신의 비즈니스 팀에 성공을 가져올 수 있는 새로운 방법을 찾고 있는 비즈니스 리더들이라면 누구나 읽을 만한 가치가 있는 책이다. 적극 추천되는 책이다.

literally ⓟ 말 그대로, 문자 그대로 thousands of 수천의 out there 바깥에, 세상에 seem to do ~하는 것 같다 repeat ⓥ ~을 반복하다 cliché ⓝ 진부한 표현[생각] insight ⓝ 통찰(력) perform ⓥ 수행하다 at a high level 높은 수준으로 take a different approach to ~에 대해 다른 접근방식을 취하다 completely ⓟ 완전히, 아주 aspect ⓝ 측면, 양상 draw from ~에서 가져오다 strategy ⓝ 전략 reward ⓥ ~을 보상하다 outstanding ⓗ 뛰어난, 눈에 띄는 overwork ⓥ 초과 근무하다 directly ⓟ 직접, 곧바로 instead of ~ 대신에 typical ⓗ 전형적인 intellectual ⓗ 지적인 emphasize ⓥ ~을 강조하다 effort ⓝ 노력 workplace ⓝ 직장, 근무지 revolutionary ⓗ 혁명적인 resistance ⓝ 반대, 저항 traditional ⓗ 전통적인 worth -ing ~할 만한 가치가 있는 bring the best out of ~에 성공을 가져오다 highly recommended 적극 추천되는 cf. highly ⓟ 매우, 아주

151. 서평을 쓴 사람은 시장에 나와있는 다른 리더십 책들에 대해 어떻게 생각하고 있는가?
(A) 대부분 혁신적이다.
(B) 대부분 너무 급진적이다.
(C) 대부분 평범하다.
(D) 대부분 유용하다.

[어휘] innovative ⓗ 혁신적인 radical ⓗ 급진적인 unremarkable ⓗ 눈에 띄지 않는 useful ⓗ 유용한

[해설] 문제를 먼저 읽어두면 지문을 읽는 동안 문제에서 요구하는 부분을 찾기가 수월해 진다. 이 문제에서는 시중에 있는 다른 리더십 책들에 대해 서평을 쓴 사람이 어떻게 생각하는지를 묻고 있는데, 해당 내용은 지문이 시작하는 부분에 언급되어 있다. 서평을 쓴 이가 Most of them seem to repeat the same old clichés and offer little new insight와 같이 제시하고 있는데, 이는 대부분의 리더십 관련 책들이 크게 색다른 내용 없이 비슷하다는 의미이므로 이를 한마디로 잘 요약한 보기인 (C)가 정답이다.

152. 지문 속에 언급되는 책을 쓴 저자의 특별한 점은?
(A) 사업가로서의 경험
(B) 비즈니스와 관련 없는 배경
(C) 글을 쓰는 스타일
(D) 다수의 학문적 성과

[어휘] entrepreneur ⓝ 기업가 academic ⓗ 학문적인 achievement ⓝ 성과

서평 속에서 특징적으로 언급되는 내용으로 지문 중반부에 나타난 drawing from her 25 years as a leading professional women's softball coach. She takes her background in sports into the office를 들 수 있다. 스포츠 코치 출신으로 비즈니스와 무관한 경력을 지니고 있다는 점이 특징이라 할 수 있으므로 이를 나타낸 (B)가 정답이다.

153. 서평을 쓴 사람에 의하면, 어떤 사람들이 이 책의 접근법을 싫어할 수도 있는가?
(A) 보수적인 비즈니스 사상가들
(B) 다른 비즈니스 코치들
(C) 비즈니스 세계 밖의 사람들
(D) 대기업에 소속된 사람들

conservative 휑 보수적인 thinker 몡 사상가 individual 몡 사람, 개인

문제에 제시된 키워드는 지문 속에 소개된 책의 접근법을 '싫어할 수도 있는 사람들'이다. 따라서 이와 같은 내용이 언급된 부분을 지문에서 찾아야 한다. 지문 후반부에 해당 접근법과 관련해 may find some resistance from the traditional business world라고 의견을 말하고 있는데, 이는 일부 전통적인 성향의 비즈니스 종사자들이 반대할 수도 있다는 뜻이므로 이와 같은 의미를 나타내는 (A)가 정답이다.

[154-156] 기사

지역 비즈니스 업계에서는 매년 지역 내에서 "가장 일하기 좋은 회사"로 연례적으로 상을 수여합니다. 올해에는, 지역 자전거 제조 업체 Rightway Bicycles가 처음으로 수상을 하게 되었습니다. 이 회사는 무게가 가벼운 자전거를 만들어 전 세계적으로 20여 개국에서 판매하고 있습니다. 15년 이상 운영되어 왔으며 지난해 Harris County로 이전하였습니다. 이 회사는 2005년, 해외 공장으로부터 모든 제조 시설을 미국으로 옮기기로 결정하였습니다.

회사들은 평균 급여, 휴가 기간 및 건강 관련 혜택을 기반으로 수상에 고려 대상이 됩니다. Rightway는 이 지역에서 신입사원들에게 가장 높은 수준의 평균 급여를 지불했으며, 휴가 기간과 직원 건강 관리 계획의 수준에 대해서 평균 이상의 점수를 받았습니다. 이 회사는 또한 직원들의 사기, 기업 문화 및 성장 잠재력에 대해서도 높은 점수를 받았습니다.

Rightway는 모든 생산 과정을 미국 내에서 진행하는 유일한 자전거 제조업체입니다. 일부 해외 부품을 사용하긴 하지만, 모든 최종 조립은 모두 이곳 Harris County에서 이루어 지고 있습니다.

local 휑 지역의 business community 비즈니스 업계 give annual awards for ~에 대해 연례 시상을 하다 region 몡 지역 manufacturer 몡 제조사 award 몡 상 for the first time 최초로 lightweight 휑 경량의 sold 휑 판매되는 be in business for ~동안 사업을 하다 relocate 통 이전하다 firm 몡 회사 overseas 휑 해외의 factory 몡 공장 be considered for ~에 대해 고려 대상이 되다 based on ~을 기반으로 average salary 몡 평균 급여 vacation 휴가 health benefits 몡 건강 관련 혜택 entry-level worker 몡 신입사원 score above average on ~에 대해 평균 이상 득점하다 amount 몡 양, 액수, 기간 provide 통 제공하다 quality 몡 질, 품질 health care plan 몡 건강 관리 제도 mark 몡 점수 morale 몡 사기 corporate culture 몡 기업 문화 growth potential 몡 성장 잠재력 currently 휘 현재 manufacturing 몡 제조 part 몡 부품 made overseas 해외에서 만들어진 final construction 몡 최종 조립 perform 통 실행하다, 수행하다

154. Rightway Bicycles 사가 수상하게 된 이유는 무엇인가?
(A) 지역에 상당한 기여를 했다.
(B) 자연 친화적 방식을 시행해 왔다.
(C) 빠른 사업 성장을 경험해 왔다.
(D) 직원들에게 훌륭한 혜택을 제공한다.

win the award 상을 받다 make a significant contribution to ~에 상당한 기여를 하다 implement 통 ~를 실행하다 eco-friendly 휑 환경 친화적인 approach 몡 접근 방식 experience 통 경험하다 rapid 휑 빠른 growth 몡 성장 outstanding 휑 뛰어난, 훌륭한

상을 받는 이유에 대한 정보가 언급되는 부분을 찾아 보기와 비교해야 한다. 둘째 문단에서 가장 높은 신입사원 평균 급여(the highest average salary to entry-level workers), 평균 이상의 휴가 기간(above average on the amount of vacation time), 양질의 건강 관리 제도(the quality of their health care plan) 등 세 가지 근거를 제시하고 있는데, 이를 종합해 보면 (D)가 된다.

155. 2번째 문단 5번째 줄에 있는 단어 "marks"와 의미가 가장 가까운 단어는?
(A) 숫자
(B) 점수
(C) 표준
(D) 결함

standard 몡 표준, 기준 score 몡 점수 flaw 몡 흠, 결함

mark에는 여러 가지 뜻이 있지만 It also received high marks에서 의미하는 것은 수상을 위해 심사과정에서 얻은 '점수, 득점'을 나타낸다. 앞 문장에 나오는 동사 scored(점수를 얻었다)에서도 같은 의미를 확인할 수 있다.

156. Rightway Bicycles에 대해 옳은 내용은?
(A) 국내 자전거 제조업의 선두주자이다.
(B) 국내에서 제품 생산을 완수하는 유일한 회사이다.
(C) 다른 나라에서 만들어진 부품을 사용하지 않는다.
(D) 15년 이상 Harris County에서 운영되어 왔다.

complete 휑 완전한 domestic production 몡 국내 제조 operate 몡 활동하다

마지막 문단에서 Rightway is currently the only bicycle maker that keeps all of its manufacturing in the U.S.라고 나오므로 (B)가 사실임을 알 수 있다.

[157-160] 편지

Michelle 귀하

Western Hospital의 새로운 확장을 위한 모금 행사를 기획해 주신 것에 대하여 감사를 드리고 싶습니다. 이 행사는 놀라운 성공을 거두었습니다. 저는 지난 7월 이 행사에 관하여 이야기를 할 때에도, 우리가 목표한 5만 달러를 달성할 것이라고는 예상치 못했습니다. ㅡ[1]ㅡ

이 프로젝트에 대한 귀하의 독창적인 접근법은 너무도 소중한 것이었습니다. 저는 귀하가 이 프로젝트에 얼마나 많은 시간을 쏟았으며, 병원에서의 정규 업무를 하지 못하게 얼마나 시간이 걸렸는지 잘 알고 있습니다. ㅡ[2]ㅡ 귀하의 노고와 헌신에 정말 감사 드리며, 곧 발행될 소식지에서 지난 한 해 동안 귀하가 기부금을 모으기 위해 어떻게 지역 사회에 다가갔는지에 대한 짧은 기사를 통해 귀하의 노력이 인정될 것 입니다. ㅡ[3]ㅡ

-[4]- 이사회가 9월에 시작하는 확장 공사를 위한 지속적인 모금 운동을 기획하는 것과 관련해 조만간 귀하를 만나기를 원합니다. 몇몇 지역 기업들과 재단들이 기부를 원할 수도 있는데, 우리가 그들에게 호소하는 방법에 대해 귀하가 몇 가지 아이디어들을 가지고 있을 지도 모른다고 생각합니다.

다시 한번 감사 드립니다.

Ed Smith
재무 담당 이사
Western Hospital

organize [동] 조직하다, 기획하다 fundraiser [명] 기금 마련 행사 expansion [명] 확장 overwhelming [형] 엄청난, 놀라운 reach one's goal of ~라는 목표를 달성하다 raise [동] (금액을) 조성하다, 거두다 over ~이상 inventive [형] 창의적인 approach to ~에 대한 접근법 invaluable [형] 매우 소중한 put A into B: A를 B에 투입하다 take A away from B: A를 B에서 빼앗다 regular duties 정규 업무 appreciate [동] ~에 감사하다 diligence [명] 근면, 노력 dedication [명] 헌신 acknowledge [동] 인정하다 upcoming [형] 곧 나올 newsletter [명] 소식지 article [명] 기사 reach out to ~에게 다가가다 local community [명] 지역사회 donation [명] 기부 board of directors [명] 이사진, 이사회 would like to do ~하고자 하다 ongoing [형] 지속적인 fundraising [형] 모금의 business [명] 기업 foundation [명] 재단 contribute [동] 기부하다, 기여하다 appeal to ~에게 호소하다, 간청하다 financial [형] 재무상의 operation [명] 활동, 운영

157. 이 편지에 따르면, Michelle은 현재 어디에서 일하고 있는가?
(A) 자선 재단
(B) 의료 기관
(C) 교육 기관
(D) 환경 단체

[어휘] according to ~에 따르면 currently [형] 현재 charitable [형] 자선의 medical institution [명] 의료기관 educational institution [명] 교육기관 environmental organization [명] 환경단체

[해설] Michelle이 편지 작성자와 같은 소속이므로 편지 작성자의 신분을 파악해야 한다. 마지막 서명 부분에서 이름과 직책, 조직명이 나오는데, Western Hospital이라고 하므로 (B)가 정답이다.

158. Michelle은 어떤 방식으로 보상을 받게 되는가?
(A) 행사에 초대될 것이다.
(B) 출판물을 통해 인정받게 될 것이다.
(C) 부서장으로 승진할 것이다.
(D) 이사회로부터 선물을 받을 것이다.

[어휘] reward [동] 보상하다 be invited to ~로 초대되다 ceremony [명] 기념식 be recognized 인정받다, 치하 받다 publication [명] 발행물 be promoted to ~로 승진하다 department head [명] 부서장 gift [명] 선물

[해설] 지문 중반부에 문제의 rewarded와 같은 맥락으로 '공을 인정하다'라는 뜻을 지닌 동사 will be acknowledged 부분에서 단서를 찾을 수 있다. you will be acknowledged in the upcoming newsletter라고 나와 있으므로 이것을 패러프레이징한 (B)가 정답이다.

159. Ed가 Michelle이 요청 받을 일이라고 말한 것은 무엇인가?
(A) 비슷한 프로젝트에 참여하는 것
(B) 지역 기업들의 목록을 만들 것
(C) 9월에 다른 회사로 옮길 것
(D) 이전 업무에 대한 보고서를 제출할 것

[어휘] participate in ~에 참석하다 similar [형] 유사한 make a list of ~의 목록을 만들다 relocate to ~로 옮기다, 전근하다 submit [동] 제출하다 previous [형] 이전의 task [명] 직무

[해설] 문제에 나타난 요청 받을 일이라는 말은 누군가가 요청해 올 것이라는 의미이므로 그 내용을 찾으려면 제3자가 등장하는 부분을 확인하면 된다. 셋째 단락에서 The board of directors가 Michelle 을 만나고 싶다고 하면서 creating an ongoing fundraising effort에 대해 Michelle 이 아이디어를 가지고 있을 것이라고 말하는데, 즉, 참여해서 아이디어를 실행해 달라는 요청을 받을 것임을 암시하는 내용이다. 이는 Michelle이 했던 일과 같은 종류의 일로 판단할 수 있으므로 (A)가 정답이다.

160. [1], [2], [3], 그리고 [4]로 표시된 곳 중에서 다음 문장이 들어가기에 가장 알맞은 곳은 어디인가?
"오늘 오전에 우리가 7만 5천 달러의 기금을 조성하였다는 보고를 받았습니다."
(A) [1]
(B) [2]
(C) [3]
(D) [4]

[어휘] report [명] 보고(서) over [전] ~이상, ~을 넘어서

[해설] 해당 문장은 7만 5천 달러의 기금을 조성하였다는 보고를 받았다는 내용이다. 7만 5천 달러라는 금액이 언급되었는데, 이와 유사하게 금액이 언급된 부분이 첫 번째 문단 마지막에 I didn't expect us to reach our goal of $50,000 dollars when we began talking about the event last July에서 5만 달러를 달성할 것이라고 예상하지 못했다는 내용에서 언급된다. 5만 달러를 달성할 것이라고 예상하지 못했는데 7만 5천 달러를 달성했다는 보고를 받았다는 문맥이 자연스럽게 이어지므로 정답은 (A)이다.

[161-163] 기사

James Co. 새로운 제품 라인 출시

가구와 홈데코로 잘 알려진 James Co.가 지속 가능한 나무를 뜻하는 용어인 "스마트 우드"로 만들어진 가정용 제품의 새로운 라인을 출시했다.

"아직도 우리 업계에서는 멸종 위기에 처한 몇몇 나무를 사용하고 있으며, 따라서 저는 빠르게 자라는 나무로부터 새로운 재료를 찾아야 한다고 생각했습니다." 라고 James Co. 대표인 James Huntington이 말했다.

흑단 나무, 브라질산 자단나무, 스페인산 삼나무와 마호가니 등은 사라지고 있고, 이들은 성장이 너무도 더뎌서 쉽게 보충되지 않는다. 대나무와 버냐(성장이 빠른 호주산 나무) 같은 대체 나무가 환경에 덜 영향을 미치는 제품을 만들려는 제조사들의 시선을 더 끌고 있다.

James Co.는 가정용 가구를 판매하면서 환경에 대한 인식을 갖고 운영되는 다른 회사들의 모범이 되고자 한다.

introduce [동] ~을 도입하다, 출시하다 **known for** ~로 유명한 **furniture** [명] 가구 **home decor** [명] 가정 장식 **launch** [동] ~을 출시하다 **be all made out of** 완전히 ~로 만들어지다 **term** [명] 용어 **refer to** ~을 가리키다 **sustainable wood** (빨리 자라서) 공급상 지속 가능한 나무 **sustainable** [형] 지속 가능한 **several** [형] 몇몇의 **endangered** [형] 멸종 위기에 처한 **source** [명] 재료 **fast-growing** [형] 빠르게 성장하는 **like** [전] ~와 같은 **ebony** [명] 흑단 **rosewood** [명] 자단 **cedar** [명] 삼나무 **mahogany** [명] 마호가니 **disappear** [동] 사라지다 **grow too slowly to do** 너무 느리게 자라서 ~할 수 없다 **replenish** [동] ~을 보충하다 **alternative** [형] 대체의 **bamboo** [명] 대나무 **bunya** [명] 호주 소나무 **attractive to** ~에게 매력적인 **manufacturer** [명] 제조사 **seek to do** ~하려고 애쓰다 **have lower impact on** ~에 덜 영향을 미치다 **impact** [명] 영향 **the environment** [명] 환경 **lead the way for** ~을 선도하다 **lead** [동] 이끌다 **home furnishings** [명] 가정용 가구 **be driven by** ~로 추진되다, ~로 움직이다 **environmental awareness** [명] 환경 (보존) 의식

161. James Co.는 왜 자사 제품에 몇몇 종류의 나무들을 사용하는 것을 피하는가?
(A) 그 나무들의 사용을 반대하는 규정이 있다.
(B) 제조상 사용하기가 더 어렵다.
(C) 더 이상 고객들의 관심을 끌지 못한다.
(D) 그 나무들은 빨리 보충되지 않는다.

[어휘] **avoid** [동] ~을 피하다 **regulation** [명] 규정, 규제 **against** [전] ~하지 못하는, ~을 금하는 **harder to use** 사용하기 더 어려운 **no longer** 더 이상 (~않다) **customer** [명] 고객 **replace** [동] ~을 교체하다, 대체하다

[해설] 문제에 제시된 avoiding some type of woods는 몇몇 종류의 나무들을 사용하지 않으려 한다는 뜻이므로 특정 나무 사용과 관련된 정보가 제시되는 부분을 지문에 찾아야 한다. 지문 중반부에 보면, 몇몇 나무 이름과 함께 endangered woods라고 언급하면서 disappearing, and grow too slowly to be replenished easily 라는 말로 너무 느리게 자라서 보충이 어렵다고 제시되어 있으므로 이것과 의미가 같은 보기는 (D)가 정답이다.

162. 이 기사에 따르면, James Co.에서 관심 있어 하는 것은?
(A) 비용 효율성
(B) 환경 보전
(C) 희귀 재료 사용
(D) 아주 다양한 제품 만들기

[어휘] **according to** ~에 의하면 **be interested in** ~에 관심이 있다 **cost-effectiveness** [명] 비용 효율 **environment preservation** [명] 환경 보전 **rare** [형] 드문, 희귀한 **a wide variety of** 매우 다양한

[해설] 마지막 문단에서 이 회사가 원하는 부분을 나타내는 James Co. hopes 다음이 정답의 단서로 to lead the way for other companies that sell home furnishings and are driven by an environmental awareness라고 나오므로 environmental awareness와 같은 맥락인 (B)가 정답이다.

163. 4번째 문단, 2번째 줄에 있는 단어 "driven"과 의미가 가장 가까운 단어는?
(A) 두들겨 맞은
(B) 자극 받은
(C) 가동되는
(D) 여행한

[어휘] **closest in meaning** 의미상 가장 가까운 **beaten** 두들겨 맞은 **motivated** 자극 받은, 동기 부여된 **operated** 작동된

[해설] driven by an environmental awareness에서 driven은 동력이 된다는 뜻이다. environmental awareness을 동력으로 한다는 것은 환경 보존에 대한 의식에 의해 경영된다는 뜻이므로 문맥상 (B)와 의미상 가장 가깝다.

[164-167] 메모

수신: 선 직원
발신: Jim Grant, 인사부장

여러분 모두에게 우리 사무실에 이번 주부로 새로 부임하는 지부장에 대해서 알려드리고자 합니다. Louise Larson 씨가 우리 Apex Metal Products 사에 합류하였습니다. 이분은 지난 10년 동안 McKay Aerospace 사에서 지역 담당 영업사원으로 근무하였으므로 이 지역 비즈니스 업계와 관계가 돈독합니다. -[1]- 여러분 중 몇 분은 이미 이분에 대해서 알고 있을 텐데요, 지난 몇 년 간 우리 회사도 McKay 사와 거래를 해오고 있기 때문입니다.

Louise 씨가 어서 우리 Apex에서 한 팀으로 일하기를 고대하고 있습니다. 그분은 이 지역 영업 팀들을 관리하고, 직접 판매 전화를 걸 것이며, Huntsburg에 있는 본사와 연락하는 일을 대부분 담당할 것입니다. -[2]-

오는 금요일에 회의실에서 Louise 씨를 위한 비공식 환영 행사를 열 예정입니다. -[3]- 그 날 각자 일과를 마친 후 부담 없이 들르셔서 자기 소개를 할 수 있기를 바랍니다. -[4]- 행사는 오후 4시에 시작하지만, 만약 할 일이 있으신 분들은 가능하면 일찍 오도록 노력하시기 바랍니다. 그곳에서 여러분 모두를 뵙길 바랍니다.

staff [명] 직원 **director of personnel** 인사부장 **inform A that절**: A에게 ~라고 알리다 **district** (도시 내) 구, 구역 **as of + 일시**: ~부로, ~부터 **join the staff** 입사하다 **regional** [형] 지역의 **cf. region** 지역 **salesperson** [명] 영업사원 **be well connected** 연줄이 좋다, 관계가 돈독하다 **local** [형] 지역의 **business community** [명] 비즈니스업계 **already** [부] 이미 **do business with** ~와 거래하다 **look forward to -ing** ~하기를 고대하다 **make sales calls** 영업 전화를 걸다 **handle** [동] ~을 다루다, 처리하다 **communication** [명] 의사소통 **have matters to take up with** ~에게 제기할 문제가 있다 **cf. take up** 제기하다(=raise) **informal** [형] 비공식의, 격식을 차리지 않는 **welcome event** [명] 환영행사 **conference room** [명] 회의실 **feel free to do**: 부담 없이 ~하다 **stop by** ~에 들르다 **task** [명] 업무 **for the day** 당일에 **introduce** [동] ~를 소개하다 **get there** 그곳에 도착하다 **as soon as you can** 가급적 일찍

164. 이 메모의 목적은 무엇인가
(A) 새로운 경영 구조를 설명하는 것
(B) 직원들에게 신규 직원에 대해 알려주는 것
(C) 이전에 보낸 정보에 대해 직원들에게 상기시키는 것
(D) 본사에서 전달된 정책 변경을 검토하는 것

[어휘] **explain** [동] ~을 설명하다 **management structure** [명] 경영 구조 **inform A of B**: A에게 B에 대해 알리다 **addition** [명] 추가, 추가된 것 **remind A of B**: A에게 B를 상기시키다 **previously** [부] 이전에, 과거에 **review** [동] ~을 검토하다 **policy** [명] 정책, 방침

[해설] 공지나 메모의 요점은 주로 첫머리에서 드러난다. 지문이 시작되는 I wanted to inform everyone that we have a new District Manager in the office as of this week 에서 이 글이 신규 직원을 소개하는 것을 목적으로 한다는 것을 알 수 있으므로 정답은 (B)이다.

165. Apex에서 Larson 씨가 맡은 업무가 아닌 것은?
(A) 회사 본사와 연락하는 일
(B) 새로운 직원을 채용하는 일
(C) 영업 직원들을 관리하는 일
(D) 잠재 고객들과 연락하는 일

[어휘] **duty** [명] 직무 **contact** [동] ~와 연락하다 **headquarters** [명] 본사 **hire** [동] ~를 채용하다 **management** [명] 관리 **potential** [형] 잠재적인

[해설] Larson 씨의 업무에 대해 묻고 있으므로 해당 정보가 나오는 둘째 문단의 내용과 보기를 하나씩 대조해보면, (A)는 handling most of the communication with the central office에서, (C)는 She will be managing the sales teams for the region에서, (D)는 taking sales calls herself 부분에서 확인 가능하지만, (B)에 대한 내용은 찾아 볼 수 없다.

166. 금요일에 있을 행사에 대해서 알 수 있는 내용은 무엇인가?
(A) 직원들의 참석이 요구된다.
(B) 직원들은 행사 시작부터 참석할 필요가 없다.
(C) 본사 직원들이 참석할 것이다.
(D) 직원들은 미리 Jim에게 연락해야 한다.

[어휘] **from the beginning** 처음부터 **be required to do** ~해야 하다 **attend** [동] ~에 참석하다 **in advance** 미리, 사전에

[해설] 행사 진행 및 참석과 관련해 알려주는 지문의 마지막 단락을 보면, It begins at 4 p.m., but if you have something to do, just try to get there as soon as you can.라고 한다. 시작은 4시에 하지만 다른 일이 있다면 (늦더라도) 빨리 오도록 노력하라는 뜻이므로 (B)가 정답이다.

167. [1], [2], [3], 그리고 [4]로 표시된 곳 중에서 다음 문장이 들어가기에 가장 알맞은 곳은 어디인가?
"본사에 제기할 문제가 있다면, 이제부터는 Louise 씨에게 가서 답을 들으시면 됩니다."
(A) [1]
(B) [2]
(C) [3]
(D) [4]

[어휘] **matter** [명] 문제 **take up with** ~에게 제기하다, ~와 논의하다

[해설] 해당 문장에서 키워드로 고려할 수 있는 것은 the central office(본사)와 Louise이다. 즉, 이 문장이 들어갈 수 있는 문맥은 이 두 키워드가 모두 언급되는 곳이어야 한다. the central office는 두번째 문단 마지막에 She ~ handling most of the communication with the central office in Huntsburg에서 언급되었다. 여기서 She는 Louise를 지칭하는 것이므로, Louise가 Hunsburg에 있는 본사와 대부분의 논의를 담당하게 될 것이라는 내용 뒤에 본사와 논의할 문제가 있다면 Louise에게 가서 답을 얻으라는 해당 문장의 내용이 연결되는 것이 문맥상 자연스럽다. 따라서 정답은 (B)이다.

[168-171] 공지

직원 경연대회
새 자전거 제품군의 이름을 지어주세요!

우리 Summit Bicycles의 모든 직원들을 대상으로 특별 경연 대회를 개최할 예정입니다. 올 여름 우리 회사는 새로운 제품군의 자전거를 출시할 예정이며, 전 직원에게 이 자전거 시리즈의 이름을 지을 기회를 제공하자고 생각했습니다. 최종 선정된 이름은 여섯 개의 신모델로 구성된 제품 시리즈에 사용될 것입니다.

새로운 제품군은 통근용 자전거에 초점이 맞춰졌습니다. 이 자전거는 운전 대신 정기적으로 자전거를 타고 출근하는 도시 직장인들을 대상으로 삼고 있습니다. 신형 자전거는 경량 프레임, 향상된 안전성, 충격 흡수 및 특수 통합 잠금 장치 등을 포함한 여러 새로운 혁신 기술들을 특징으로 하고 있습니다. 이름을 정할 때 이러한 요소들을 생각해 주십시오.

자전거의 이름에 대한 제안은 여러분들이 원하는 만큼 많이 제출하실 수 있습니다. 회사 웹사이트 www.summit.com/employee_contest에서 제출할 수 있습니다. 또한 모든 사무실 내 의견함이나 사내 메일을 통해서도 제출하실 수 있습니다. 제출하실 때마다 사번이 반드시 포함되어야 합니다.

독창성, 시장성 및 제품과의 연관성에 따라 우승자가 선정될 것입니다. 이 신제품 자전거 모델들은 흥미진진한 신규 시장으로 진입하려는 우리 Summit 사의 노력을 대변하는 것이므로, 이 특별 제품군을 출시하는 데 도움이 될 여러분의 창의력과 열정을 환영하는 바입니다.

hold a special contest for ~를 대상으로 특별 경연을 실시하다 **launch** [동] ~을 출시하다 **a new line of** ~의 새로운 제품군 **bike** [명] 자전거 **give A a chance to do**: A에게 ~할 기회를 주다 **series** [명] 시리즈, 연속물 **winning** [명] 우승, 성공 [형] 우승한, 성공한 **be focused on** ~에 중점을 두다 **commute** [동] 통근하다, 통학하다 **be aimed at** ~을 대상으로 하다, 겨냥하다 **urban** [형] 도시의 **choose to do** ~하기로 결정하다 **cycle to work** 자전거로 출근하다 **cycle** [동] 자전거로 여행하다 **regularly** [부] 정기적으로 **instead of** ~하는 대신 **driving** [명] 운전 **feature** [동] ~을 특징으로 갖추다 **several** [형] 몇몇의 **innovation** [명] 혁신 **including** [전] ~을 포함하여 **lightweight** [형] 가벼운, 경량의 **frame** [명] 차체 **stability** [명] 안정성 **improvement** [명] 향상, 개선 **shock absorption** [명] 충격 흡수 (장치) **integrated bike lock** [명] 통합 잠금 장치 **element** [명] 요소 **when -ing** ~할 때, ~하면서 **submit** [동] ~을 제출하다 **as many ~ as you like** 하고 싶은 만큼 많은 ~ **suggestion** [명] 제안 **submission** [명] 제출 **drop box** [명] 의견함 **via** [전] ~을 통해 **interoffice-mail** [명] 사내 메일 **include** [동] ~을 포함하다 **based on** ~을 기준으로 **originality** [명] 독창성 **marketability** [명] 시장성 **relevance** [명] 연관성 **represent** [동] ~을 대표하다 **effort** [명] 노력 **break into** ~로 뚫고 들어가다 **welcome** [동] 무엇이든 환영하다 **creativity** [명] 창의성 **enthusiasm** [명] 열정

168. 새 자전거 제품군은 누구를 대상으로 하는가?
(A) 자전거 입문자들
(B) 자전거 경주광들
(C) 자전거를 타는 노년층
(D) 도심의 전문 직장인들

[어휘] **target market** [명] 목표로 하는 고객층 **beginner** [명] 입문자, 초보자 **bicyclist** [명] 자전거 타는 사람(=cyclist) **racing** [명] (자전거) 경주 **enthusiast** [명] ~광, 열렬한 팬 **elderly** [형] 고령의

professional [명] 전문가

[해설] 둘째 문단에 target과 같은 의미인 aimed가 나오는데, The new line is focused on commuting bicycles. The bikes are aimed at urban workers who are choosing to cycle to work regularly instead of driving 이라고 하므로 주요 대상인 urban workers를 다른 말로 표현한 (D)가 정답이다.

169. 새로운 자전거에 대하여 언급되지 않은 내용은?
(A) 모델의 수
(B) 색상
(C) 출시 시기
(D) 무게

[어휘] **season** [명] 시기, 시즌 **weight** [명] 무게, 숭량

[해설] NOT 문제는 키워드가 지문 전체에 퍼져 있으므로 각 보기에 제시된 내용을 하나씩 비교하며 확인해야 한다. 첫 문단에서 We are launching a new line of bikes this summer라고 하므로 (C)를 확인할 수 있고, The winning name will be used for a series of six new models 부분에서는 (A)의 내용을 확인할 수 있다. 또한 둘째 문단 후반부에 They feature several new innovations including a lightweight frame ~이라고 하므로 (D)도 확인할 수 있다. 하지만 (B)에서 말하는 색상은 지문에 나와 있지 않다.

170. 경연대회에 참여하기 위해 제출해야 하는 정보는?
(A) 부서 이름
(B) 이메일 주소
(C) 내선 번호
(D) 신분 확인 번호

[어휘] **department** [명] 부서 **extension** [명] 내선 전화(번호) **ID (=identification)** 신분증, 신분 확인

[해설] 경연대회 참가에 필요한 제출 관련 정보는 주로 셋째 단락에 나온다. 웹사이트, 의견함, 사내메일 등의 제출 방법을 알려준 다음에 Your employee number must be included with each submission.이라며 함께 제출할 정보를 알리고 있다. 여기서 employee number이 사번(직원 번호)이므로 신분 확인용 번호라고 볼 수 있다. 따라서 정답은 (D)이다.

171. 직원들이 새로운 시리즈의 이름을 고를 때 고려해야 하는 것은?
(A) 다른 Summit 시리즈 이름들과 비슷해야 한다.
(B) 새로 고안한 단어여야 한다.
(C) 자전거의 특징을 반영해야 한다.
(D) 정해진 길이가 있다.

[어휘] **consider** [동] ~을 고려하다 **similar to** ~와 유사한 **invented** [형] 새로 고안된 **reflect** [동] ~을 반영하다, 드러내다 **feature** [명] 특징, 특색 **specified** [형]정해진, 지정된 **length** [명] 길이(단어 수)

[해설] 둘째 문단에서 Think about these elements when choosing a name 라는 말이 나오므로 바로 앞에 고려할 내용들이 제시됨을 알 수 있다. 그 앞 문장 They feature several new innovations including a lightweight frame, stability improvements, shock absorption and special integrated bike locks.에 나타난 내용은 자전거의 특징이므로 결국 자전거의 특징을 반영해 이름을 지으라는 뜻이다. 이런 의미를 가지는 보기는 (C)이다.

[172-175] 기사

새로운 할인 백화점인 Price Warehouse가 10월 1일 River Bend의 새 지점에서 깜짝 세일을 개최한다. 이 회사는 전국 30개 이상의 도시에 매장을 가지고 있지만, 5만 평방피트 면적의 매장은 서쪽 지방에서는 이 매장이 첫 번째이다.

이 백화점은 이 특별 행사를 위해 오후 5시에 개장하여 자정에 종료될 것이다. 의류를 비롯해 신발, 보석, 가정용품 및 주방용품 등 전 품목에서 특별 할인이 제공될 것이다.

Price Warehouse는 다른 고급 백화점에서 대량으로 구입한 여분의 재고품과 철 지난 제품들을 할인가격에 판매하면서 타 지역에서 큰 성공을 거두어 왔다. 이 회사는 지난 5년간 매년 성장세를 보여주었고, River Bend 지역에서 100명이 넘는 신규직원을 고용할 것으로 예상된다. 새로운 매장이 문을 열면 그 결과로 추가적인 비즈니스 효과가 기대된다. 이 지역의 다른 상인들도 비즈니스 증가를 예상하고 있으며, 몇몇 소매점들은 전국적인 레스토랑 체인점 및 기타 소매업체에 임대되었다. 이것은 순차적으로 이 지역에 대한 새로운 일자리 창출을 의미한다고 볼 수 있다. 해당 지역 상공회의소는, 특히 잠재적인 경제적 영향으로 볼 때, 이 도시에 Price Warehouse가 들어선 것에 대해 "매우 만족한다"고 말했다.

무엇이든 매장 안의 단일 상품을 구입하는 선착순 100명에게는 20% 할인 쿠폰을 제공할 뿐만 아니라, 특별 상품과 경품 행사도 진행될 것이다. 이 행사에 많은 인파가 몰릴 것으로 예상되므로 쇼핑객들은 일찍 갈 것을 권한다. 백화점은 Sandy Way와 3번 애비뉴 모퉁이에 위치하고 있으며, 건물 남쪽에 대형 다층 주차 건물이 있다.

discount department store 할인 백화점 **hold a sneak preview sale** 깜짝 할인행사를 열다 **cf. sneak preview** 깜짝 영화 시사회 **facility** [명] 시설 **nationwide** [부] 전국적으로 **square-foot** [형] 평방피트 **location** [명] 장소, 매장 **close at midnight** 자정에 문을 닫다 **including** [전] ~을 포함해 **clothing** [명] 의류 **footwear** [명] 신발류 **jewelry** [명] 보석류 **houseware** [명] 가정용품 **kitchen goods** [명] 주방용품 **successful** [형] 성공적인 **offer discounts on** ~에 대해 할인 판매를 하다 **surplus** [형] 여분의 **stock** [명] 재고품 **last-season item** 철 지난 제품 **purchase** [동] ~을 구매하다 **in bulk** 대량으로 **expensive** [형] 비싼 **show growth** 성장세를 보여주다 **each of the past five years** 지난 5년간 매 해마다 **expect to do** ~할 것으로 예상하다 **hire** [동] ~을 고용하다 **There is[are] expected to be** ~일 것으로 예상되다 **additional** [형] 추가의 **business effects** 비즈니스 효과 **merchant** [명] 상인 **anticipate** [동] ~을 예상하다 **an increase in** ~의 증가, 상승 **several** [형] 몇몇의 **retail** [형] 소매점의, [명] 소매점 **rent** [동] ~을 임대하다 **retailer** [명] 소매점 **in turn** 차례로, 순차적으로 **mean** [동] ~라는 의미이다 **the chamber of commerce** [명] 상공회의소 **local** [형] 지역의 **state** [동] ~라고 말하다 **be extremely pleased to do** ~하여 몹시 즐겁다 **especially** [부] 특히 **potential** [형] 잠재적인 **for the economic impact** 경제적 여파 **impact** [명] 충격, 효과, 여파 **special prize** [명] 특별상 **giveaway** [명] 경품, 증정품 **as well as** ~은 물론 **20 percent off of** ~에서 20% 할인 **be advised to do** ~하십시오, ~하길 권합니다 **high turnout** 엄청난 인파 **turnout** [명] (모임의) 참석자 수 **be located on the corner of** ~의 모퉁이에 위치하다 **multi-level** [형] 여러 층의

172. Price Warehouse는 어떻게 상품을 낮은 가격으로 제공하고 있는가?
(A) 저가로 제조한 외제상품을 취급하여
(B) 지역 근로자를 고용하여

(C) 임대 비용이 적은 곳에 매장을 열어서
(D) 철 지난 상품을 판매하여

[어휘] offer A at low costs A를 싸게 팔다 stock [동] 상품을 취급하다 cheaply-made [형] 저가로 제조한 foreign goods [명] 외제품 low-cost [형] 비용이 낮은

[해설] 셋째 단락에서 볼 수 있는 offering discounts 부분이 문제의 핵심에 해당되는 내용이다. 그 다음에 오는 on surplus stock and last-season items purchased in bulk에 정답이 있는데, 여분의 재고품과 철 지난 상품을 대량으로 매입한다고 하므로 이 중 하나에 해당하는 (D)가 정답이다.

173. Price Warehouse의 최근 사업 성과를 어떻게 표현할 수 있는가?
(A) 꾸준히 성장하는 중
(B) 점진적으로 하락하는 중
(C) 약간 향상되는 중
(D) 등락을 자주 반복하는 중

[어휘] recent [형] 최근의 business performance [명] 사업 성과 describe [동] ~을 묘사하다, 설명하다 constantly [부] 꾸준히 gradually [부] 점차 decline [동] 하락하다 slightly [부] 약간 improve [동] 향상되다 frequently [동] 자주, 종종 fluctuate [동] 오르내리다, 변동하다

[해설] 최근의 사업 동향에 대해서는 셋째 단락에 **The company has shown growth in each of the past five years**라고 나온다. 지난 5년간 매년 성장하였으므로 (A)가 정답이다.

174. 단일 품목에 20% 할인을 받을 수 있는 사람은 누구인가?
(A) 이벤트에 참가하는 모든 사람들
(B) 5시 전에 도착하는 사람들
(C) 100명의 새로운 직원들
(D) 선착순 100명의 고객들

[어휘] be eligible for ~을 받을 자격이 있다 수치 + off of: ~에서 (수치)만큼 할인 single item 단일 품목 attend [동] ~에 참석하다 anyone who ~하는 사람은 누구나 spend [동] 소비하다 customer [명] 고객

[해설] 문제에서 언급한 20% 할인 서비스에 대해 설명하는 넷째 문단의 a coupon for 20 percent off of any single item in the store for the first 100 shoppers에서 단일 품목을 구매하는 선착순 100명이라고 말하고 있으므로 (D)가 정답이다.

175. 10월 1일에 Price Warehouse에서 무슨 일이 일어날 것인가?
(A) 새로운 주차 건물 오픈
(B) 최종 점검
(C) 경품 증정 행사
(D) 연례 할인 행사

[어휘] parking garage [명] 주차장, 차고 opening [명] 개업, 개장, 개막 inspection [명] 점검, 검사 annual [형] 연례의, 해마다의

[해설] 10월 1일이 등장하는 부분은 기사의 첫머리 Price Warehouse, a new discount department store, is holding a sneak preview sale on Friday, October 1st at their new facility in River Bend 인데, 여기서 sale(할인행사)만 보고 (D)를 고르면 안된다. 할인행사는 맞지만 연례적인 행사가 아니기 때문이다. 아래로 읽어내려 가다 보면, There will be special prizes and giveaways at the event, as well as a coupon 부분이 나오는데, 할인 행사에서 추첨과 경품, 쿠폰을 증정한다는 뜻이므로 (C)가 정답이다.

[176-180] 메모와 이메일

수신: 판매사원
발신: Nancy Colton
제목: 영업팀에 대한 새로운 방침
첨부문서: 목록.doc

우리는 영업팀에 대한 몇 가지 새로운 지침을 검토하고 있습니다. 같은 구역에서 함께 일을 할 수 있도록 두 명의 영업 사원을 한 팀으로 구성해 배치하기로 결정하였습니다. 우리는 각 팀의 영업사원들이 그들의 고객들을 통합하여 함께 더 많은 매출을 올릴 수 있다고 생각합니다. 이 방법은 또한 고객이 한 명 이상의 우리 회사 직원들과 연락망을 가질 수 있도록 하므로 영업사원과 얘기하기가 더 쉬워지도록 할 것입니다.

이 메모에 저는 두 명으로 구성된 팀의 목록을 포함시켜 여러분이 함께 어떤 사람들과 일하도록 선택되었는지 볼 수 있도록 하였습니다. 우리는 영업 지역의 근접성, 경력과 각 직원들의 매출 건수 등 여러 가지 기준을 바탕으로 결정을 내렸습니다. 자신에게 배정된 팀에 대해 궁금한 점이 있으시다면, Luis Valdez에게 말씀해 주십시오. 그가 각 팀의 주 연락원이 될 것입니다.

우리는 이 방법이 전체 매출의 증가를 가져올 것이라고 생각하며, 회사에 대해 가시적인 효과가 발생하기를 고대하고 있습니다.

수신: Nancy Colton 〈lnancy@midway.com〉
발신: Luis Valdez 〈luisv@midway.com〉
제목: 영업팀 지침서

안녕하세요, Nancy,

두 명으로 팀을 구성하는 새 아이디어에 대한 영업사원들의 반응이 쇄도했습니다. 그들의 대다수는 그 아이디어에 찬성하지 않습니다. 다른 것들보다 덜 심각한 우려 사항들도 있지만, 어떤 문제들은 우리가 이 아이디어를 시행하기 전에 해결되어야 합니다.

가장 중요한 점은, 함께 일을 하도록 선택된 팀들 중에서 여러 명이 꽤 멀리 위치한 지역에서 함께 일을 하게 됩니다. 이 문제는 이미 엄청난 거리를 이동하고 있는 직원들에게 부담을 증가시킵니다. 어떤 경우에는, 영업을 위한 출장 시 이틀을 추가로 이동해야 할 수도 있습니다. 이것은 더 오랜 시간의 이동 뿐만 아니라, 회사도 더 많은 여행 경비를 지불해야 한다는것을 의미합니다.

또 다른 주요 문제점은 일부 팀이 서로 다른 부서에서 일하고 있는 사람들로 구성되었다는 것입니다. 소프트웨어와 하드웨어 영업 사원이 팀을 이루면 판매를 위해 그 두 사람 모두 새로운 제품라인에 대하여 배워야 할 필요가 있습니다. 아마도 우리는 같은 제품라인을 판매하는 직원들끼리 짝을 이루는 데 초점을 맞춰야 하는데, 특히 목표가 판매 증가라면 더 그렇습니다. 나이가 있는 많은 직원들은 완전히 새로운 제품라인에 대해 배우는 것을 불편해 합니다.

또한 개인적인 문제와 가족 문제 또는 전근 가능성에 따라 재배정을 요청한 사람들도 몇몇 있었습니다. 저는 이 문제들을 더 신중히 검토하고 있으며, 곧 다시 연락 드리겠습니다.

이 문제들에 대해 논의하시려면 언제든지 연락 주십시오.

감사합니다.

Luis Valdez

look at ~을 살피다 policy 몡 방침, 정책 decide to do ~하기로 결정하다 place A into B: A를 B에 두다 salespeople 몡 영업사원들 district 몡 구역 combine 통 ~를 결합하다 allow A to do: A가 ~할 수 있게 하다 client 몡 고객 more than ~ 이상의 contact 몡 연락처, 연락 담당자 easily 본 쉽게 include 통 ~을 포함하다 a list of ~의 목록 so that (목적) ~할 수 있도록 choose to do ~하기로 결정하다 base A on B: A를 B에 근거하다 decision 몡 결정(사항) several 몡 몇몇의, 여럿의 criteria 몡 기준 including 전 ~을 포함하여 proximity 몡 접근성 concern 몡 우려, 걱정, 문제 assign 통 ~을 할당하다, 부여하다 take A up with B: A를 B에게 제기하다 boost 몡 증가 look forward to -ing ~하기를 고대하다 be overwhelmed by ~에 압도되다 response 몡 반응 regarding 전 ~와 관련한 the majority of 대다수의 in favor of ~에 찬성하는 significant 형 중요한 address 통 (문제 등) 처리하다, 다루다 move forward 앞으로 나아가다, 진행해 나가다 most importantly 가장 중요한 점은 territory 몡 지역 far apart 멀리 떨어진 put a strain on ~에 부담을 주다 increased 형 증가된 a large amount of 아주 많은 양의 extra 형 추가의 not only A but (also) B: A뿐만 아니라 B도 be made up of ~으로 구성되다 division 몡 부서 team up 팀을 이루다 requires that절 ~을 필요로 하다 in order to do ~하기 위해 focus on ~에 초점을 맞추다 pair up 짝을 이루다 especially 본 특히 be uncomfortable -ing ~하는 것이 불편하다 entirely 본 완전히, 아주 re-assignment 몡 재배정, 재할당 family issue 몡 가족 문제 possibility 몡 가능성 relocation 몡 전근, 이동 carefully 본 신중하게 get back to 에게 다시 연락하다 feel free to do 마음껏 ~하십시오 any time 본 언제든지 discuss 통 ~에 대해 논의하다

176. Nancy는 새로운 정책의 이점이 무엇이라고 생각하는가?
(A) 고객들이 더 쉽게 회사에 연락을 할 수 있다.
(B) 짧게 근무한 직원들이 노련한 직원들에게서 많은 것을 배울 것이다.
(C) 운영 관련 지출 비용이 절약될 것이다.
(D) 직원들이 회사 제품에 대해 더 잘 알게 될 것이다.

어휘 get in touch with ~와 연락하다 veteran 몡 노련한 직원, 베테랑 operating expense 몡 운영 지출 비용 get to do ~하게 되다

해설 새롭게 영업 팀을 구성하는 아이디어를 설명하는 메모의 첫 단락 This will also allow clients to have more than one contact with the company, allowing them to speak with their salesperson more easily 부분에서 고객들이 회사와 연락하기 더 좋을 것이라고 말하고 있으므로 이와 같은 의미를 지닌 (A)가 정답이다.

177. 이메일에서, 1번째 단락 3번째 줄에 있는 단어 "addressed"와 뜻이 가장 비슷한 단어는?
(A) 물이 부어진
(B) 해결된
(C) 보내진
(D) 들은

해설 이 문장에서 동사로 쓰인 address는 그 대상이 바로 앞 절에 나온 concerns이다. 이처럼 문제나 걱정거리 등과 관련해 address가 동사로 쓰일 때는 '처리하다, 다루다'라는 의미로 쓰이므로 보기에 제시된 단어들 중에서 (B)와 의미가 가장 유사하다.

178. 메모에 첨부된 것으로부터 얻을 수 있는 정보는 무엇인가?

(A) 회사의 모든 고객 이름
(B) 새로운 팀이 맡을 지역
(C) 회사의 새로운 제품 목록
(D) 함께 일할 직원의 이름

어휘 cover 통 ~을 담당하다

해설 attachment는 '첨부된 것'을 가리키므로 해당 내용이 등장하는 부분에서 언급된 정보를 확인해야 한다. 메모 두 번째 단락을 보면, 동사 include를 사용해 첨부한 내용을 With this memo, I have included a list of the two-person teams so that you can see which people we have chosen to work together라고 알리고 있는데, 누구와 일하는 것인지를 알 수 있다고 했으므로 (D)가 정답이다.

179. Nancy가 정한 기준의 어떤 면이 팀원들에게 있어 가장 큰 문제인가?
(A) 직원의 경력
(B) 개인의 매출 건수
(C) 판매 지역 위치
(D) 팀원들에 의해 팔린 제품들

어휘 individual 몡 개개인, 각각의 사람 location 몡 위치, 장소

해설 Nancy가 새롭게 정한 영업 팀 구성 아이디어 중에서 가장 큰 문제이 무엇인지를 묻는 문제이므로 직원들의 반응을 설명하는 이메일에서 해당 내용을 파악할 수 있다. 가장 중요한 문제라는 것을 알리기 위해 Most importantly를 사용한 문장 several of the team members chosen to work together work in territories that are pretty far apart에서 같이 일하는 팀원들의 담당 지역이 서로 너무 멀리 떨어진 것이 가장 큰 문제라는 것을 알 수 있으므로 이 점을 언급한 (C)가 정답이다.

180. Valdez 씨는 무엇을 제안하는가?
(A) 앞으로의 영업을 위해 나이 많은 직원들을 재교육할 것
(B) 회사의 출장 경비 예산을 늘릴 것
(C) 같은 제품을 판매하는 데 전념할 팀을 만들 것
(D) 나이를 기준으로 영업사원들을 구성할 것

어휘 retrain 통 ~을 재교육하다 travel budget 몡 출장 경비 예산 dedicated to ~에 전념하는 based on ~을 기준으로, ~을 바탕으로

해설 Valdez 씨가 제안하는 것이 무엇인지를 묻는 문제이므로 이메일에서 제안이나 요청 등을 나타내는 표현이 사용된 문장을 찾아야 한다. Valdez 씨는 이메일 중반부에 Perhaps we should focus on pairing up staff who sell the same product lines라는 말로 제안 사항을 밝히고 있는데, 같은 제품을 파는 직원들끼리 짝을 짓는 게 좋겠다는 뜻이므로 (C)가 정답이다.

수신: Myers Construction 사 고객서비스부

저희 Beltway Office Park는 최근에 귀사 Myers Construction과 저희 화물 하역장 중의 한 곳에 일부 작업과 관련한 계약을 맺었습니다. 그 시설의 해당 구역에서 더 큰 선적 컨테이너 보관용 공간 확보를 고려해 그 구역을 넓혀야 했습니다. 이 공사에는 하역 플랫폼 이동 및 교체, 그리고 하역 장소의 바닥 재포장 작업이 포함되었습니다.

이 공사는 9월 12일까지 제때 완료되었습니다만, 콘크리트를 깔기 위해 사용된 장비가 문제의 하역장 근처에 있는 두 개의 작업등에 손상을 입혔습니다. 이 두 작업등은 현재 작동되지 않는 상태입니다. 저희는 주야간 모두 교대 근무로 일하기 때문에 항상 조명이 필요합니다.

이 문제는 장비를 치우기에 앞서 작업 인원들에 의해 처리되지 않았을 뿐 아니라 그 후로 2주가 지난 지금까지도 해결되지 않았기에 저희 시설물을 관리하는 회사에 연락해 보수 견적서를 받았습니다. 이 편지에 해당 견적서를 동봉해 두었습니다. 이 문제는 귀사의 직원들에 의해 발생된 것이므로 견적서를 확인해 보시고 가능한 빨리 이 보수 작업이 처리될 수 있도록 저희에게 비용 상환 조치를 취해 주시기를 요청합니다. 이 문제를 신속히 처리하기 위해, 현장 주임이 제공한 두 견적서 중에서 아래쪽의 것으로 진행하면 좋을 것 같습니다.

감사합니다.

Ray Jones
현장 관리자
Beltway Office Park

Lakeville 건물관리회사
333 Williams Road
Lakeville, CA 97655

수리 견적: Beltway Office Park
날짜: 9월 26일

수리 대상: 하역장 북쪽과 남쪽에 위치한 두 개의 조명 기둥이 공사 기기에 의해 손상되었음. 두 조명 모두 기둥 하단부가 파손되었고 그로 인한 전선 손상으로 작동되지 않음. 이 조명 기둥들은 또한 겉면이 심각하게 손상되었는데, 각각 약간씩 구부러진데다 길게 구멍이 뚫려있음. 두 조명 기둥은 지역 안전수칙에 따라 반드시 제 기능을 할 수 있어야 함.

선택 가능한 사항:
1. 기둥 및 하단부 전면 교체, 재배선 작업. 각 작업마다 1,200달러 소요 + 시간당 인건비 50달러. 약 5시간의 작업 예상. 총 예상비용: 2,650달러
2. 하단부 교체 및 기존 조명 기둥의 재배선 작업. 각 작업마다 750달러 소요 + 시간당 인건비 50달러. 약 4시간의 작업 예상. 총 예상 비용: 1,700달러

견적 실시: 현장 감독 Mike Andrews, 544-9977

---

recently ⓤ 최근에 contract ⓨ ~와 계약하다 freight ⓝ 화물 loading dock ⓝ 하역장 widen ⓨ ~을 넓히다 allow for ~을 참작하다, 고려에 넣다 storage ⓝ 보관 shipping container ⓝ 선적 컨테이너 involve ⓨ ~을 포함하다, 수반하다 remove ⓨ ~을 치우다, 없애다 replace ⓨ ~을 교체하다 loading platform ⓝ 하역 플랫폼 repave ⓨ (도로 등) ~을 재포장하다 in a timely fashion 때에 맞춰 machinery ⓝ 기계류 lay the concrete 콘크리트를 깔다 damage to ~에 손상을 입히다 light post ⓝ 조명 기둥, 가로등 near ⓟ ~ 근처에 in question 문제가 된 functional ⓕ 기능을 하는 shift ⓝ 교대 근무 require ⓨ ~을 요구하다 at all times 항상 address ⓨ ~을 처리하다, 다루다 crew ⓝ 작업인력, 작업반 equipment ⓝ 장비 not A nor B: A도 아니고 B도 아니다 contact ⓨ ~에게 연락하다 facility ⓝ 시설 maintenance ⓝ 유지보수, 관리 repair ⓝ 수리, ⓨ 수리하다 estimate ⓝ 견적(서), ⓨ ~을 견적하다 include ⓨ ~을 포함하다 paperwork ⓝ 문서, 서류 caused by ~에 의해 야기된 request that ~할 것을 요청하다 make arrangements for ~에 대한 준비를 하다 reimburse ⓨ (비용) ~을 상환하다 as soon as possible 가능한 빨리 expedite ⓨ ~을 신속히 처리하다 matter ⓝ 문제 be willing to do 기꺼이 ~하다, ~하길 원하다 the lower of ~중에서 아래 쪽에 있는 것 foreman ⓝ 현장 감독 site ⓝ 현장 nature ⓝ 특성, 특질 work ⓨ (기계 등이) 작동하다 due to ⓟ ~ 때문에 breakage 손상, 망가짐 base ⓝ (기둥 등의) 하단부 subsequent ⓕ 다음에 계속되는, 이어서 일어나는 suffer ⓨ 망가지다, (손해를) 입다 cosmetic ⓕ 겉부분의 as well ⓤ 또한, 마찬가지로 slight ⓕ 약간의 bend ⓝ 구부러짐 gouge ⓝ 구멍, 파인 홈 according to ⓟ ~에 따라 municipal ⓕ 지방 자치의 safety regulations ⓝ 안전 수칙 full ⓕ 모두의, 제대로의 re-wiring ⓝ 재배선 approximately ⓤ 대략 existing ⓕ 기존의, 이미 존재하는

181. 하역장 공사 작업이 왜 실시되었는가?
 (A) 더 큰 선적 컨테이너들을 수용하기 위해
 (B) 지역 정책에 따르기 위해
 (C) 몇몇 새 장비를 설치하기 위해
 (D) 몇몇 손상된 곳을 수리하기 위해

어휘 accommodate ⓨ ~을 수용하다 comply with ~에 따르다 code ⓝ 규범, 규칙 install ⓨ ~을 설치하다

해설 하역장 공사 작업의 목적을 묻는 문제이다. 해당 공사 작업에 대한 설명은 편지의 시작 부분에서 확인 가능한데, The area had to be widened to allow for the storage of larger shipping containers라고 밝히고 부분에서 allow for the storage of를 accommodate으로 바꿔 표현한 (A)가 정답이다.

182. Jones 씨는 Myers Construction 사가 수리 비용으로 얼마를 지불하길 원하는가?
 (A) 750달러
 (B) 1,700달러
 (C) 1,200달러
 (D) 2,650달러

해설 Jones 씨가 상대회사에게 원하는 것을 묻고 있으므로 요청이 의지 등이 나타난 문장을 찾아야 한다. 편지에서 Jones 씨는 손상된 곳에 대해 수리가 필요하다는 것을 모두 설명한 후에 마지막 부분에 비용과 관련해 we're willing to go with the lower of the two estimates provided by the foreman라고 언급했는데, 해당 내용은 견적서에서 제시된 두 가지 선택 사항 중에서 아래에 있는 것을 가리킨다. 견적서에서 해당 부분을 확인해 보면 예상 수리 총

비용이 1,700달러로 나와 있으므로 (B)가 정답이다.

183. 건물관리회사에서 언제 Jones 씨에게 견적서를 제출했는가?
(A) 공사 작업인원들과 해당 문제에 대해 이야기한 후에
(B) 직접 수리 작업을 하려고 시도한 후에
(C) 공사 작업이 끝난 직후에
(D) 공사 작업이 완료되고 2주 후에

[어휘] **submit** [동] ~을 제출하다 **make a repair** 수리 작업을 하다 **oneself** [부] 직접, 스스로 **immediately after** ~한 후에 즉시

[해설] 우선 견적서에 표기된 제출 날짜를 확인해 보면 9월 26일(September 26th)로 나오는데 이 날짜가 어느 시점에 해당하는지 기준이 될 날짜를 찾아야 한다. 편지를 보면, The work was completed in a timely fashion on September 12th 부분에서 9월 12일에 공사가 완료됐다는 것을 알 수 있으므로 9월 26일은 공사가 끝나고 2주가 지난 시점임을 알 수 있다. 따라서 정답은 (D)이다.

184. 조명이 작동되지 않은 주 원인은 무엇인가?
(A) 하단부 손상
(B) 구역 내에 발생한 정전
(C) 결함이 있는 전구
(D) 호환되지 않는 부속품

[어휘] **power outage** [명] 정전 **outage** [명] 중지 **defective** [형] 결함이 있는 **light bulb** [명] 전구 **incompatible** [형] 호환되지 않는 **part** [명] 부속품

[해설] 조명이 작동되지 않는 원인은 견적서 지문에서 손상 상태 및 수리 이유에 대해 설명하는 부분에서 확인할 수 있다. Both posts are not working due to breakage at the base라는 말로 해당 원인을 설명하고 있는데, 하단부가 파손된 것이 원인이므로 이 점에 대해 breakage를 damage로 바꿔 표현한 (A)가 정답이다.

185. 두 가지 수리 관련 선택사항 중에서 공통된 점은 무엇인가?
(A) 하단부 교체 및 재배선 작업
(B) 조명 기둥의 교체
(C) 자재비용
(D) 총 인건비

[어휘] **labor cost** [명] 인건비

[해설] 견적서의 Options 부분에 표기된 Full replacement of posts and bases, re-wiring와 Replacement of bases, re-wiring에서 중복되는 공사 작업이 하단부 교체(replacement of bases)와 재배선 작업(re-wiring)이므로 이 두 가지를 제시한 (A)가 정답이다.

[186-190] [메모, 일정, 이메일]

수신: 모든 매니저 (Anna Smith, Paul Wilmot, Sean Thomason, Marta Pullman)
발신: Gillian Masterson 회장

안녕하세요,

이 메모는 회사의 팀 단합 야유회가 다음 주 주말, Redwood Campgrounds에서 열릴 것이라는 상기시켜주기 위한 것입니다. 행사 당일에, 여러분 각각은 자신과 세 명의 다른 직원으로 구성된 한 팀을 이끌 것입니다. 저는 여러분에게 팀 목록을 오늘 이내에 전달해드리겠습니다. 여러분 중 한 분이 참석할 수 없는 경우에 내비하여, 전(前) 매니저 중 한 명을 여러분의 자리에 채워 넣을 수 있게 준비해두었습니다. 또한 행사일 동안 Psydyne Systems의 대표자도 저희와 함께 할 것이라는 것을 알아 두시기 바랍니다. 그의 회사는 우리 회사에 투자할 것을 고려하고 있습니다. 그래서 우리가 얼마나 협동을 잘하는지를 그에게 보여주어서 좋은 인상을 나기려는 노력을 해주시길 바랍니다. 마지막으로, 여러분의 팀원들을 태워주기 위해 행사에 각자 차량을 가져오시길 바랍니다. 자동차를 소유하고 있지 않으면, 당신과 당신 팀원들을 위해 대체 계획을 세우시기 바랍니다.

안녕히 계세요.
Gillian

FIBERBIRD SOFTWARE
팀 단합대회
8월 10일 토요일
Redwood Campgrounds

	팀원	팀장	팀색깔
1팀	Ray Mullen, Chris Platt, Emma Rogers	Anna Smith	파랑
2팀	Ivy Layton, Tom Miller, Karen Brady	Paul Wilmot	빨강
3팀	Teresa Thomson, Ian Davies, Imran Ali	Lee Regis	초록
4팀	Linda Kozlowski, Adam Bain, John Doyle	Marta Pullman	노랑

수신: Gillian Masterson <gmasterson@fbsoftware.com>
발신: Angus McLaren <amclaren@fbsoftware.com>
날짜: 8월 12일
제목: 팀 단합 야유회

안녕하세요, Gillian.

저를 Firebird Software의 팀 단합행사를 즐길 수 있도록 초대해주셔서 감사하다는 말씀을 드리고 싶었습니다. 그날 저는 당신이 협동심이 대단한 분들로 이루어진 뛰어난 팀을 가지고 있다는 것을 알게 되었습니다. 특히, 빨간 옷을 입은 사람들이요. 그들의 팀워크와 열정을 바라보고, 저는 이전에 우리가 논의했던 잠재적 사업 계약을 계속해야겠다는 결심이 들었습니다. 그 세부사항을 논의하기 위해서 다음 주 언제쯤 한번 모이시죠.

안녕히 계세요.
Angus McLaren

chairwoman 명 (여성) 회장, 의장 reminder 명 상기시켜 주는 것 team-building 팀 단합 excursion 명 소풍, 야유회, 여행 take place 개최되다, 열리다 each 형 각각 lead 동 이끌다 consist of ~로 구성되다 forward 동 전달하다 by the end of today 오늘 이내에 in case 접 ~할 경우에 대비해서 unable to do 할 수 없는 attend 동 참석하다 former 형 이전의 be ready to ~할 준비가 되다 take one's place ~의 자리를 대신하다 be advised 숙지하다 representative 명 대표자 join 동 함께 하다, 참석하다 duration 명 기간 firm 명 회사 consider 동 생각하다, 고려하다 invest 동 투자하다 make a good impression 좋은 인상을 남기다 work together 함께 일하다, 협동하다 lastly 부 마지막으로 vehicle 명 차량 give a ride (차를) 태워주다 alternative 형 대안의, 대체의 invite along 같이 가자고 초대하다 learn 동 배우다, 알게 되다 outstanding 형 뛰어난 individual 명 사람, 개인 exceedingly 부 대단히 especially 부 특히 those who ~하는 사람들 teamwork 명 팀워크, 팀의 협동 작업 enthusiasm 명 열의, 열정 make up one's mind 결심하다, 결정하다 proceed with ~을 계속하다 potential 형 잠재적인 agreement 명 계약, 합의 discuss 동 논의하다 previously 부 이전에 get together 모이다 sometime 부 언젠가 details 명 세부사항

---

186. Firebird Software 매니저들에게 장려되는 일은 무엇인가?
(A) 팀 단합 활동을 제안하는 것
(B) 직원 회의를 가지는 것
(C) 수송 수단을 준비하는 것
(D) 팀원을 고르는 것

어휘 be encouraged to do ~하는 것이 장려되다 suggest 동 제안하다 hold 동 (행사 등을) 열다, 개최하다 organize 동 준비하다 transportation 명 수송, 운송(수단)

해설 첫번째 메모가 매니저들에게 보내는 내용이므로 첫번째 지문에 있는 요청사항에 관한 부분을 찾아야 한다. 지문 후반부에 I need you all to bring your vehicles to the event and to give your team members a ride. 라고 언급되어 매니저들에게 팀원을 태워 줄 차량을 가지고 올 것을 요청하고 있다. 이 내용을 패러프레이징하여 '수송 수단을 준비하다'라는 의미로 나타낸 (C)가 정답이다.

187. 메모에서, 1번째 문단 5번째 줄에 있는 단어 "ready"와 가장 가까운 의미는?
(A) 편리한
(B) 완료된
(C) 접근 가능한
(D) 기꺼이 ~하려는

해설 해당 단어가 있는 문장의 문맥을 살펴보아야 한다. 앞 문장에서 매니저 중 한명이 참석하지 못할 경우에 대하여 이전의 매니저였던 사람 중 한 명이 참석하지 못하는 매니저의 자리를 대신할 것이라는 내용이다. 여기서 ready는 예전 매니저가 대신할 준비가 되어 있다는 의미인데, 보기 중에 ready 대신 넣어서 문맥상 어울리는 것은 '기꺼이 ~하려는'이라는 의미의 willing밖에 없다. 따라서 정답은 (D)이다.

188. Regis 씨에 대해 알 수 있는 것은 무엇인가?
(A) Redwood Campgrounds의 직원이다.
(B) 최근에 승진되었다.
(C) 행사에서 Masterson의 자리를 대신하였다.
(D) 이전에 Firebird Software의 직원이었다.

어휘 employee 명 직원 recently 부 최근에 receive a promotion 승진되다

해설 질문의 키워드는 Mr. Regis이다. Mr. Regis가 언급된 곳은 두번째 지문의 Team 3의 팀장(Team Leader)항목이다. 첫번째 이메일에 의하면, 팀장은 메모의 수신인인 모든 매니저라고 언급되어 있는데, 메모의 수신인에는 Lee Regis의 이름이 없다. 메모의 수신인과 각 팀의 Team Leader에 있는 이름을 비교해보면 Sean Thomason 대신 Lee Regis가 들어가 있음을 알 수 있는데, 첫번째 메모에서 In case one of you is unable to attend, one of our former managers is ready to take your place라는 문장을 통해 Sean Thomason이 참석할 수 없어서 Lee Regis가 대신 팀장이 되었다는 것을 알 수 있다. 따라서 Lee Regis는 전(前) 매니저라는 의미이므로 정답은 (D)이다.

189. McLaren 씨가 가장 인상깊게 본 팀은 어떤 팀인가?
(A) 1팀
(B) 2팀
(C) 3팀
(D) 4팀

어휘 be impressed by ~에게 감명받다, 깊은 인상을 받다

해설 McLaren 씨의 이메일에서 an outstanding team of individuals who work exceedingly well together, especially those who wore the red shirts라고 하여 특히 빨간 셔츠를 입은 사람들에게 깊은 인상을 받았음을 알 수 있다. 두번째 이메일에서 빨간색 셔츠를 입은 팀은 Team 2이라는 것을 확인할 수 있다. 따라서 정답은 (B)이다.

190. McLaren 씨에 대해 추론할 수 있는 것은 무엇인가?
(A) Firebird Software의 매니저이다.
(B) 팀 단합행사를 준비하는 것을 도왔다.
(C) Masterson 씨로부터 제품을 구매하려 한다.
(D) Firebird Software에 투자할 계획이다.

어휘 intend to do ~할 의도가 있다, ~하려 하다

해설 McLaren 씨의 이메일에서 I just wanted to thank you for inviting me along to enjoy Firebird Software's team-building event라는 문장을 통해 McLaren 씨는 매니저가 아닌 초대 받은 사람이라는 것을 알 수 있다. 그리고 첫번째 지문에서 a representative from Psydyne Systems will be joining us for the duration of the day. His firm is considering investing in ours라는 문장을 통해 Psydyne Systems의 대표가 McLaren 씨라는 것을 유추할 수 있으며, 이어서 그가 Firebird Software에 투자할 것을 고려하는 중이라는 것을 알 수 있다. 그리고 McLaren 씨는 그의 이메일에서 사업 계획을 계속 진행하기로 결심했다(I made up my mind that I should proceed with the potential business agreement)고 언급하여 그가 Firebird Software에 투자하기로 마음을 먹었다는 것을 알 수 있다. 따라서 정답은 (D)이다.

[191-195] 양식, 편지, 보고서

부당 토지 사용 및 공사에 대한 알림 - Harley City

제출자 성명: Sebastian Marques
제출자 주소: 3435 South 55th Avenue
제출자 전화번호: 303-998-7765
불만 접수 날짜: 4월 20일
위반 유형: 주거용 부동산에 있는 상업 건물
위반 조례 번호: 미확인
최초 발견 날짜: 4월 13일
위반 주소: 3477 South 55th Avenue

간략 설명: 주거용 부동산에 있는 상업 기계 조립 매장이 있음. 해딩 징소에서 자동차 수리와 차체 작업이 이루어지고 있음. 용접, 톱질, 시끄러운 차체 작업이 주야로 계속됨. 항상 마당에 3~4대의 차가 주차되어 있음. 이웃들로부터 소음으로 인한 불평이 몇 번 있었음.

5월 13일
조사관 사무실
5515 East 13th Street
Harley City, 03166

저는 Harley City의 3477 South 55th Avenue에 있는 부동산에 관련하여 몇 주 전에 불만 신고 서류를 제출하였습니다. 자동차 기계 매장이 그 주소에 있는 주택 뒤에 커다란 작업장에 위치해 있습니다.

그곳에서 진행되는 작업의 양은 여전히 동일합니다. 그리고 그 매장은 낮과 밤으로 하루 종일 운영됩니다. 저는 조사관이 이 부동산을 아직 방문하지 않았다고 생각할 수 밖에 없네요. 저는 조사관의 사무실에 불만 사항을 상기시켜드리고 싶었습니다. 그리고 가능한 빨리 부동산 소유조와 함께 이 문제를 해결하기 위해 누군가를 보내주기를 바랍니다. 그건 이 지역에서 골칫거리일 뿐만 아니라, 시의 규정을 명백히 위반하는 것입니다. 시 조례 525항에 따르면, 주거용 주택은 상업적인 용도로 쓰일 수 없습니다. 추가적인 정보를 알고 싶으시면 저에게 직접 연락주셔도 됩니다.

감사합니다.

Sebastian Marques

조사 보고서 - Harley City 조사관 사무실

현장 주소: 3477 South 55th Avenue
조사 날짜: 6월 26일
조사관 성명: Edward Cross
조사 결과: 위반 사실 확인
조치 사항: 위반자에게 통보

*위반자에게는 이 상황을 시정하기 위한 30일이 주어지며, 추후 조사에 동의함.

notice [명] 공지, 알림 **land** [명] 토지, 땅 **construction** [명] 공사 **submitter** [명] 제출자 **address** [명] 주소, [동] (문제를) 처리하다, 해결하다 **complaint** [명] 불만 제기, 불평 **nature** [명] 유형, 종류 **violation** [명] 위반 **commercial** [형] 상업적인, 상업의 **residential** [형] 주택지의, 주거용의 **property** [명] 재산, 부동산 **code** [명] 조례, 규칙 **violated** [형] 위반된 **brief** [형] 간략한 **description** [명] 설명 **machine shop** [명] 기계 공장, 기계 공업사 **auto repair** [명] 자동차 수리 **body work** [명] 차체 작업 **on-site** [부] 현장에서 **welding** [명] 용접 **sawing** [명] 톱질 **ongoing** [형] 진행 중인 **throughout** [전] ~내내 **at all times** 항상 **noise complaint** 소음으로 인한 불만 제기 **neighbor** [명] 이웃 **inspector** [명] 조사관, 점검자 **submit** [동] 제출하다 **regarding** [전] ~에 관하여 **automotive** [형] 자동차의 **located** [형] 위치한 **shed** [명] 작업장, 창고 **amount** [명] 양, 분량 **run** [동] 운영되다 **all day** 하루 종일 **assume** [동] ~라고 생각하다, 추정하다 **remind** [동] 상기시키다 **issue** [명] 문제 **owner** [명] 소유주, 주인 **as soon as possible** 가능한 빨리 **not only ~ but (also)…**: ~뿐만 아니라 …도 **clearly** [부] 명백히 **regulation** [명] 규정, 규칙 **business purpose** [명] 상업적 목적 **contact** [동] ~에게 연락하다 **directly** [부] 직접적으로, 바로 **additional** [형] 추가의 **report** [명] 보고서 **site** [명] 현장 **result** [명] 결과 **confirmed** [형] 확인된 **action taken** 취해진 조치, 조치 사항 **notification** [명] 통보 **violator** [명] 위반자 **rectify** [동] 시정하다, 정정하다 **agree to** ~에 대해 합의하다 **follow-up** 추후의, 후속의

191. Marques 씨가 시의 규정에 어긋난다고 생각하는 것은 무엇인가?
(A) 허가없이 주택을 짓는 것
(B) 주거용 부동산의 상업적 이용
(C) 아파트 건물에서 시끄러운 소음을 내는 것
(D) 보행자 전용 길을 따라 몇몇 자동차가 주차하는 것

[어휘] **permission** [명] 허가 **make a noise** 소음을 내다 **along** [전] ~을 따라 **pedestrianized** [형] 보행자 전용의

[해설] Marques 씨가 쓴 첫번째 지문을 보면, Nature of Violation(위반 유형)이라도 나와있고 Commercial building on residential property라고 언급하여 주거용 부동산에 상업 건물에 대해 위반하였다고 썼다.

192. 편지의 주요 목적은 무엇인가?
(A) 몇 개의 질문에 답하는 것
(B) 직원에 대해 불만을 제기하는 것
(C) 불만 제기에 대해 후속 조치를 하는 것
(D) 상세 연락처를 업데이트 하는 것

[어휘] **follow up on** ~에 대해 후속 조치하다, ~을 끝까지 하다 **contact detail** [명] 연락처 세부 사항, 상세 연락처

[해설] Marques 씨가 쓴 편지인 두 번째 지문을 보면 I submitted a complaint form several weeks ago regarding a property at 3477 South 55th Avenue, in Harley City라고 하여 첫번째 지문은 a complaint form으로 언급하고, 불만 접수를 한 다음 조치가 취해지지 않아서 조사관의 사무실에 해당 불만을 상기시켜주고 싶었다(I wanted to remind the Inspector's Office of the complaint)고 하였으므로, 불만 제기에 대해 후속 조치를 하고 있다고 볼 수 있다. 따라서 정답은 (C)이다.

193. Marques 씨가 서식에는 제공하지 않았지만 편지에 포함시킨 정보는 무엇인가?

(A) 위반 행위의 주소
(B) 시 조례 번호
(C) 조사를 위한 가장 알맞은 시간
(D) 위반자의 이름

[어휘] **include** [동] 포함하다 **provide** [동] 제공하다

[해설] Marques 씨는 첫번째 지문인 서식에서 Code # Violated(위반된 조례의 번호)에 Unknown(미확인, 알지 못함)이라고 기재하였다. 하지만 편지에서 Residential homes cannot be used for business purposes, according to City Code #525라고 하여 시 조례 525항이라는 조례 번호가 언급되었다. 따라서 정답은 (B)이다.

194. Marques 씨가 조사관의 사무실에 요청한 일은 무엇인가?
(A) 단순한 용어로 조례 위반을 설명하는 것
(B) 인근의 위반 행위를 처리하는 것
(C) 자동차 정비소 소유주에게 다른 곳으로 이전할 것을 강요하는 것
(D) 공공 소란에 대한 정책을 바꾸는 것

[어휘] **request** [동] 요청하다 **explain** [동] 설명하다 **term** [명] 용어 **deal with** ~을 해결하다, 처리하다 **neighborhood** [명] 근처, 인근 **force A to do**: A로 하여금 ~하도록 강요하다 **auto shop** [명] 자동차 정비소 **owner** [명] 소유주, 주인 **policy** [명] 정책, 방침 **public noise and disturbance** 공공 소란 **disturbance** [명] 소란, 소동

[해설] 요청사항에 관한 문제이다. Marques 씨의 편지에서 I hope to get someone to address the issue with the property owner as soon as possible라는 문장에서 그는 문제를 해결해 줄(to address the issue) 사람을 보내달라고 요청하고 있다. 따라서 이 내용을 패러프레이징한 (B)가 정답이다.

195. Marques 씨가 최초로 위반 사항을 알아 차리고 나서 조사가 이루어지기까지 얼마나 오래 걸렸는가?
(A) 약 1주일
(B) 2주일
(C) 약 1개월
(D) 2개월 이상

[해설] Marques 씨가 최초로 위반 사항을 알아 차린 날짜는 4월 13일이며 조사 보고서에서 조사한 날짜로 6월 26일이 기재되어 있다. 따라서 2개월 넘게 걸렸으므로 정답은 (D)이다.

[196-200] 이메일, 일정표

수신: KRRW Public Television
발신: Lawrence Henderson
제목: 프로그래밍
날짜: 9월 30일

제 동료 중 한 명이 최근 KRRW에서 방송된 "Hunts 협곡의 역사"라는 프로그램에 대해 이야기해 주었습니다. 그는 그 프로그램이 그 협곡의 역사와 Gold River Dam, 그리고 그 지역의 생태계에 댐을 건설하는 것의 환경적 영향에 대한 대단히 흥미로운 다큐멘터리였다고 말했습니다.

Gold Rive 시의 고등학교 지리 교사로서, 저는 이 프로그램이 제 학생들에게 그들이 살고 있는 지역에 대해 학습하는데 도움이 될 아주 좋은 사례 연구가 될 것이라고 생각합니다. 저는 그 프로그램을 제 수업시간에 사용하기 위해 녹화하기를 바라고 있습니다. 가까운 시일 내에 그것이 재방송될 것인지 알아보기 위해 온라인에서 일정표를 찾고 있습니다만, 찾을 수가 없었습니다. 그 프로그램이 다시 방영될 계획이 있나요?

안녕히 계세요

Lawrence Henderson

수신: Lawrence Henderson
발신: KRRW Public Televison
제목: 회신: 프로그래밍
날짜: 9월 30일
첨부파일: SpecialProgramsOctober.doc

문의해 주셔서 감사합니다, Henderson 씨. 첨부해드린 10월의 특별 프로그램 일정을 확인해주시기 바랍니다. 현재 저희 웹사이트는 점검 중인 것 같습니다. 그래서 그게 아마 당신이 온라인에서 이 정보를 찾을 수 없었던 이유였던 것 같습니다. KRRW에 입사하기 전에, 저도 당신과 같은 업종에 있었습니다. 그래서 학생들이 이것과 같은 교육 프로그램을 시청하는 것이 중요하다고 생각하시는 이유를 완전히 이해합니다. 이 곳 KRRW에서 수준 높은 프로그램을 유지하는 것이 매우 자랑스럽습니다. 그리고 저희는 교육 환경에서 저희 프로그램이 유용하다는 것을 듣게 되어 항상 기쁩니다.

안녕히 계세요.

Dylan Thorpe
특별프로그램 책임자
KRRW

KRRW 10월 특별 프로그램 일정

Alberto Suarez와 함께하는 라틴 아메리카 음악의 역사
월요일, 10월 8일 오후 9시 / 월요일, 10월 22일 오후 11시

하천 공사의 환경적 영향
수요일, 10월 10일 오후 8시

국내 뉴스 보도: 경제 회복의 미래
목요일, 10월 11일 오후 9시 / 수요일, 10월 24일 오후 10시 / 화요일, 10월 30일 오후 11시

Hunts 협곡 역사
금요일, 10월 12일 오후 8시

coworker [명] 동료 직원 recently [부] 최근에 air [동] 방송하다 fascinating [형] 대단히 흥미로운, 매력적인 documentary [명] (영화, 라디오, TV 프로그램) 다큐멘터리, 기록물 canyon [명] 협곡 environmental [형] 환경의, 환경적인 impact [명] 영향 dam [동] 댐을 건설하다 ecosystem [명] 생태계 region [명] 지역 geography [명] 지리(학) case study [명] 사례 연구 record [동] 기록하다, 녹화하다 search for ~을 찾다 schedule [명] 일정표 in the near future 가까운 미래에, 가까운 시일에 be unable to ~할 수 없다 inquiry [명] 문의 attached [형] 첨부된 currently [부] 현재 undergo [동] (검사나 수리 등을) 받다 maintenance [명] 점검, 보수 관리 most likely [부] ~일 가능성이 높다, ~일 것 같다 join [동] 가입하다, 입사하다 completely [부] 완전히 educational [형] 교육의, 교육적인 maintain [명] 유지하다 standard [명] 수준 be pleased to ~하게 되어 기쁘다 useful [형] 쓸모 있는, 유용한 river construction 하천 공사 national [형] 국내의, 전국의 report [명] 보도 economic [형] 경제의 recovery [명] 회복

196. Henderson 씨는 프로그램에 대해 어떻게 듣게 되었는가?
(A) 동료로부터 들었다.
(B) 잡지에서 읽었다.
(C) KRRW 소식지를 받았다.
(D) KRRW 웹사이트에서 보았다.

[어휘] colleague [명] 동료 magazine [명] 잡지 newsletter [명] 소식지

[해설] Henderson 씨의 이메일에서 그는 A coworker of mine told me about a program that recently aired on KRRW called "Hunts Canyon History라고 하여 동료가 프로그램에 대해 자신에게 말해주었다고 밝혔다. 따라서 정답은 (A)이다.

197. Henderson 씨가 그 프로그램이 그의 수업에 유용할 것이라고 생각한 이유는 무엇인가?
(A) 학생들이 Hunts Canyon으로 현장 학습을 갈 것이다.
(B) 그 프로그램이 여러 상을 수상하였다.
(C) 학생들이 환경 문제에 대해 공부해오고 있다.
(D) 학생들이 Gold River 댐 가까이에 산다.

[어휘] go on a field trip 현장 학습(견학)을 가다 win a award 상을 받다 issue [명] 문제, 화제거리

[해설] Henderson 씨의 이메일 두 번째 문단에서 I think this program would be a great case study for my students to help them learn about the area they live in라고 언급되어 있는데, 이 내용에 따르면, 학생들이 가까이 살고 있는 지역에 대한 학습에 도움이 될 것이라고 하였다. 따라서 정답은 (D)이다.

198. Thorpe 씨에 대해 추론할 수 있는 것을 무엇인가?
(A) 웹사이트를 업데이트하고 있다.
(B) Gold River의 거주민이다.
(C) 과거에 교사였었다.
(D) 다큐멘터리는 만드는데 도움을 주었다.

[어휘] update [동] 업데이트하다, 최신 정보로 변경하다 resident [명] 주민 used to ~하곤 했다, (과거에) ~이었다

[해설] Thorpe 씨가 보낸 두 번째 이메일을 보면, Before joining KRRW, I was in the same line of work as you are now라고 되어 있는데, 이 내용에 따르면 그가 KRRW에 입사하기 전 Henderson 씨가 현재 가지고 있는 직업과 같은 직업에 종사했었다고 한다. 첫번째 지문에서 Henderson 씨는 Being a high school geography teacher in the City of Gold River 라고 하여 자신이 고등학교의 지리 교사라는 것을 밝혔다. 따라서 Thorpe 씨의 과거 직업이 교사였다는 사실을 알 수 있으므로 정답은 (C)이다.

199. 10월에 3회 방송되는 프로그램은 무엇인가?
(A) 라틴 아메리카 음악의 역사
(B) 하천 공사의 환경적 영향
(C) 경제 회복의 미래
(D) Hunts 협곡 역사

[어휘] air [동] 방송되다, 방영하다 three times 세 번, 3회

[해설] 특별 방송 일정표인 세 번째 지문에서 다른 프로그램은 1~2회 방송되지만 National News Report: The Future of Economic Recovery는 10월 11일, 10월 24일, 10월 30일로 10월에 총 3회 방영한다. 따라서 정답은 (C)이다.

200. Henderson 씨가 가장 관심있어 하는 프로그램은 방송되는 때는 언제인가?
(A) 10월 10일 오후 8시
(B) 10월 12일 오후 8시
(C) 10월 8일 오후 9시
(D) 10월 30일 오후 11시

[어휘] be interested in ~에 관심이 있다

[해설] 첫번째 지문에서 Henson 씨가 관심있어하는 프로그램은 "Hunts Canyon History"라는 제목이라고 밝혔으며, 세번째 지문에서 마지막 부분에서 그 프로그램이 10월 12일 오후 8시에 방영될 것이라는 것을 확인할 수 있다. 따라서 정답은 (B)이다.

시원스쿨LAB 강사 라인업

20년 노하우의 토익/토스/오픽/지텔프/텝스/아이엘츠/토플/SPA/듀오링고
기출 빅데이터 심층 연구로 빠르고 효율적인 목표 점수 달성을 보장합니다.

시험영어 전문 연구 조직

시원스쿨어학연구소

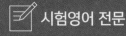 시험영어 전문

 기출 빅데이터

 264,000시간

TOEIC/TOEIC.Speaking/
TEPS/OPIc/G-TEL'P/IELTS/
TOEFL/SPA/Duolingo
공인 영어시험 콘텐츠 개발 경력
20년 이상의 국내외 연구원들이 포진한
전문적인 연구 조직입니다.

본 연구소 연구원들은
매월 각 전문 분야의 시험에 응시해
시험에 나온 모든 문제를 철저하게
해부하고, 시험별 기출문제 빅데이터
분석을 통해 단기 고득점을 위한
학습 솔루션을 개발 중입니다.

각 분야 연구원들의 연구시간
모두 합쳐 264,000시간
이 모든 시간이 쌓여
시원스쿨어학연구소가
탄생했습니다.

토익 시작할 땐 시원스쿨LAB

성적 NO, 출석 NO! 사자마자 50%,
지금 토익 시작하면 최대 300%+응시료 2회 환급

입문대표
켈리 선생님

토익만점 여신
최서아 선생님

New
시작이 반
토익환급

**사자마자
50% 환급**

성적 NO, 출석 NO

**100% 환급
+ 응시료 0원**

하루 1강
or 목표 성적 달성

**200% 환급
+ 응시료 0원**

하루 1강 & 성적

**300% 환급
+ 응시료 0원**

하루 1강 & 목표성적
+ 100점

* 지금 시원스쿨LAB 사이트(lab.siwonschool.com)에서 유료로 수강하실 수 있습니다

* 환급 조건 : 성적표 제출 및 후기 작성, 제세공과금&교재비 제외, 유의사항 참고, *[1위]2022-2023 히트브랜드 토익·토스·오픽 인강 부문 1위,

* [300%] 650점반 구매자, 출석&750점 달성 시, 유의사항 참고, *[750점만 넘어도] 650점반 구매자 첫토익 응시 기준, 유의사항 참고